张元济和早期商务印书馆
——近代出版史散论

叶 新/著

图书在版编目（CIP）数据

张元济和早期商务印书馆：近代出版史散论 / 叶新著. —北京：中央编译出版社，2023.1
ISBN 978-7-5117-4064-9

Ⅰ.①张… Ⅱ.①叶… Ⅲ.①商务印书馆-历史-近代-文集 Ⅳ.①G239.22-53

中国版本图书馆CIP数据核字（2021）第237716号

张元济和早期商务印书馆——近代出版史散论

责任编辑	李媛媛　彭永强
责任印制	刘　慧
出版发行	中央编译出版社
地　　址	北京市海淀区北四环西路69号（100080）
电　　话	（010）55627391（总编室）　（010）55627310（编辑室）
	（010）55627320（发行部）　（010）55627377（新技术部）
经　　销	全国新华书店
印　　刷	北京印刷集团有限责任公司印刷一厂
开　　本	710毫米×1000毫米　1/16
字　　数	219千字
印　　张	17.25
版　　次	2023年1月第1版
印　　次	2023年1月第1次印刷
定　　价	85.00元

新浪微博：@中央编译出版社　　　微　信：中央编译出版社（ID：cctphome）
淘宝店铺：中央编译出版社直销店（http://shop108367160.taobao.com）　（010）55627331

本社常年法律顾问：北京市吴栾赵阎律师事务所律师　　闫军　梁勤
凡有印装质量问题，本社负责调换，电话：（010）55626985

前　言

　　这是笔者关于近代出版史研究的首个专集。追根溯源，不免回想起30年前在珞珈山下求学的年代。那年笔者从武汉大学历史系世界历史专业考入同校的中文系编辑学专业（第二学士学位）就读，从桂园六舍搬到了枫园四舍。要说在武大的六年中，读过书，有感悟，还就是学编辑学的这两年。1994年的上半年，我在做毕业论文《中日合资时期的商务印书馆》的同时，给中山大学历史系主办的《历史大观园》杂志投了篇关于"正则英文教科书案"的习作《中外第一次版权纠纷》，等知道发表的时候，已经是在北京印刷学院工作了。

　　以历史学专业的底子，再加上编辑学的专业训练，按说毕业后做一名历史专业的编辑才对，结果却机缘巧合到北京印刷学院做了一名出版专业教师。我们出版系的系训是"在做出版中学出版"，笔者近几年则在出版教学之余，策划了季羡林《清华园日记》等书的出版，也算是在"在教出版中做出版"，求仁得仁了。

　　大学时代对近代出版史的粗浅研究仿佛是对今后出版研究的一种指引，那就是把世界历史和编辑出版两个专业相结合，就是把近代出版史特别是中外出版交流史作为自己的主攻方向之一。

从 2000 年 11 月 22 日在《中华读书报》发表《从〈张元济日记〉看商务印书馆的对外交流与合作》开始后的两三年内，笔者陆续发表了一些和商务印书馆有关的短稿。但因为 2002 年夏天去纽约大学出版中心进行了为期半月的研修，即转向了美国出版研究，相关成果汇集成《美国杂志的出版与经营》（中国传媒大学出版社 2007 年版）、《美国杂志出版个案研究》（人民日报出版社 2014 年版）、《美国名编辑研究》（知识产权出版社 2018 年版，与易文翔、周丽锦合著）、《美国杂志观潮》（中央编译出版社 2019 年版）等专集，期间还主持翻译了《黄金时代：美国书业风云录》（机械工业出版社 2010 年版）。

2017 年夏天因为参加 8 月 13—15 日举行的"商务印书馆与中国现代文化的兴起"国际学术研讨会，本人不仅整理出版了《环游谈荟》（北京艺术与科学电子出版社 2017 年版，2019 年在西苑出版社修订再版），而且向大会提交了《张元济〈环游谈荟〉研究》等两篇论文，并在 2007 年 8 月 16 日的《中华读书报》发表了《英美大报视野中的早期商务印书馆》。此后则乐此不疲，发表了一系列与早期商务印书馆和张元济有关的文章和译文。

本书收入的论文主要分为两部分，"张元济研究"收入了 10 篇文章；"早期商务印书馆研究"收入了 12 篇文章。这只是做简单的区分，实际上两部分的研究内容有不少重合。最后是附录了其他出版史文章。

关于文章的具体内容在此不做赘述，只是谈点关于出版史料的感想。就作者目力所及，美国大学图书馆特别注重出版社史档案的保存，笔者曾撰《漫谈约翰-戴出版社的史料馆藏》专文探讨该出版社作为赛珍珠和林语堂等的"御用"出版社，其档案被普林斯顿大学燧石图书馆收存。而美国著名传记作家 A. 司各特·伯格正因为在普林斯顿大学上学期间能接触到馆藏的斯克里布纳出版社史档案，才写出了《天才的编辑》一书。就在本书即将付梓之际，笔者又在美国哥伦比亚大学图书馆找到了张元济的五封英文佚信、美国最大教育出版社金恩公司对中国之行的考察报告等重要资料，对于民国时期商务印书馆和美国金恩公司出版合作的研究大有裨益。反观国内，对民国出版社档案的保存与利用则不尽如人意。

笔者之所以能写成《英美大报视野中的早期商务印书馆》，是当初有个设想，在大力搜索国内出版史料的同时，利用国外特别是英美的报纸数据库找寻相关资料。利用商务印书馆的英文名"The Commerical Press"，结果搜到了1908年英国《泰晤士报》和美国1931年《纽约时报》关于商务印书馆的两篇报道。在2007年整理《环游谈荟》之后，又在学生刘紫云（现在爱尔兰圣三一学院攻读出版学博士）的热心协助下，利用张元济的英文名"Chang Yuanchi"，在美国报纸数据库中搜到了40多篇报道，由此弄清了张元济1910年在美国的行程，弥补了《张元济先生年谱长编》的某些错漏。

本专集中有不少文章涉及近代中外出版交流，即中外出版界对对方市场的考察与探索、中外出版社的出版合作、中外出版人的接触等。这是笔者下一步的出版史写作重点，希望能早日完成这个专题的写作。

这个集子既是总结，又是起点。笔者交稿之后又写了不少文章，可惜未能及时收入本书。笔者也深知这个集子有些单薄，选题比较分散，假以时日，希望能够继续写点厚重的稿子，早日出个增订版。笔者也有个小小心愿，就是从出版史研究出发，拓展到版权史、新闻史、文学史、图书馆学史、汉学史等领域的研究，那就是回归报考历史学专业的"初心"了。

在本书的成书过程中得到了中央编译出版社李媛媛、彭永强两位编辑的专业性帮助，特此致谢。

今年是张元济先生诞辰 155 周年暨商务印书馆创办 125 周年，特以小书纪念之。

叶　新

2022 年 12 月 3 日于京南鸣秋轩

目录

从《张元济日记》看商务印书馆的对外交流与合作 …………… 1

商务印书馆与英国朗文早有来往 …………………………………… 6

张元济《环游谈荟》研究 …………………………………………… 8

远游欧美,心系馆务
　——从1910年张元济环游之旅中的一封信谈起 ………… 28

1913—1914年北美报纸惊现张元济报道 ……………………… 38

1910年张元济美国东部考察之行考证 ………………………… 40

新见《张元济氏壮游谈》略析 …………………………………… 53

张元济1910年美国行程初探 ……………………………………… 60

新见张树年《新政协会侍行杂述》简析 ………………………… 71

商务印书馆和商务报馆的名称纠纷 ……………………………… 79

商务印书馆与麦克米伦出版公司早有来往 ……………………… 87

90年前的一场中外版权纠纷 ……………………………………… 89

胡适晚年评价商务印书馆 ………………………………………… 92

邝富灼——商务印书馆英文部的开创者 …………………… 94
英美大报视野中的早期商务印书馆 ……………………… 107
"世界文学名著"丛书的主编是谁？ ……………………… 117
"为苦难的中国，提供书本，而非子弹"一语何来 ……… 122
中英出版界的一次"亲密接触" …………………………… 127
《高凤池日记》的出版史料价值 …………………………… 134
商务印书馆收回日股合同的发表 …………………………… 162
商务印书馆中的"杨家将" ………………………………… 170
1911年商务印书馆和美国金恩公司的版权官司始末 ……… 178

附 录 …………………………………………………… 195

钱歌川的《傲慢与偏见》翻译连载 ……………………… 197
爱丁堡大学书史专业硕士教育浅析 ……………………… 204
《古今图书集成》入藏大英博物馆研究 ………………… 211
漫谈约翰-戴出版社的史料馆藏 ………………………… 227
试述郭嵩焘等对英国书业的认知 ………………………… 231
《申报》"读书俱乐部"副刊研究 ………………………… 244
北平人文书店书目初编（1932—1937） ………………… 262

从《张元济日记》看商务印书馆的对外交流与合作

《张元济日记》（以下简称《日记》）是张元济先生1912年至1926年的馆事日记。《日记》中有关商务印书馆（以下简称商务）对外交流与合作的条目共有126条，分别涉及西书、公司、应酬、编译、发行、用人、杂记7个栏目。其中"西书"一栏有91条，占72.2%。其他条目较多的有"应酬""公司""编译"等栏目。

这126个条目涉及事件发生在1916年2月25日—1920年12月11日。在这近5年时间里，商务印书馆先后与美国经恩公司（Ginn & Co.，以下简称"经恩"）等外国出版机构有过或深或浅的接触，在中国对外文化交流史上留下了浓墨重彩的一笔。

一、与美国经恩公司长达十年的交流与合作

在这126个条目中，有关商务与经恩公司交往的有67条，占53.2%，其重要性也可想而知。经恩，在《日记》中又作金恩、勤恩、琴恩、金，是美国纽约一家著名的出版公司，专业出版中小学教科书。

20世纪初，西学东渐。商务为满足国内读者需要，曾大量翻印、编

译国外图书。1909年，商务拟开始经营西书寄售业务，由张桂华从事西书部的开办工作。他首先与经恩联系。1910年初，美国经恩公司董事费英焘从美国纽约致函商务，对商务"代鄙公司经理中国营业"表示感谢，但要求"必须贵馆能专代本公司经理，而不兼他公司事件。"此时，商务正准备翻印其出版的《欧洲通史》。费英焘认为此举虽然没有违反"万国版权公例"（即《伯尔尼公约》），但是商务应该首先取得其许可，并付给一定的报酬，才算合理。也许是商务的"不合作态度"，1911年2月，经恩向上海租界会审公廨控告商务翻印其《欧洲通史》。商务根据1903年签订的《中美续议通商行船条约》第11款，认为《欧洲通史》一书是面向美国中小学的教科书，并不是"专备为中国人民之用"。由于商务的据理力驳，经恩公司的要求没有达到。

此后，为与商务展开竞争，经恩就在上海开设书店，由爱德华·伊文思负责，专售其原版书，并代理销售美国其他出版公司的图书。可能是经营不善的缘故，1916年2月25日，伊文思向商务编译所英文部主任邝富灼提出合办的要求。商务表示同意，并与伊文思有了初步的意向。后来，伊文思要求"各以五千附股作为保证"，当时任商务经理的张元济认为也可以接受。不料，伊文思又变卦，不愿合办，提出"必欲全售，售价廿万"，商务认为"无可与商"。伊文思退让，在与张元济面谈时，提出将二十万改为十五万。"先付现款五万，二三年内再付五万，余五万付本馆股票，保七厘息。"（《日记》1916.5.26）商务经过认真考虑，答复还是以合办为宜。伊文思见此事不成，就放出烟幕，说要与中华书局定约。

商务对此不予理睬，让邝富灼再探虚实。伊文思认为"彼（指经恩）做进口，我处（指商务）发行。此办法若期满后，我处解约，所有主顾均归于我，伊处损失太大，故为难"（《日记》1916.7.12），还是希望商务能够附股，藉可保证。张元济与总经理高凤池商量，高说可以把合同期限由十年改为五年,"于合同满后,将伊之主顾一律交还"(《日记》1916.7.12)。伊文思认为"五年合同未能满足,否则须有的确保证"(《日记》1916.7.13),商务只同意"牌号保证,不允附股"(《日记》1916.7.21),由于"彼此意见相距甚远",谈判破裂。

伊文思见目的没有达到,就在外国出版公司面前大肆宣扬商务翻印外国图书,企图破坏商务的信誉。商务自知要布置妥帖才能与伊文思竞争,于是多方采取措施。一是向外国出版公司发出 38 封信,介绍商务西书部主任周锡三,希望对方与其联络代售图书事宜;二是停止翻印外国图书,以防贻人口实;三是与伊文思展开价格战。"伊文思与民立中学所订系七五折"(《日记》1917.3.16),商务积极效仿。1917 年 5 月 16 日,伊文思在报上"登告白,韦氏大字典售十五元",比商务低一元。而商务也针锋相对,将其定价改为十五元。伊文思为与商务争夺学校市场,"售书与各校办事人,转售与学生,办事人从中渔利",商务"拟开学前五日突登报减价以破之"(《日记》1917.8.3)。由于商务应对得当,措施得力,收到良好效果。《日记》载:"韦氏大字典门市销去一百七十余部,分馆报到三百余部。又长沙索预约券,言五十张不敷用,拟再添。余属电添三百部"(《日记》1917.3.16);"锡三(指西书部主任周锡三)来言,韦白司达大字典再定二百部"(《日记》1917.8.21);"各校向不来我处买书者,今年亦来买"。外国各出版公司如大英百科全书公司、麦克米伦公司等也与商务接触,表达了合作意向。

经恩见竞争不过,不得不与商务重新洽谈。1918 年 1 月,周锡三代表商务与经恩接洽,张元济指示:一、"不翻印该公司之书";二、"该公司欲翻译各书。我代译、代印、代售、由该公司出费";三、"与他家经理者立于同等之地位"(《日记》1918.1.14)。商务的坚定态度使伊文思书店内部出现了分裂,意见不一。"老伊文思急欲收歇,售去。而其子及勃来司并在馆同人欲推广另招股"(《日记》1918.3.12)。商务见伊文思书店内部分裂，业务萎缩，而自己业务颇见起色，对其出价购买之动议更加不予理睬，认为"不值出价收买。我尽可自为，再相持一二年，当可收效。"(《日记》1918.3.13)

一年之后的1919年4月，经恩派代表弥勒(《日记》也作密勒)来上海，就商务翻印其图书之事提出交涉。双方同意和平解决，并就草拟寄售合同事宜进行磋商。为表诚意，商务也作了让步，"惟增广英文法、简要英文法二种，给与版税未定。经恩给与原著作人系百分之六，余等商议拟给百分之八。密勒请益，加至百分之九"(《日记》1919.6.24)；"本馆曾翻印各书华名，伊可继续使用，但以合同期内为限"(《日记》1919.6.27)。6月28日，双方签约，合同期为十年。弥勒将合同文本寄回纽约总公司批准。

1920年3月初，经恩经理勃林姆登来到上海，就寄售合同的一些细节问题与商务再做最后的磋商。经过十余天的紧张洽谈，3月26日，经恩代表勃林姆登和商务代表张元济在合同上正式签字。

其后，张元济与勃林姆登一直保持联系。据《张元济书札》和《我的父亲张元济》记载，张元济的儿子张树年留学美国时，拜访过勃林姆登。1931年8月，张元济给刚到美国的儿子写了封信，信中说："如认为必须入大商店或银行实习者，我旧友 Plimpton, Roberts, Morrow 及此次各人所介绍之辈，如平日见面亲热、意肯帮助者，可以申说己意，看其如何答复。果允相助，到时再行请求。如须我或原介绍人写信，即来信通知。"此处"Plimpton"即勃林姆登。1932年暑假，张树年专程去拜访勃林姆登。勃林姆登与其大谈以前到中国游览，参观商务印书馆，与张元济的友谊等事。他还感慨自己公司的规模和出版物种类绝不能与商务相比。可是商务在几天之中竟被日军毁灭，言下不胜愤慨。回国后，张树年将此事告诉了父亲。1932年冬天，张元济为此写信给勃林姆登,就中国内乱和国际调查团李顿报告发表了看法。信的最后,还提及"商务印书馆及东方图书馆均力图恢复"。

二、对其他外国出版机构的了解和接触

二十世纪初,许多外国出版机构急于打开中国市场,他们首先选中出版业极其集中的上海。采用的方式有两种:一是自己在上海设立书店或办事处;二是寻找当地出版机构作为其代理,商务是其最理想的合作伙伴。从《日记》来看,除经恩公司外,商务还是麦克米伦公司、中美图书公司、大英百科全书公司的专门代理。1919年商务出版《四部丛刊》之后,为满足国外图书馆及汉学家的需求,请中美图书公司做《四部丛刊》在美国的专门代理。其经理白兰恩为此专门到上海,逗留一个多月之久。金港堂虽然1914年与商务结束了合作关系,但还有业务来往。商务曾请其在日本代售廿四史,小平元、木本毅等人直到1916年才离开商务。商务还与美国的Dodd Mned书店、英国的朗文公司以及日本的丸善书店有业务联系或进行过有益的接触。值得一提的是,法国书业团体曾主动与商务联系交换各自出版的图书,商务对此很感兴趣;商务还接待过美国华盛顿图书馆代表施永高,长期替其在中国收购志书。

从以上种种事实看来,商务印书馆不愧为中国出版界对外交流的先驱。

(刊于《中华读书报》2000年11月22日)

商务印书馆与英国朗文早有来往

1998年8月,商务印书馆从朗文(Longman)亚洲出版有限公司引进出版了《朗文当代高级英语辞典》。自改革开放以来,商务与朗文有着极其密切的合作,特别是在辞书出版方面。朗文出版公司是有着近300年历史的英国老牌出版社,原名朗文-格林。其实早在90年前,商务就与朗文有过接触,而为之牵线搭桥的就是商务印书馆编译所所长张元济先生。

1910年3月17日,张元济先生从上海起程,开始游历欧美,考察西方各国教育、印刷事业,于1911年1月18日回到上海,时间长达10个月之久。1910年5月,他一到英国伦敦,就与许多著名的出版公司进行广泛的接触。他曾给总经理夏瑞芳发信,希望夏经西伯利亚铁路到德国的首都柏林与他会合,一来订购印刷新机器,二来与欧美各出版公司直接联络代售图书之事。但是夏因卷入橡皮股票风潮遭受重大损失,心灰意冷,并未成行。在欧洲逗留期间,张元济给夏多次去信,提起在中国代售"朗曼书店"(即朗文出版公司)图书之事,夏回信中仅说"并无实在益处",还是主张要翻印西书。同年8月,张元济给夏瑞芳、高凤池回信,在谈及朗文寄售之事时,认为直接翻印西书不如代售。"弟亦以为以后英国出版之书,未必注重翻印。来英之后特与各家商量,而不知近来公司又注重在翻印一面。弟意翻印之事究系冒险，一恐搁置成本，二恐租界西官偏袒洋商，华官不能保护。思之再四，终觉未妥。何如为彼代售，照寄售办法，卖出付价，全无责任之稳当乎。"他认为商务不宜再翻印英国出版的图书。原因是：一、担心库存成本太高；二、怕出现中外纠纷时，上海租界会审公廨偏袒外国出版公司，对商务不利。如果商务只是替外国出版公司代售图书，卖出付钱，则不用承担任何风险，比较稳妥。从信中，我们还可以得知张元济已经与朗文进行了实质性谈判，信中提到："朗曼合同弟一时不欲交还，如彼此意见不能终合，俟弟归后，当面再行讨论可也。"

现并无史料证明此合同是否明确履行，但1919年7月1日的《张元济日记》曾记载："朗曼格林礼拜日电催书价。"据此可以推测商务与朗文还是进行了合作。

(刊于《出版史料》2002年第3期)

张元济《环游谈荟》研究[*]

1910年3月17日（庚戌年二月初七日），张元济先生从上海起程，一路游历欧美，且走且停，考察西方各国教育、印刷、出版事业，于1911年1月18日（阴历十二月十八日）回到上海，环球一周，时间长达10个月。岳麓书社新出的《道西斋日记·环游谈荟》中的"环游谈荟"部分恰恰是张元济对这次环球之旅的记述，不过从目前刊布的篇幅看，笔者认为其中存在着明显的缺漏，试图以现有之文献来弥补之。

一、岳麓书社版《环游谈荟》的缺陷

2016年9月，岳麓书社推出了"走向世界丛书"续编65种。笔者欣见其中有一册为《道西斋日记·环游谈荟》（刘柯等校点），收入张元济撰写的《环游谈荟》等。本书只有120余页，《环游谈荟》部分约占其中的三分之一。除了将发表在《东方杂志》上的《环游谈荟》作为正

---

[*] 此文发表于中国人民大学历史学院、北京大学二十世纪中国文化研究中心、中国近现代新闻出版博物馆、商务印书馆于2017年8月13—15日召开的"商务印书馆与中国现代文化的兴起"国际学术研讨会。编者2017年6月将此文投稿给该研讨会会务处后，即编辑、整理了《环游谈荟》一书，于同年7月交北京艺术与科学电子出版社印行。

文之外，它还有三个附录。附录一是《环球归来之一夕谈》，附录二是《张菊生之教育谈》，附录三是张元济在旅途中致沈曾桐的一封信。

翻阅完该书之后，笔者不免大失所望。本人在 2002 年曾发表过一小文《商务印书馆与英国朗文早有来往》（刊于《出版史料》2002 年第三辑），资料来源是《张元济书札》（商务印书馆 1997 年 1 月出版）中收录的张元济致当时商务印书馆董事长夏瑞芳、总经理高凤池的一封信。不仅这封信未收入，《张元济书札》中的其他相关信件也并未收入，这固然是一种缺憾。而如果翻阅《张元济诗文》，甚至是 2009 年出版的《张元济全集》、2011 年出版的《张元济年谱长编》，这种缺憾就更加明显了。

二、对《环游谈荟》已收部分的分析

1. 正文：《环游谈荟》

《环游谈荟》是张元济先生对其 1910 年环球之旅的记述，发表在《东方杂志》1911 年第八卷第一号〔3 月 25 日（二月二十五日）刊行〕、第二号〔4 月 23 日（三月二十五日）刊行〕之上，但只是记录了 1910 年 3 月 17 日他从上海出发，同年 5 月 4 日（三月廿五日）到英国伦敦的整个行程。从一路上看，就停靠或者上岸过的地方而言，在中国境内，他经过了厦门、广州、香港。接下来是境外的新加坡（新嘉坡）、马来亚（柔佛、司威南、槟榔屿）、科伦坡（可伦坡）、苏伊士运河（苏彝士运河）、塞得港（波特塞得）各处，然后经过地中海，绕过直布罗陀（支布洛达），先到阿姆斯特丹（安蒙士达丹），而后到了最终目的地伦敦。

从"环游谈荟"的名称来看，它就是张元济对这次环球之旅的系列记述，但刊登两期即止，殊为可惜。《环游谈荟》正文之前有张元济的一段话：

> 去年，余有环游地球之行，所至之国凡十数，往还仅十有半月。时日短促，而语言又不甚足用，闻见所及，至为肤末。舟车罕暇，记录尤略。归国后，友人索观游记，愧无以应。乃取途中所杂录者，稍稍整理之；追忆所得，辄为搜补。随笔掇拾，漫无体例，亦聊以为知彼之助而已。至凡属于教育之事，则别为一编，兹不及焉。

从这段话我们可以看出，因为语言不甚通，又加上舟车劳顿，辗转各地，张元济的记述既不丰富，也不完整。而他的友人又想要看游记，他也就在原先杂录的基础上加事后的追忆，勉强成文。从已发表的部分来看，由于舟中无事，内容还是比较丰富的。而这仅仅是对到达西方世界的第一站——英国的路途上的记述，除了英国之外张元济一路上还考察了欧洲各国、美国、日本，这些还没有展开论述呢！

而从"至凡属于教育之事，则别为一编，兹不及焉"这一句来看，"教育之事"不在"环游谈荟"包含的内容范围之内，另外还有专文阐述。1911年2月，《教育杂志》第1期刊登特别广告，称"上年张菊生先生环游世界，近甫归国。日前蒙先生将有关教育之各种图片送交本社，并允将此次调查各国教育情形随时笔述，以饷吾国之教育界。本社自当陆续登载，以副爱读诸君先睹为快之意。"而《东方杂志》1911年8卷第1期到第4期均刊登了一则"第三期教育杂志"广告，提到"今年本杂志之特色"有四，其中第三条是"张菊生参议环游世界，客腊返国，允将关于教育之心得及各种图片交本社刊行，颇多吾人所未闻见者。"显然，这原本是一个庞大的写作和发表计划。而从第4期的"第三年教育杂志"广告中出现的"今年第五期之目次"来看，未提到有关要目,如果要发表,只能等到第 6 期或者以后分期刊登了。可是计划总是赶不上变化,"吾国之教育界"没有等来《教育杂志》的相关文章。

除此之外,我们也相当期待他对西方出版印刷业的考察和接洽记录。而教育和印刷出版都与早期商务印书馆的经营密切有关。我们可以想见,张元济此次考察的时间颇久,内容项目也多,经过的国家不少,如果条件允许,能够提供给我们的记述应该是相当丰富的。

《环游谈荟》写于 1911 年的正月(1911 年 1 月 30 日为辛亥年大年初一),也就是 1911 年的 2 月。但是之后就断了,原因为何?《道西斋日记·环游谈荟》的校注者只是说"并未连载完,不知何故中止了"。因为我们不知道他是写完了未刊登,还是根本就没写。按理说,后者的可能性比较大。因为如果写好了,甚至交到杂志社了,就没有不刊登的理由。

那么为什么没有继续写下去呢?也许《张元济年谱长编》能给我们做些解答。张元济 1911 年 1 月 18 日在上海下船,在八天之后的 1 月 26 日(十二月廿六日)就出席了商务印书馆第 44 次董事会议。在接下来的 2 月 4 日(第 45 次)、2 月 14 日(第 46 次)、3 月 2 日(第 47 次)、4 月 4 日(49 次)、4 月 18 日(第 50 次)又参加了五次董事会议。2 月 23 日上午,张元济到编译所会议室议事。因为编译所新定了章程,其中下属的总编译部 13 人每月初十、廿五开会两次,决定编译事件。当天为第一次会议。4 月 18 日,商务印书馆召开了股东常会,选举高凤谦、鲍咸昌、高凤池、印锡璋、张元济、夏瑞芳、郑孝胥为新一届董事,张桂华、张廷桂为查账员。

从这次股东常会的记录来看,商务印书馆高速发展的势头确实得到了某种遏制。1910 年(庚戌年)总计销货 173.21 万元,比上年只增长了 2%,而且没有开设任何分馆。重要的是 1910 年夏天上海爆发的"橡皮股票事件"给它带来的恶劣影响。郑孝胥在其 1910 年 7 月 22 日(六月十六日)的日记中写道:"午后,商务印书馆开特别会议,夏瑞芳经手,被钱庄倒去十四万。"在这次橡皮股票风潮中,正元、谦余、兆康三家钱庄倒闭,商务印书馆受夏瑞芳之累被倒银 64750 两。原因是商务印书馆的董事会制度刚刚初创,而主席张元济又在海外游历,夏瑞芳不按法律规章办事,投机失败,致使商务印书馆也卷入其中,损失大笔资金。在 7 月 25 日给张元济的信中,高凤池说夏瑞芳不听自己、张元济和账房的劝阻,"凡遇此种有关系事,既不照章报告董事会,亦不询商他人,一己独断独行,以致酿成此局。"高凤池希望张元济速速回国,收拾局面,因为由此导致的困难会接踵而至,"1. 瑞翁与公司之交涉;2. 股东与公司之交涉;3. 一二年来分馆时有用空、卷逃、溺职等情。"但是在欧洲的张元济并没有中断既定的旅程,他在给郑孝胥、印有模、高凤池等的信中说"梦翁传述翰兄谕令弟速归,极为[应]遵办,但有为难之处"。但由于现存的资料太少,我们无从考证这"为难之处"是什么。

由于夏瑞芳长期不能从橡皮股票事件的影响中恢复过来,无心商务印书馆的经营,张元济回国后的馆务就更加繁重了。这从他给一些朋友的回信中也可见一斑。比如他在 3 月 3 日致盛宣怀的信中说"元济岁晚回沪,积冗滋多,辄无善状可述。"在 3 月 23 日致汪康年的信中说"归国已两月,俗事纷集,竟无寸之晷暇,未尝以一纸通讯,乃仲兄传语,先承慰问,感悚无极。"旧事积欠,俗务缠身,张元济又本是个事必躬亲的人,《环游谈荟》的写作这等小事情只能越来越往后排了,越来越没有着手的可能了。

而 1911 年的大环境是辛亥革命的兴起,清朝灭亡,民国新创。忙于救火馆务的张元济没想到的是,同为馆中高层的陆费逵准确预测到革命的胜利,正谋求编辑共和国教科书,成立中华书局呢,更大的危机在等待着商务印书馆和张元济。

因此，对这次环球之旅的总结和吸收、撰写和发表，对张元济而言只是小事而已，而随着时间的过去，旅途经历的场景日益模糊，内容的时效性也越来越差，腰斩的可能性就更大了。

2. 附录一：《环球归来之一夕谈》

《环球归来之一夕谈》分别刊发于《少年杂志》1911年第二册（三月初一发行）、第三册（四月初一发行）。但这并不是张元济本人的撰述，而是记者对其演讲的记录。回国才三天，张元济的朋友虞含章、杜亚泉等发起晚餐会，在一品香公宴张元济，请其演说环游地球一周的情景。他演讲了三小时，听众有编译所的同仁和外来者四十余人。

《环球归来之一夕谈》有一段编者按，其中说道"记者亦预会听其演说，颇有感触。归来用笔记之，以供未游者之一读。"《少年杂志》本创刊不久，记者也是馆中同人。他并不是边听演讲边记录，而是回家之后加以笔记的。如果张元济只是随口道来，而记者能根据事后记忆写出七八千字，记忆力和笔头功夫实在了得。按柳和城先生在《孙毓修评传》中的说法，此"记者"即该杂志主编孙毓修，真有心人也！

该文自称"我"，用的是张元济本人的口气，总计23节。开头是"游历总纲"，概述环球一周的行程。接下来的"我国出洋的苦工""新嘉坡的华侨""华侨的赌兴""槟榔屿""可伦坡的茶叶""苏彝士运河""波特塞得"7节与《环游谈荟》的记述多有重复。由于《环游谈荟》被腰斩，《环球归来之一夕谈》其后的15节就显得弥足珍贵了。

该文的最后的一段话是"今晚所说的甚为粗略，不足供诸君一听。过了几时，我还要详详细细将我游历时的见闻和各国初级教育、贫民教育的办法写出来，请教请教。"其中的"游历时的见闻"即随后起了个头的《环游谈荟》，而"各国初级教育、贫民教育的办法"则连头也未开了。从"详详细细"这个说法而言，该文前八节的内容约为3000字，与之匹配的《环游谈荟》约为8000字，估计后者被应写未写的部分也在 1.5 万字以上了，如果加上相关图片，篇幅就更多了。

3. 附录二：《张菊生之教育谈》

《张菊生之教育谈》是张元济 1911 年 6 月 29 日（六月初四日）应寰球中国学生会邀请发表的演讲。《道西斋日记·环游谈荟》记载的出处是 1911 年 7 月 2 日和 4 日的上海《神州日报》，笔者能查到的出处是重庆的《广益丛报》（1911 年第 272 期），显然该文是多处发表。两文在正文之前各有一段说明文字。前者说的是：

> 鄙人去年由海道至英、德、法、比、意各国，复返至英，为时甚促。本非专往调查学务，且中等教育以上程度甚高，亦非浅识所能考见，惟留意于小学教育一方面。承贵会不遗浅陋，敢述所见，以质高明。

这是常见的演讲开场白，由张元济口述。因为寰球中学生会致力于中学教育，而他考察的是小学教育，主题不太吻合，故有如此谦语。而后者说的是：

> 寰球中学生会初四晚上之演说。方届八时，张菊生惠然莅止，先由名誉会长伍秩庸布告开会大旨。张君登台，谓鄙人去年由海道至英、德、法、比、意各国，复返至英，为时甚促。本非专往调查学务，且中等教育以上程度甚高，亦非浅识所能考见，惟留意于小学教育一方面。承贵会不遗浅陋，敢述所见，以质高明云云。乃演说两时之久。座客咸鼓掌而散。兹录其演说大旨如下。

本段包含了上段的全部内容，并提到演讲由寰球中学生会名誉会长伍廷芳（字秩庸）主持，开始时间是晚上 8 点，持续了 2 个小时，受到听众的热烈欢迎。

从这两份报纸刊发的正文来看，内容一模一样，应该是张元济事先撰写了演讲稿的缘故。从演讲稿的篇幅来看，2个小时能讲的内容应该超过了它。该文内容与《环球归来之一夕谈》也有相似之处，相似度最大的一处如下：

> 余在意大利国往观一盲学校，有学生闻余在旁参观，乃手写一纸以畀余，略谓世界受苦之人，盲聋为甚，亦惟盲聋人能知盲聋人苦状。今蒙张君惠观本校，因念张君之祖国中，亦不少哑聋之同类，但愿张君返国后设法启迪盲学，亦吾侪同类之幸福也，云云。余本不解意大利文字，因有友人以英语转详示余。盲生之见解如此，实令人嘉尚无已。

而《环球归来之一夕谈》有一段题为"罗马的盲女学堂"的内容，说的是：

> 我在罗马，去看一个盲女学堂。女学生排班来迎，并献祝词。末后几句道："愿先生回国之后，竭力开设此种学堂，以教贵国之盲女。果如此，则不但贵国之苦同胞受益，并我辈也感祷不尽。"我听了很觉难受。

两段内容略有出入，但大致内容相同。最后值得一提的是，《张菊生之教育谈》的部分内容还分别刊登于《女学生》杂志的1911年第38期、1912年第3期，名为"张菊生先生小学教育记"，内容一模一样，不知为何。

4. 附录三：《致沈曾桐的信》

《道西斋日记·环游谈荟》前面的叙论中只提到两个附录。其中一处说"留下来的足迹便是这里收录的《环游谈荟》和编者辑录的两个附录。"最后还说"《环球归来一夕谈》……《张菊生教育谈》……两篇均系记者记录的讲演稿。"漏说的是附录三，也就是《致沈曾桐的信》。

该信 1910 年 6 月 24 日（五月十八日）由张元济从英国伦敦寄给广州的沈曾桐。因为他 3 月 21 日（二月十一日）曾在广州上岸见过沈曾桐，当时沈为广东提学使。信中说"春间道经羊城，获聆教诲，欣幸无似。别后海程一月有半，始达英伦。"

按 5 月 4 日（三月二十五日）往前推一个半月，可大抵知道两人的见面日期。信中除了谈了从印度洋经过苏伊士运河、地中海、比斯开湾到伦敦的旅程外，还涉及了一些别的内容。比如《环游谈荟》提到从塞得港起航之后的行程：

> 舟既启碇，出运河口，沿堤岸行。堤长三四里，突入地中海中。堤尽处有赖赛朴斯像，临流峙立，过其下者辄瞻望不置。盖运河之成，功在万世，赖氏艰难缔造，固宜受众人之崇拜也。

其中提到了塞得港北侧苏伊士运河与海湾交汇处的防波堤上所立的苏伊士运河开凿者菲迪南·赖赛普斯的铜像，当时还在，台基高约五米。下一段就马上提到了"既抵英伦，舟徐徐行泰姆斯河（即泰晤士河）中。"而在致沈曾桐的信中，张元济则不仅提到地中海和大西洋之行，还提到了荷兰之行，然后才是目的地伦敦。而后又简短提到了英王（即爱德华七世，1901—1910 年在位）之丧、爱尔兰之行、英国教育、比利时和瑞士之行。

以上四篇著述，如果从写作时间顺序来看，排列如下：1.《致沈曾桐的信》；2.《环球归来之一夕谈》；3.《环游谈荟》；4.《张菊生之教育谈》。

三、对《环游谈荟》应收未收部分的分析

（一）收录的原则

笔者认为，如果把《环游谈荟》作为对张元济这次环球之旅的记述的总标题或者单行本的书名，其收录的原则应该如下：

（1）能收入则尽量收入，不仅是张元济本人在旅途中的著述，还包括出发前的准备、归国后的反馈，尽量把点滴的著述做成一个相对完整的拼图。

（2）所收信件不仅包括张元济给他人的去信，还包括与之相关的他人的回信，这样可以看出信中内容的来龙去脉。

（3）不仅要收入跟这次环游有关的信件，也要收进他在旅途中发出的与馆务有关的信件，尤其是许多信件本身就两者兼而有之，反映出身在国外的他对国内馆务的关心。

（4）应该收入西方国家报纸对张元济这次环球之旅的报道。

（5）张元济的家人特别是儿子张树年的相关回忆史料也要收进来。虽然张元济出国时，张树年才不到三岁。但是张元济带回了一些相关物品，而且有时也会和他谈及相关内容。

（二）对《环游谈荟》应收未收部分的分析

就《道西斋日记·环游谈荟》的"环游谈荟"部分而言，应收而未收的部分不少，以下按时间顺序排列（如果有多封信，按第一封信的发出日期排列）说明之。

1. 往来信件部分

(1) 致孙壮书（两封）

孙壮（1879—1943），字伯恒，当时为商务印书馆的北京京华印书局（北京分馆）经理。张元济给孙壮的信为两封，第一封发于1910年2月15日，是从上海到北京。此前，张元济在2月10日给孙壮的信中提到这次环球之游，说定于阴历二月初六起程。1910年2月3日（己酉年十二月廿四日），他在给缪荃孙的信中提到"贱躯迩日稍觉强健，明春将有环球之行，约以半年为限。"所谓"明春"即1910年春天，环球之行的时限暂定为半年。写信日期离出发日期刚好一个半月。这是目前所见提到这次环球之游的最早文献。

张元济在这封信中提到要孙壮为这次环游向外务部、学部呈文。因为1903年他进入商务印书馆编译所之后，还曾经被保举为学部左参议，调任外务部员外郎兼储才馆总办，虽然实际上并未进京履职，但是也没有明确表示辞职。而作为政府官员出访，也有其便利所在，可以得到清政府驻当地公使或者领事的接待。比如他去纽约先驱报社参观访问，用的身份就是"学部官员"，而陪同他访问的是清政府驻纽约的领事和副领事。另外，他还向孙壮提到他西行之后由高梦旦负责编译所的各种公务，让孙壮有事跟后者接洽。

1911年2月6日张元济给孙壮写了一封信，属于回国之后对旅途中的一些事情的交待，在此不作赘述。

(2) 致蔡元培书（两封）

张元济致蔡元培（1868—1940）的信共有两封，一封发于1910年2月24日的上海，另一封同年5月9日发于英国的伦敦，目的地都是德国的柏林。蔡元培从1907年5月到1911年11月在德国留学。第一封信提到他大概四五月间（阴历）可以到柏林，期盼到时见面畅聊。第二封信提到他的欧洲大陆之游，不仅仅包括蔡元培所在的德国，还有瑞士、意大利、奥地利、匈牙利等，当然还有其他事情。

(3) 致孙毓修书（三封，另附孙毓修致张元济一封）

张元济致孙毓修的信共有三封，均从国外发往上海。孙毓修（1871—1923），字星如，张元济在信中称其为"星翁"。1908年后，在张元济的指导下，孙毓修兼管编译所图书室涵芬楼，从事古籍采购、善本审考和编目整理工作。这三封信都与此有关。

第一封信发于1910年4月17日（三月初八），估计发自埃及的塞得港。该信的开头提到"顷忆得数事有关于图书馆者，胪举如左，伏祈察核为幸。"谈的都是关于图书室和收购古籍的事情。

第二封信同年6月22日（五月十六日）发自英国的伦敦。该信谈的主要是古籍整理出版和收购之事。

第三封信同年10月14日（九月十二日）发自意大利的罗马。在该信中，张元济表扬了孙毓修在图书馆管理工作方面的努力，并提到陶葆霖、高梦旦要孙毓修去从事编译工作，请他不要误会。

孙毓修同年5月24日（四月十六日）从上海发往伦敦的信，与张元济4月17日、6月22日发给孙毓修的信均有关联，有助于说明这两封信的内容。

(4) 致陶葆霖、高凤谦书（三封）

张元济致陶葆霖、高凤谦两人的信总计有三封。陶葆霖，字惺存，张元济在信中称其为"惺翁"。高凤谦（1869—1936），字梦旦，张元济在信中称其为"梦翁"，时任编译所国文部部长，张元济出国期间指定他代为管理编译所。

第一封信1910年5月5日（三月廿六日）发自英国伦敦，用的是他下榻的西中心旅社的用笺，信的上半部不全。

第二封信同年5月10日（四月初二日）同样发自伦敦。该信提到十一件事情，既有馆事，也有在英国参观之事。

第三封信同年 8 月 27 日（七月廿三日）发自德国的柏林。该信主要谈到对"橡皮股票事件"发生后馆内旷班人多的担忧，还有就是孙毓修的图书室管理工作的为难之处，再则就是对他寄回的东西的说明，最后是他在离开德国柏林之后的行程以及参观柏林各种学堂的情景。

值得一提的是，张元济对给商务印书馆高层的信和对方给他的信均有编号。在上述 5 月 10 日发出的第二封信中，张元济提到"三月廿六日发第九号信想收到矣"，应该是指他 5 月 5 日（三月廿六日）发出的信为第九号信，但是信的最后并没有标明，不知何故。接下来他又提到"一、第一号即香港所发明信片，信片、封函号数连接，可以免致错误也。"这就是给信件编号的好处。但从目前《张元济全集》收入的有关信件的情形来看，这些编号信件遗失太多，已有的信息也不全。下表是张元济寄给商务高层的信件的具体情况（信息不全）：

	阳历	阴历	收信人	实际姓名及字号	发出地
第一号				陶葆霖（惺存）、高凤谦（梦旦）	香港
第九号	5.5	三月廿六日			伦敦
第十号	5.10	四月初二日	惺翁、梦翁	陶葆霖（惺存）、高凤谦（梦旦）	伦敦
第十一号	5.25	四月十七日	萃方	夏瑞芳（萃方）	爱尔兰
第十二号	5.20	四月十二日	梦翁	高凤谦（梦旦）	爱尔兰
第十三号	5.26	四月十八日	梦翁	高凤谦（梦旦）	爱尔兰
第十五号					
第十七号			萃方、翰卿	夏瑞芳（萃方）、高凤池（翰卿）	

(续表)

	阳历	阴历	收信人	实际姓名及字号	发出地
第十九号			萃方、翰卿	夏瑞芳（萃方）、高凤池（翰卿）	
第廿一号	8.21	七月十七日	萃方、翰卿	夏瑞芳（萃方）、高凤池（翰卿）	柏林
第廿四号	8.27	七月廿三日	惺翁、梦翁	陶葆霖（惺存）、高凤谦（梦旦）	柏林

以上收信者夏瑞芳、高凤池、陶葆霖、高凤谦等均位居商务印书馆的管理层，信件均有编号，但张元济给孙毓修的信及孙的回信就没有编号，这证明孙毓修在馆中的地位较低。商务高层寄给张元济的信件，他也一一编号，下表是其具体情况（信息不全）：

编号	阳历	阴历	寄信人	实际姓名
第二号			惺翁	陶葆霖（惺存）
第四号			惺翁	陶葆霖（惺存）
第七号	5.6	三月廿七日	梦翁	高凤谦（梦旦）
第十三号			萃方、翰卿	夏瑞芳（萃方）、高凤池（翰卿）
第十六号			惺翁	陶葆霖（惺存）
第廿四号	7.29	六月廿三日	惺翁	陶葆霖（惺存）

（5）致高凤谦书（两封）

张元济单独给高凤谦写的信有两封。第一封信1910年5月26日发自爱尔兰。在信中，张元济总计提到十二件事，除了八件馆事之外，还提到一件私事，还有两件与环游有关。信息量大的是第十二件事，也是关系到商务印书馆的一件大事。张元济知道夏瑞芳陷进了"橡皮股票买卖"，还没有造成严重的后果，但他好像有某种不好的预感。他在5月25日专门发给夏瑞芳的第十一号信中督促后者尽早结束股票交易，坐西伯利亚铁路来柏林与他会合，并提到三大好处，让高梦旦劝夏瑞芳下决心出国。但从后来的情形看，夏瑞芳没有及时收手，酿成大祸。

第二封信没有署名，也没有寄信日期，估计寄于1910年的六月。该信主要是调解高梦旦与陶葆霖之间的矛盾。

(6) 致夏瑞芳、高凤池书（一封，附高凤池致张元济书两封）

此信的后面部分缺失，因此既不知道编号，也不知发信日期。但张元济给两者的第廿一号信的发出日期是1910年8月21日（七月十七日），而他给陶葆霖、高凤谦的廿四号信的发出日期是同年8月27日（七月廿三日）。该信要么是第廿二号信，要么是廿三号信，发出日期在8月的21日至27日之间。《年谱长编》提到该信的发出日期是8月21日，不知依据何在。本信与出版、印刷的关系最大。我们能见到的是七件事，与出版印刷的关系最大，也涉及教育之事。

《张元济年谱长编》提到高凤池致张元济的两封信，分别发于7月25日（六月十九日）、8月20日（七月十六日），现藏于上海出版博物馆，暂未见其全文。从《年谱长编》的摘录来看，前者主要是向张元济通报橡皮股票事件，并督促他回国，也许就是上述信中提到的高凤池致张元济的第十三号信，因为其中有"谨悉一切"，也许"一切"指的就是橡皮股票事件。后者提到馆中的困难情形，虽然他接到张元济"未便速回"的三封电报，但仍督促张元济早日回国。

(7) 致郑孝胥、印有模、高凤池书（一封）

郑孝胥、印有模均为商务印书馆的董事。郑孝胥字苏庵，印有模字锡璋，曾任商务印书馆总经理。这封信由英国伦敦发往上海。《张元济书札》的编者认定此信"从内容上看，当在1910年4月18日致高凤谦信之前"，《张元济全集》也持此认定不变。但从信的内容来看，不准确。该信主要谈及商务印书馆和夏瑞芳受"橡皮股票事件"的牵连损失惨重，以及张元济对此提出的应对措施。而如前所述，"橡皮股票事件"

发生在1910年7月,因此张元济写此信必然是这个日期以后发生的事情。

(8) 致梁诚书(一封)

梁诚(1864—1917),字义衷,号震东,时任清政府驻德公使。此信写于1910年8月25日(七月廿一日),系张元济访问德国离开柏林前夕所书。在信中,他说对梁诚同意代译代发感谢信表示感谢,并附上致信者(也就是他所参观的德国教育机构接待者)清单以及大致的措辞,转请公使馆书记代为缮写洋文信件。除此之外,他还请梁公使代发给国内商部、外务部的致谢信,因为他出国临行之前并未去这两部接洽。

(9) 致梁启超书(一封)

此信写于1911年1月28日(十二月廿八日),发往日本的神户,也就是张元济回国10天以后的事情。约在1月中旬,他和梁启超在神户见面。该信主要谈的是梁启超著的《国民常识》出版事宜,并提及商务印书馆要创办月刊《法政杂志》,希望梁启超赐稿,以及他和高梦旦在从日本归国途中编《升官图》之事。

(10) 致汪康年书(一封)

汪康年(1860—1911),字穰卿。著名报人,时任《刍言报》主编。此信写于1911年3月23日(辛亥二月廿三日),发往何地不详。信中提到自己非常爱读汪康年主编的《刍言报》,并提到搜集古书之事,以及在法国和伯希和接触的情况。信的最后提到"《民立报》载弟演说词,错太多。现陆续将所写记录写出,刊入《东方》及《教育》两杂志中,当邮呈诲正。"《民立报》刊登的演说词应该是《环球归来之一夕谈》的又一个版本。而《东方杂志》刊登的就是《环游谈荟》了,《教育杂志》的刊发则无从谈起。

2. 张元济在旅途中的撰述或者演讲

（1）《调查英国教育之提纲》

此提纲拟于 1910 年 5 月，主要针对的是小学教育，兼及特殊教育，最后两个问题才略微涉及中学教育和高等教育。

（2）《绝诗》

此诗作于 1910 年 7 月。诗前有小序为"宣统庚戌六月至比利时。游马士河。书此志慨。兼示子琦。""子琦"即王廷璋（1884—1944），1911 年商科进士，长期在外交界任职。他当时在比利时圣黎业斯大学（即圣路易斯大学）就读，应邀陪同张元济在比利时游玩。张树年在《张元济往事》中对此的解释是"父亲每游一处，由于语言不通，时时邀请一位留学生陪往当翻译。"

（3）《中国出洋赛会预备办法议》

此文发表于《东方杂志》1910 年第 9 期。张元济参加了当年在比利时首都布鲁塞尔举行的世界博览会，即文中所说的"比京之会"。他谈了对此的观感，以及对中国以后参加类似展会的建议。

（4）《十月二十四日在纽约中国留学生会馆演说大意》

这是张元济 1910 年 11 月 25 日（十月廿四日）在纽约中国留学生会馆发表的演讲辞，由他人记录，张元济亲笔改定。商务印书馆 1986 年版《张元济诗文》改为《在纽约中国留学生会馆演说》，并注撰写日期为"1910 年 8 月"，《张元济日记》编者根据文题纠正。

3. 国外相关新闻报道

（1）《纽约先驱报》报道

1910 年 11 月 25 日（十月廿四日），张元济以学部官员的身份访问了纽约先驱报社，该报刊发了两篇报道。其中一篇是《中国官员莅美考察我国教育制度》(*Mr. Chang Yuan Chi, Here to Study Educational Institu-*

tions, *Much Impressed by Visit to Educational and Mechanical Departments*），另一篇是《中国官员宣称"〈纽约先驱报〉是最大的报纸"》（"*The New York Herald is the greatest Paper" Declares Chinese Commissioner*），均刊于第二天的《纽约先驱报》，可见当时美国大报对张元济访美的重视。可惜的是，原文比较模糊，无法以此校对译文。

（2）纽约《中西日报》报道

1910年12月3日（十一月初二日），纽约《中西日报》刊出《张参议之行踪》，藏于上海出版博物馆。"张参议"即张元济，因为他曾被保举为学部左参议。

4. 张元济家人的回忆

"张元济家人"主要指张元济先生的儿子张树年。他出生于1907年，张元济出国那年他才3岁，对这次环球之旅不可能有什么太确切的回忆。但是随着他后来的长大和懂事，张元济也会和他说起当时出国的事情，而且家里也有一些出国带回来的物件，能引起他的回忆。比如新出的《张元济往事》（张树年著，东方出版社2015年出版，原名《我的父亲张元济》，2006年由百花文艺出版社出版），在其"第三章　长吉里"中就有一小节名为"家里来了'外国人'"，说明张树年还记得父亲回国的情景，父亲由西装换回长袍，他才认出来。而他后来才知道是柯师太福医生教张元济去哪做西装的，他的辫子又是如何处置的。而"第四章　极司非而路新居"还提到了父亲到比利时游历时照的照片和所写的《绝诗》，以及父亲买回来的小摆设。"第五章　生活琐记"则提到父亲经常和张树年说起当时英王出殡的情景。这些都能佐证或者补充相关的出国游历史料。

值得一提的是，柯师太福医生原名 Dr. Stafford M. Cox（斯塔福德·M. 考克斯），"柯师太福"是对其姓名的中文简译。据张树年的回忆，"柯师医生爱尔兰人，光绪二十六年来华，任海关医官，医术高明，与父亲相交甚深。"并在《张元济往事》提到了他。柯师太福医生（？—1925）本为爱尔兰人，英国名医。他拥有内科学博士学位，1900年来华行医，曾任上海海关医官、中国红十字会总医院总医生兼学堂教习，参加过"武昌起义"战地救护工作。他长期在上海行医，其私人诊所就开在北四川路39号，也是张元济家、严复家十分信任的私人医生。1910年3月17日张元济在上海起程，陪同他的就是柯师太福医生。后者应该是为了回爱尔兰探亲，他俩到了英国伦敦以后就分手了。

还有就是张元济的外语能力能否堪环游之用的问题。在张元济孙女张珑的《张元济学英语》（《文汇报》2016年11月21日）中提到祖父最早学英语大概是1896年的事情。该年6月8日，张元济在致好友、维新派人士汪康年的信中有这样的话："英文已习数月，仅识数千字，而尚难贯通。"年近三十才开始学英语，难度不小，决心可嘉。张珑综合各种史料做出判断说"祖父用英语应对一般性的交流是没有问题的。这一点在张元济去欧美各国考察的情况中也得到印证——他于1910年启程赴欧美考察教育、出版、印刷事业，为时近一年。从几处记录看，在考察过程中与外国人的一般性交流都是自己独立应对。当然，由于这次考察，除英美两国外，还包括德、法、意、瑞士等许多国家，各国语言不同，翻译是必不可少的。尤其在出席正式的场合，或谈比较重要的问题时，更需要翻译。"比如上文提到留学生王子琦就是他在比利时当地请的翻译兼导游了。

（三）《环游谈荟》不全的原因探讨

《道西斋日记·环游谈荟》中的"环游谈荟"部分为何收入不全，笔者的推测是：此书编于20世纪80年代初，不早于1986年，许多未收入的相关史料是后来发表的。《张元济书札》出版于1981年，当时只有1册，1997年的增订本才扩充到上、中、下3册。该书只收入了《致沈曾桐的信》，上述提到应收而未收的各信均不见于其中。《张元济诗文》出版于 1986 年，除了《环游谈荟》外，还有他 1910 年在比利时游玩时作的《绝诗》，以及《在纽约中国留学生会馆演说》《中国出洋赛会预备办法议》两文，但均未收入该书，因此笔者作出《道西斋日记·环游谈荟》的编辑日期不早于 1986 年的判断。

笔者的初衷本为撰写张元济 1910 年环球之旅的考察内容，但在搜集资料的过程中发现《道西斋日记·环游谈荟》收入内容不全，故先搜集资料，并提到其已收、未收部分的基本情况，并分析其未收相关文章的原因，由此成文。

远游欧美，心系馆务

——从1910年张元济环游之旅中的一封信谈起

一、日程概述

张元济于1910年3月17日从上海起程，5月4日到达英国，后在欧洲大陆游历，10月30日回到英国；11月9日从英国出发，前往美国；后又从美国经日本回国，于1911年1月18日回到上海（详细行程参见表1）。

表1　张元济欧美环游之旅行程

公历日期	农历日期	地点
1910年3月17日	二月初七日	上海（起程）
1910年3月23日	二月十三日	香港
1910年3月28日	二月十八日	新加坡
1910年4月20日	三月十一日	塞得港
1910年5月2日	三月廿三日	荷兰
1910年5月4日	三月廿五日	英国
1910年5月21日	四月十三日	爱尔兰

(续表)

公历日期	农历日期	地点
1910年6月上旬		英国
1910年7月上旬		比利时
1910年7月23日	六月十七日	荷兰
1910年7月30日	六月廿四日	德国
1910年9月6日	八月初三日	捷克
1910年9月7日	八月初四日	奥地利
1910年9月14日	八月十一日	匈牙利
1910年9月18日	八月十五日	奥地利
1910年9月24日	八月廿一日	瑞士
1910年10月3日	九月初一日	意大利
1910年10月18日	九月十六日	法国
1910年10月30日	九月廿八日	英国
1910年11月9日	十月初八日	英国（起程）
1910年11月中旬		美国
1910年12月下旬		美国（起程）
1911年1月中旬		日本
1911年1月18日	十二月十八日	上海

二、往来通信

值得一提的是，张元济对寄给商务印书馆高层的信和对方寄给他的信均有编号。在1910年5月10日发出的第十号信中，张元济提到"三月廿六日发第九号信想收到矣"，应该是指他5月5日（也就是他到英国的第二天）从英国伦敦发出的信，为第九号信，但是信的最后并没有标明，不知何故。接下来他又提到，"一、第一号即香港所发明信片，信片、封函号数连接，可以免致错误也。"这就是给信件编号的好处，第一号信是从香港发出。但从目前《张元济全集》收入的有关信件的情形来看，这些编号信件遗失太多，已知信件的信息也不全。张元济寄给商务印书馆高层部分信件的编号、写信日期、收信人、发出地等具体信息参见表2。

表2　张元济致商务印书馆高层部分信件的信息

编号	公历日期	农历日期	收信人姓名及字号	发出地
第一号			陶葆霖（惺存）、高凤谦（梦旦）	香港
第九号	1910年5月5日	三月廿六日		伦敦
第十号	1910年5月10日	四月初二日	夏瑞芳（萃方）、高凤池（翰卿）	伦敦
第十一号	1910年5月25日	四月十七日	夏瑞芳（萃方）	爱尔兰
第十二号	1910年5月20日	四月十二日	高凤谦（梦旦）	爱尔兰
第十三号	1910年5月26日	四月十八日	高凤谦（梦旦）	爱尔兰
第十五号			夏瑞芳（萃方）、高凤池（翰卿）	
第十七号			夏瑞芳（萃方）、高凤池（翰卿）	
第十九号			夏瑞芳（萃方）、高凤池（翰卿）	
第廿一号	1910年8月21日	七月十七日	夏瑞芳（萃方）、高凤池（翰卿）	柏林
第廿四号	1910年8月27日	七月廿三日	陶葆霖（惺存）、高凤谦（梦旦）	柏林

其中，1910年5月20日撰写的信晚于1910年5月25日撰写的信发出，估计是在英格兰赴爱尔兰的途中所写，或者在英格兰所写，但是在爱尔兰发信，故编号为"第十二号信"。

张元济在海外经常与孙毓修通信，但给孙毓修的信及孙的回信就没有编号，这证明孙毓修当时在馆中的地位较低。

商务印书馆高层寄给张元济的信件，他也一一编号。商务印书馆高层寄给张元济部分信件的编号、写信日期、寄信人姓名等具体情况参见表3。

表3 商务印书馆高层致张元济部分信件的信息

编号	公历日期	农历日期	寄信人姓名及字号
第二号	1910年5月6日之前		陶葆霖（惺存）
第四号	1910年5月6日之前		陶葆霖（惺存）
第七号	1910年5月6日	三月廿七日	高凤谦（梦旦）
第十三号			夏瑞芳（萃方）、高凤池（翰卿）
第十六号			陶葆霖（惺存）
	1910年7月25日	六月十九日	高凤池（翰卿）
	1910年7月26日	六月廿日	高凤谦（梦旦）、陶葆霖（惺存）
第廿四号	1910年7月29日	六月廿三日	陶葆霖（惺存）
	1910年7月29日	六月廿三日	高凤池（翰卿）
	1910年8月20日	七月十六日	高凤池（翰卿）

商务印书馆高层寄给张元济的信，能见书信全文的并不多，只有高凤池于1910年7月25日、7月29日和8月20日给张元济的三封信。张元济是否及时收到了这三封信，不得而知。因为1910年7月23日张元济到了荷兰，然后又去了比利时，7月30日到达德国。在德国期间，张元济去了柏林、莱比锡等地，直到9月6日离开德国前往瑞士。即使张元济收到了这些信件，估计也是从英国转寄过去的。张元济知道"橡皮股票案"事件，还是高梦旦来信告知的。

三、1910年8月张元济致夏瑞芳、高凤池信的考证与解读

1910年8月，正值上海"橡皮股票案"波及商务印书馆之时，具体日期不详。张元济寄给夏瑞芳和高凤池的这封信，收录于《张元济全集（第三卷）：书信》第34—35页，书中给该信冠以标题《致夏瑞芳、高凤池》。信的开头提到"本月十七日寄上第廿一号信"，联系到后面"七

月初六日来电",本月应指"七月"。"本月十七日"即"1910 年 8 月 21 日"。既然"七月"是本月,该信投寄于 8 月 21 日至 9 月 3 日之间,9 月 6 日张元济就离开德国去了捷克。由于该信缺页,没有信件尾部及落款,无法判断准确写信时间和编号。《致夏瑞芳、高凤池》文后提到"原信缺页,据内容及信纸与 1910 年 8 月 27 日致陶葆霖、高凤谦信相同,推断此信约在 1910 年 8 月间"。"1910 年 8 月 27 日致陶葆霖、高凤谦信"即第廿四号信,信中提到第二天即从柏林去莱比锡。笔者初步判断,本信为第廿二号信或者第廿三号信,写作时间在 1910 年 8 月 21 日至 27 日之间。

这封信的影印件印在《张元济全集(第一卷):书信》一书的前插页,笔者据此对该信进行了仔细的校对,并在此基础上做考证和解读。

1. 与各出版社接洽业务

《致夏瑞芳、高凤池》信中提到包括朗文出版社(即信中的"朗曼书店")、钱伯斯出版社(即信中的"谦伯尔")、经恩出版社(即信中的"Ginn 书店",或者"金恩山版社")、托马斯·纳尔逊出版社(即信中的"奈尔逊")等四家出版社。

(1)朗文出版社和经恩出版社

从信中提到的"来英之后特与各家商量",我们可以发现,张元济到了英国之后,积极与各个出版社联系,开展业务,其中最主要的就是他与朗文出版社的实质性接洽。从信中"朗曼合同弟一时不欲交还,如彼此意见不能终合,俟弟归后,当面再行讨论可也"可以看出,张元济与朗文出版社已经签订原版书寄售合同,但还需要他回国确认,因为夏瑞芳、高凤池并不认同外国书籍在中国的寄售,而只愿翻印西书。翻印、编译西书也是当时上海各出版社的一种常规做法。因此,张元济和夏瑞芳之间存在着寄售西书还是翻印西书之争。

张元济认同寄售,理由是"弟意翻印之享究系冒险,一恐搁置成本，二恐租界西官偏袒洋商，华官不能保护"。意思是翻印是冒险之事，原因之一是要首先投资，印刷成册，通过销售回笼资金；原因之二是如果朗文出版社因为商务印书馆翻印其出版的书籍，而将商务印书馆告到上海租界会审公廨，可能商务印书馆会吃亏。而寄售只是商务印书馆按一定折扣从国外出版社进口书籍，销售不完还可以退货。

信中，张元济还提到了经恩出版社，说"美国 Ginn 书店来信谈及本馆翻印伊书之事"。张元济在给夏瑞芳和高凤池的第十七号信中曾提到，"尚请抄示英美商约关于版权条文（要西文）"，但没有回音。

"英美商约关于版权条文"指的是《中美续议通商行船条约》第十一款："无论何国若以所给本国人民版权之利益一律施诸美国人民者，美国政府亦允将美国版权之利益给与该国之人民。"

"美国 Ginn 书店"即设在美国纽约的经恩出版社。1909 年，商务印书馆除了大量翻印、编译国外图书之外，拟开始经营西书寄售业务，首先与经恩出版社联系。1910 年初，经恩出版社的董事费英焘从美国纽约致函商务印书馆，对商务印书馆"代鄙公司经理中国营业"表示感谢，但要求"必须贵馆能专代本公司经理，而不兼他公司事件。"此时，商务印书馆正准备翻印其出版的《欧洲通史》。费英焘认为此举虽然没有违反"万国版权公例"（即《伯尔尼公约》），但是商务印书馆应该首先取得其许可，并付给一定的报酬，才算合理。当时，商务印书馆并未理会，次年即引起经恩出版社向上海租界会审公廨控告商务印书馆翻印《欧洲通史》侵权之事。商务印书馆援引《中美续议通商行船条约》第十一款，据理力驳，致经恩出版社败诉。

（2）钱伯斯出版社和托马斯·纳尔逊出版社

钱伯斯出版社（W. & R. Chambers Publishers）位于英国爱丁堡，创办于 1819 年，主要出版参考书。该社以出版《钱伯斯词典》（*Chambers Dictionary*）著称，《二十世纪读本》（*Twentieth Century Readers*）也是其

著名出版物。张元济在信中提到的"谦伯尔"就是钱伯斯出版社。

> 寄来谦伯尔书籍销数清单，谓该店出版《廿世纪读本》。如该公司能照此折扣可再贱，则请酌量多定若干，云云。信中又无一语及此，似写信之人与开清单之人，全不接洽。且弟亦岂能凭空代定书籍？将来到伦敦代问则可。尚祈见谅。

信中，张元济对收到的来信表示不悦，随信寄来了钱伯斯出版社寄售的"书籍销数清单"，说如果钱伯斯出版社能够再降低发行折扣，商务印书馆可以酌量增加订数。但在信中，夏瑞芳或高凤池又不提及此事。笔者猜测，这似乎与夏瑞芳赞同翻印、反对寄售的态度有关。

英国的托马斯·纳尔逊出版社（Thomas Nelson Publishers）创办于1798年，其美国分部现发展成为美国著名大众出版社、世界第一的宗教出版社。张元济在信中提到的"奈尔逊"就是托马斯·纳尔逊出版社。

> 奈尔逊书欲托我处代彼翻译印刷，发行伊书，弟亦附陈私见，何以亦不见答？

其中的"翻译印刷，发行伊书"，有点费解，不知道是要求商务印书馆代替他翻译、印刷，还是发行其原版书。

2. 张元济与夏瑞芳、高凤池之间的分歧

如果说从张元济致夏瑞芳、高凤池信中的以上内容，我们可以感觉到张元济的不悦，那么信中出现的以下语句，则明显表示出张元济对夏瑞芳、高凤池的敷衍塞责态度非常生气。

"弟捧读之下，殊为失望。"

"来示既称收到，何以不答一字？"

"既不畅销，何必翻印？"

"何以二公及印刷所诸君总不决定？"

"何以绝不见答？"（接连出现两句）

"何以来信绝不陈述？"

"诸公竟置诸不理，殊为失望。"

"真令人闷煞！"

当时这封信的句与句之间只有简单的句读，句中问号、感叹号等都是后来编者加上的，不过张元济的愤懑之情可见一斑。

高凤池在1910年7月25日、7月29日和8月20日写给张元济的三封信中，要求张元济考虑当时商务印书馆的困境，立即回国。

1910年7月25日信中写道："请菊翁速回……弟深知阁下远涉重洋，行装甫停，适值调查一切，为公司远大计，一旦半途折回，殊为可惜。然事出仓卒，定邀洞鉴。"

1910年7月29日信中写道："默计困难问题日至，仍请早日回华为幸。由陆路或水路回，一二日前发一电为荷。"

1910年8月20日信中写道："近日连接未便速回三电，已洽同人，所以屡请回华……"

高凤池认为"橡皮股票案"不仅仅是夏瑞芳个人的事，对商务印书馆也造成影响。比如商务印书馆办的钱庄被取钱、分馆经理卷款跑路等，更重要的是怕商务印书馆的日本籍董事山本条太郎、原亮三郎以此为借口干涉商务印书馆的内部事务。因此，连续三封信要求张元济立刻回国。高凤池在8月20日中的信中写道：

际此极困难时,适阁下远离,诚公司之大不幸也。弟本庸才,断难维此危局,日夜恐惧。盼望台驾早回,以慰众望。

但是,张元济并未听从此言,其原因简而言之,是因为他考虑到这属于夏瑞芳的个人损失,并不会对商务印书馆的主营业务有实质性的影响。高凤池这么说是夸大其词,不愿意承担应有的责任。张元济在1910年5月26日致高梦旦的第十三号信中写道:

十二、昨日寄粹翁十一号信,请其于股票交易结帐后即由西伯利亚铁路来游欧美。弟拟在柏林候之。此事有数利:一、欧美印刷新机极多。弟在此已费考求,得粹翁来此便可定购。二、与欧美各书店直接联络。三、需用各种原料可以廉便之法选购。弟与粹翁同在此间,可以商定以上各事。若彼此独行,个人之阅历增而公司之裨益少,且粹翁股票贸易既了,即行远离,于伊私事亦有便利。总发行所有翰翁主持,亦可放心。弟等卜月或十一月总可归来,于年关仍可帮忙。请公力劝并于定局后电示行期,以便弟可预备。

从信中我们可以看到,张元济于1910年5月25日曾给夏瑞芳寄了一封信(第十一号信),请他尽早结束其个人的股票交易(即橡皮股票),尽早来德国柏林与他会合。他希望夏瑞芳能够专心从事商务印书馆的业务经营,不再涉足股票投机,于公于私均为有利。但是从后来的情形看,夏瑞芳并未听从张元济的建议,结果导致夏瑞芳个人受到很大损失,还连累了商务印书馆,于公于私均为不利。

通过以上对1910年8月张元济致夏瑞芳、高凤池信的考证和解读,我们可以看出,张元济与夏瑞芳在商务印书馆的业务经营上存在分歧,夏瑞芳无心经营商务印书馆业务的敷衍态度令张元济感到无可奈何，又非常生气，他在信中曾感叹"早知如此，何必当初"。"橡皮股票案"后，夏瑞芳从此一蹶不振，直至1914年被刺身亡。

（刊于《出版与印刷》2018年第3期）

1913—1914 年北美报纸惊现张元济报道

笔者检索美国最大的报纸文献数据库 Newspapers.com 发现，1913 年 12 月 23 日的《时报》（位于美国）张元济（Chang Yuan Chi）惊现题为"中国最伟大的文化巨匠张元济"（China's greatest man of letters Chang Yuan Chi）的报道，距今已有 105 年的历史。全文如下：

张元济是中国最伟大的出版人。他掌管着亚洲最大出版社的编译所，张先生曾在国外呆过几年，他曾经有过让每个中国人羡慕的人生经历。他的父亲曾是浙江省一名杰出的官员，而张先生早年就表现出成为文化巨匠的天赋。中国当时的考试制度（现已废除）分为三级，而他较早地实现了从最低级别到最高级别的升迁。

从这则简短的报道我们可知，1913 年的商务印书馆已经被美国人认为是亚洲最大的出版社，虽然没有点出它的名称。张元济的父亲张森玉做过官不假，但不是在浙江，而是在广东，最高只做到像知县这样的小官，谈不上"杰出"。该报道还提到张元济有成为文化巨匠的天赋，也提到他曾通过中国最高级别的考试，即我们所熟知的进士。张元济高中进士那一年才 25 岁。该报道提到他在国外呆过几年，其实他此前在日本、欧洲、美国总计待了不到一年的时间。

包括《时报》在内，从1913年12月23日到1914年2月20日，共有10家报纸对此做了相同的报道，时间跨度为60天。其他9家报纸是：1913年12月24日的《埃文斯维尔日报》（*Evansville Press*）（位于印第安纳州的埃文斯维尔）和《威奇托灯塔报》（*The Wichita Beacon*）（位于堪萨斯州的威奇托）、1913年12月26日的《圣塔菲新墨西哥人报》（*The Santa Fe New Mexican*）（位于新墨西哥州的圣塔菲）、1913年12月29日的《日报》（*The Day Book*）（位于伊利诺斯州的芝加哥）、1913年12月31日的《西雅图星报》（*The Seattle Star*）（位于华盛顿特区的西雅图）和《塔科马时报》（*The Tacoma Times*）（位于华盛顿特区的塔科马）、1914年1月5日的《匹兹堡日报》（*The Pittsburgh Press*）、1914年1月7日的《温尼伯论坛报》（*The Winnipeg Tribune*）（位于加拿大曼尼托巴省的温尼伯）、1913年2月20日的《南本德新闻时报》（South Bend News-Times）（位于印第安纳州的南本德）。与其他9家报纸不同的是，《日报》相关报道的标题"中国最伟大的出版人"（China's greatest publisher）。

值得一提的是，每篇报道的题目和正文之间都有张元济1910年的出国"标准照"。而此前美国报纸对张元济的报道就是关于1910年他的考察美国教育之行。为何三年之后又加以报道，个中原因不得而知。

（刊于《文汇读书周报》2019年1月7日）

1910年张元济美国东部考察之行考证

关于1910年张元济环球考察之旅的详情，史料相当缺乏，尤其是其中关于美国之行的史料。2017年8月，笔者有感于岳麓书社所出《环游谈荟》的缺陷，在张元济先生哲孙张人凤先生的鼓励和帮助之下，多方搜罗文献，勉力编成小书《环游谈荟》。但就他的美国之行而言，有颇多不明之处，比如他到达和离开美国的具体时间、他在美国考察活动的具体情况等。因此笔者产生一个设想，也许英美报纸中存有关于张元济的报道。2018年下半年至今，笔者与学生刘紫云查阅美国著名报纸历史网站（www.newspapers.com）等，有幸发现一批对张元济美国之行的英文报道。本文即是在此基础上的考证。

一、新见英文史料的耙梳和考证

关于1910年张元济环球考察之旅的详情，从已见史料来看，主要是张元济本人的讲述，包括撰文、演讲、写信、事后回忆等，但是由于种种原因，这种讲述很不充分。而他人的讲述，比如新闻报道等，从笔者2017年夏天整理出版的《环游谈荟》（北京艺术与科学电子出版社2017年7月出版）来看，只有来自《纽约先驱报》（*New York Herald*）

的 2 份剪报和美国旧金山的中文报纸《中西日报》的 1 份剪报(《张参议之行踪》),原件全部藏于上海出版博物馆。笔者因此产生一个设想,在这 3 篇报道之外,也许欧美报纸对他的环球考察之行会有更多的报道。近一年来,由于笔者在海外留学的学生刘紫云同学的协助下,这个设想部分地变成了现实。

"www.newspapers.com"是美国最大的报纸文献数据库,有来自美国等国的 11000 多份报纸的超过 3 亿页内容。在笔者的指导下,刘紫云同学在暑假期间用张元济的英文名称"Chang Yuan Chi"在该数据库中搜索,2018 年 11 月笔者又进一步搜索,整理共得 34 条记录。近日,笔者又从美国国会图书馆有关报纸数据库搜得来自《圣巴巴拉周报》《纽约太阳报》《奥格登斯堡日报》的 3 条报道。这 37 篇报道,涉及 34 家报纸,按报道内容归为 13 类。报道最早的是 1910 年 11 月 18 日的《布法罗商报》(*The Buffalo Commercial*),最晚的是 1911 年 12 月 28 日的《利博星报》(*The Lebo Star*),前后总计 1 年 42 天。

根据报道日期和行文来看,这些报道可分为"纽约之行"和"华盛顿之行"两大部分:

(一) 纽约之行

对张元济的纽约之行进行报道的有 14 篇,涉及报纸 12 种,按标题内容可分为以下 5 类:

1. 张元济从欧洲抵达纽约(报道 1 篇,报纸 1 种)

日期	报纸	标题
11.18	《布法罗商报》(*The Buffalo Commercial*)	—

张元济先生最早见诸美国报端是 1910 年 11 月 18 日。这天的《布法罗商报》(*The Buffalo Commercial*)报道:

纽约，11月18日——如果中国教育部官员张元济的设想能够实现，中国就能接受义务教育。他刚从欧洲抵达此地。

这条没有标题的简短新闻只是指明了张元济的身份是"中国教育部官员"，他的观点是想在中国实行义务教育（Compulsory education）制度，也就是免费教育制度。

张元济是何时到美国纽约的呢？没有明确的报道，我们只能推论是在11月17日及之前的某天。这与《年谱长编》提到的抵达时间为"11月中旬"相吻合，不过更加具体了一点。

《张元济年谱长编》将1910年《纽约先驱报》两份报道"中国官员将莅美参观我国教育制度"和"张元济称《纽约先驱报》为'最大的报纸'"的日期都确定为11月26日。实际上，前一条报道的日期显然要更早一些。其中提到张元济"昨日乘北德劳埃德公司（North German Lloyd Line）的乔治·华盛顿号（George Washington）抵达纽约"。它是从德国的不莱梅港出发，经停英国西南部的南安普顿港，穿过大西洋，最终抵达美国纽约港。张元济在南安普顿上船的日期是11月9日。据《十八国游记》的记载，金绍城是11月8日与张元济在英国伦敦见面，他11月1日上午10点从美国纽约港出发，11月7日早晨6点到英国南部据南安普顿不远的普茨茅斯港，行程差4小时满7天。因此张元济在美国上岸的时间应该是11月16日或者17日中的一天。但是，我们暂时未找到这两天的《纽约先驱报》加以证实。值得一提的是，《纽约太阳报》（New York Sun）11月18日的一篇题为"First Cabin Man Arrested"（一等舱乘客被捕）的报道提到：乔治·华盛顿号上有个德国乘客11月17日被捕。那必然是该船到岸后的事情。

2. 中国人调研我们的教育体系（报道2篇，报纸2种）

这2份报纸的时间跨度是从1910年11月23日到11月25日，

前后 3 天。

日期	报纸	标题
1910.11.23	《盐湖城电讯报》(Salt Lake Telegram)	中国人调研我们的学校制度（Chinese studying our school system）
1910.11.25	《奥史寇士报》(The Oshkosh Northwestern)	Will study our system（将要学习我们的制度）

这两篇报道的内容与第一份《纽约先驱报》剪报的内容基本相同。与《纽约先驱报》相比，这两份报纸均未提到"昨日乘北德劳埃德公司的乔治·华盛顿号"，"我已经决定，当我下月回国之后，将建议至少在初等学校实行强迫教育制度"，"张先生住曼哈顿酒店"。也许可以推论，这两份报纸的报道是转载自《纽约先驱报》。

3. 中国人参观少年法庭（报道2篇，报纸2种）

这 2 份报纸都是 1910 年 11 月 23 日报道。

日期	报纸	标题
1910.11.23	《底特律自由报》(Detroit Free Press)	中国人参观少年法庭（China sees Juvenile courts.）
1910.11.23	《华盛顿先驱报》(The Washington Herald)	中国人告知教学法 Chinese educator tells of methods

这两篇报道都说明是"纽约11月22日电"，张元济在这一天访问了纽约的少年法庭（Children's Court），也就是张元济所说的"幼儿审判所"。

陪同他访问的是驻纽约副领事陆国祺。纽约少年法庭的怀亚特法官（Justice Wyatt）介绍了处置少年罪犯的做法，首席书记官古尔特（Chief Clerk Coulter）则详细介绍了该法庭的工作机制。

该报道还提到，1909 年 10 月，"中国最高法院的大法官"（The

chief justice of the Chinese supreme court）参加在美国首都华盛顿召开的国际收容会议,在纽约做过短暂停留。笔者推定,应该指的是清政府大理院刑科推事,也就是上文提到的金绍城。但他参加国际收容会议的时间其实是1910年10月,报道有误。

正是金绍城在给清朝皇帝提的报告中,要求派遣使者来纽约学习,谋求在中国实施类似制度。正是受政府的派遣,张元济在美国各地考察少年法庭、少管所、养老院,为盲人、聋哑人、智力障碍者和伤残人士特设的残疾人学校、残障人士爱心福利院、少年感化所和其他机构。

据报道,当时中国有两个少年感化所,一个在北京,另一个在香港,张元济是督学。如果一个孩子被送到其中的一个感化所,他会被无限期地关在那里接受教育。张元济认为,在中国建立一个完善制度的进程固然缓慢,但他回国后一定启动此事。在这里,张元济的"督学"身份也是让人疑惑的地方,因为他早已在商务印书馆担任编译所所长,不在清廷任职。

在报道的最后还提到,张元济要从纽约去华盛顿以及其他城市考察法庭和学校。他也对丹佛的少年法庭感兴趣,希望前去考察,但从目前已披露的史料看,是否成行未可知。

4. 少年法庭之于中国（报道7篇,报纸5种）

这5份报纸的时间跨度是从1910年11月23日到12月15日,前后24天。

日期	报纸	标题
1910.11.23	《纽约太阳报》（*New York Sun*）	少年法庭之于中国（Child Courts for China）
1910.11.29	《布法罗晚报》（*Buffalo Evening News*）	少年法庭之于中国（Child Courts for China）

(续表)

日期	报纸	标题
1910.11.30	《布法罗晚报》(Buffalo Evening News)	少年法庭之于中国 (Child Courts for China)
1910.12.2	《华盛顿邮报》(The Washington Post)	少年法庭之于中国 (Child Courts for China)
1910.12.7	《方城时报》(Quad-City Times)	少年法庭之于中国 (Child Courts for China)
1910.12.11	《夏洛特新闻》(The Charlotte News)	—
1910.12.15	《方城时报》(Quad-City Times)	少年法庭制度之于中国 (Juvenile Court System for China)

不知为何,《布法罗晚报》(Buffalo Evening News) 于 11 月 29 日和 11 月 30 日、《方城时报》(Quad-City Times) 于 12 月 7 日和 12 月 15 日各报道了两次。《布法罗晚报》两天的报道完全一样,《方城时报》12 月 15 日的报道比 12 月 7 日的报纸少了后两段。其中,《华盛顿邮报》和《方城时报》等 3 条报道标明其新闻来源是《纽约太阳报》,但一直未找到这份报纸的报道。近日笔者搜索美国国会图书馆 (chroniclingamerica.loc.gov) 的报纸数据才见到《纽约太阳报》11 月 23 日这篇报道的"尊容"。

从报道内容来看,《纽约太阳报》和《底特律自由报》报道的内容基本相同。但前者提到,张元济不仅参观了纽约少年法庭,而且视察了少管所 (Children's Society)。而在此之前他们已拜访过纽约市市长威廉·杰伊·盖诺 (William Jay Gaynor, 1849—1913),他于 1910 年 1 月 1 日起担任市长。

5. 来自中国的访客（报道2篇，报纸2种）

日期	报纸	标题
1910.11.26	《奥格登斯堡日报》（The Ogdensburg Journal）	华盛顿来信（Our Washington Letter）
1910.11.27	《布法罗导报》（Buffalo Courier）	中国来访者（Visitors From China.）

这两篇报道虽然题目不同，但内容一致，首先提到了前外务部尚书梁敦彦（Liang Tung Yen），32年前他作为中国第一批留美幼童来到美国学习，然后才是张元济，从报道内容来看，像是《纽约太阳报》报道的一段节选。

（二）华盛顿之行

对张元济的华盛顿之行进行报道的有23篇，涉及报纸22种，按标题内容可分为以下8类：

1. 中国访问者在美国学校（报道2篇，报纸2种）

这两份报纸的时间跨度从1910年11月29日到12月20日，前后23天。

日期	报纸	标题
1910.11.29	《晚星报》（Evening Star）	学校里的来访者（Visitors at schools）
1910.12.20	《夏威夷星报》（The Hawaiian Star）	中国专员参观华盛顿学校（Chinese commissioner inspects the school in Washington）

虽然两篇报道的标题不一样，但是内容完全相同。这篇的实际单词数为770个，是37篇报道中字数最多的一篇，描写较为生动。

《晚星报》这篇报道题为《学校里的来访者》，就是指张元济和陪同他前来的中国驻美大使馆的二等秘书钟文邦（Wen Pang Chung）。他们先后拜访了位于首都华盛顿的斯特朗·约翰·汤普森学校（Strong John Thompson）的幼儿园、富兰克林学校，带领他俩的是斯图尔特督学（Superintendent A. T. Stuart）。文中提到的时间是"今天早上"，也许可以判定张元济拜访这两所学校的日期是 1910 年 11 月 29 日，也可以证明张元济在这个日期之前到的华盛顿。

张元济花了半个小时的时间参观斯特朗·约翰·汤普森学校幼儿园，在这个幼儿园的大游戏室里满是四五岁的男孩和女孩。这让张元济很感兴趣，他问了各种各样的问题。接着，他又参观了富兰克林（The Franklin School）学校大楼，主要是观摩师范教学。

他们考察的两所师范学校，一个是哈迪小姐（Miss Hardy）任教的著名实习学校，该校是首先尝试使用可移动家具的新想法的学校之一。另一个是校长戈丁小姐（Miss Goding）负责教学的教室。戈丁小姐拿起一张模糊的照片，问在座的 25 位女师范生是兔子还是鸭子，后来斯图尔特督学又拿起照片重复了一遍，张元济的回答是"这是一个非常糟糕的图片"。参观这些学校，对张元济绝对是一种全新的体验。

2. 中国人访问学校（报道 1 篇，报纸 1 种）

日期	报纸	标题
1910.11.30	《巴尔的摩太阳报》（The Baltimore Sun）	中国人参观学校（Chinese visit the schools）

1910 年 11 月 30 日的《巴尔的摩太阳报》做了题为《中国人参观学校》的报道，是《晚星报》内容的浓缩版。其开头提到的"华盛顿，11 月 29 日——今天上午"证明，张元济参观幼儿园的日期是 1910 年 11 月 29 日的上午。他和钟文邦对美国教学法表示由衷的赞赏。

3. 中国的幼儿园（报道 10 篇，报纸 10 种）

这 10 份报纸的时间跨度从 1910 年 11 月 30 日到 12 月 13 日，前后 14 天。

日期	报纸	标题
1910.11.30	《布鲁克林鹰报》(The Brooklyn Daily Eagle)	中国的幼儿园(Kindergartens in China)
1910.11.30	《托皮卡州日报》(The Topeka State Journal)	中国的幼儿园(Kindergartens in China)
1910.11.30	《盐湖城电讯报》(Salt Lake Telegram)	张元济参观学校(Chang visits schools)
1910.11.30	《每日时报》(The Journal Times)	—
1910.12.1	《密苏里人日报》(The Daily Missoulian)	中国的幼儿园(Kindergartens in China)
1910.12.1	《密苏里人报》(The Missoulian)	中国的幼儿园(Kindergartens in China)
1910.12.1	《俾斯麦论坛报》(The Bismarck Tribune)	中国人视察学校(Chinese inspects schools)
1910.12.1	《圣巴巴拉周报》(Santa Barbara Weekly Press)	中国人调查学校(Chinese Commissioner is investigating schools)
1910.12.2	《诺福克周报》(The Norfolk Weekly News-Journal)	中国教育者高兴了(Chinese educator pleased)
1910.12.13	《夏威夷报》(The Hawaiian Gazette)	—

这 10 篇报道的内容与 1910 年 11 月 30 日的《巴尔的摩太阳报》基本相同,但没有提及钟文邦和其他东方显要人员。

4. 中国教育部专员来访(报道 1 篇,报纸 1 种)

日期	报纸	标题
1910.11.30	《里诺日报》(Reno Gazette-Journal)	中国教育部专员来访(Chinese educator comes)

这篇报道的内容与 1910 年 11 月 30 日的《布鲁克林鹰报》的基本相同,但是没有"显得十分高兴"这一句。

5. 中国教育部专员视察华盛顿学校（报道1篇，报纸1种）

日期	报纸	标题
1910.12.1	《内布拉斯卡州日报》（*The Nebraska State Journal*）	—

这篇报道就一句话"中国教育部专员张元济在华盛顿视察学校。"也无标题，是37篇报道中最简短的一篇了。

6. 中国人看好华盛顿学校（报道1篇，报纸1种）

日期	报纸	标题
1910.12.3	《晚星报》（*Evening Star*）	中国人看好华盛顿学校（Chinese Likes Washington Schools）

最后值得探讨的是，张元济在美国访问时的身份。据美国报纸的报道，张元济的身份是"中国教育部专员"，也就是说他是以政府官员的身份来和美国人打交道的。按旧金山《中西日报》的说法，张元济拜访美国的身份是"前外务部参议兼学部丞参行走"，也可简化为"张参议"这是中国人能理解的官衔，但未必能为外国人理解。因此，美国人报道时加以简化。比如1910年12月3日的《晚星报》做了题为《中国人看好华盛顿学校》的报道，其中提到：

中华帝国教育专员（Imperial Commissioner of Education）张元济致函美国教育部专员鲁道夫（Commissioner Rudolph），感谢他提供这么好的机会考察公立学校。

鲁道夫是与张元济身份对等的美国教育部专员。后者能参观华盛顿的学校，应该是美国教育部予以安排的。而中国驻美使馆的二等秘书钟文邦也陪同参观，也能证明张元济的官员身份。

7. 张元济考察美国少年法庭等机构（报道1篇，报纸1种）

日期	报纸	标题
12.7	《艾奇逊全球日报》（The Atchison Daily Globe）	—

该报道应该是《底特律自由报》的一段摘录，没有什么新的内容，而且也没有标题。

8. 看好幼儿园（报道6篇，报纸6种）

这6份报纸的时间跨度从1910年12月28日到1911年12月8日，前后345天，将近1年。

日期	报纸	标题
1910.12.28	《托皮卡日报》（The Topeka Daily Capital）	看好幼儿园（Likes The Kindergarten）
1911.1.19	《波特堪萨斯人报》（The Potter Kansan）	看好幼儿园（Likes The Kindergarten）
1911.1.20	《怀恩多特主报》（Wyandotte Chief）	看好幼儿园（Likes The Kindergarten）
1911.2.2	《福特促进者报》（The Ford Promoter）	看好幼儿园（Likes The Kindergarten）
1911.2.28	《霍普金斯维尔肯塔基人报》（Hopkinsville Kentuckian）	看好幼儿园（Likes The Kindergarten）
1911.12.8	《利博星报》（The Lebo Star）	看好幼儿园（Likes The Kindergarten）

其中，1910年12月28日《托皮卡日报》做了题为《看好幼儿园》的报道，提到："中国教育专员说，他非常喜欢幼儿园这个想法，所以他想将其引入中国。他目前在考察美国的学校，为他本国的学校征求意见。"

二、《张元济年谱长编》有关缺漏补正

由于相关史料的缺乏，《年谱长编》对张元济在美国纽约和华盛顿的行踪记录不够详实，时间节点用的是约数，比如：

1. 11月中旬，张元济抵达美国纽约。
2. 12月3日，纽约《中西日报》刊出《张参议之行踪》一文。
3. 12月上旬，张元济离开纽约，访问华盛顿等地。

这里标明的都是"11月中旬""12月上旬"等，并无具体日期。《年谱长编》提到了12月3日《中西日报》的报道，但未引用其具体内容，而是引用的《环球归来之一夕谈》的内容，提到张元济参观过"幼儿审判所"和"幼儿犯罪学堂"，可是具体日期不详。这当然是因为缺乏相关史料文献佐证的缘故。

从笔者新见英文报纸史料来看，可以解决其中的一些问题，充实张元济美国之行的行踪记录。

根据对以上37篇报纸的英文报道的分析，我们可得出张元济在美国东海岸的行程如下：

约11月16日，抵美国纽约港，受到中国驻纽约总领事杨毓莹、副领事陆国祺和数位华商之欢迎。

11月22日，在陆国祺副领事陪同下，拜访纽约市市长威廉·杰伊·盖诺。在怀亚特法官指引下，参观纽约少年法庭和少年感化所。

11月26日，从纽约前往华盛顿考察。

11月29日，在斯图尔特督学和中国驻美使馆二等秘书钟文邦陪同下，参观华盛顿的斯特朗·约翰·汤普森学校幼儿园和富兰克林学校。

总之，这批新见美国报纸文献解决了张元济美国之行特别是在美国东部纽约和华盛顿活动的一些谜团，但是仍有不少问题尚未解决，我们也期待发现更多的史料，作为《张元济年谱长编》之补充。

（刊于《中国出版史研究》2019年第3期，合作作者：刘紫云）

新见《张元济氏壮游谈》略析

张元济在1911年3月23日（二月廿三日）致汪康年的信中提到"不通音问已年余矣，去岁出洋为环球之游，至腊月中旬始返沪。"指的是他在1910年（庚戌年）的环球之旅，在信的最后则说"《民立报》载弟演说词，错太多。"也许是汪康年在《民立报》上看到该文，在来信中问及，张元济才有此语。

笔者因岳麓书社出版的"走向世界丛书续编"中的《环游谈荟》所收张元济1910年环球之旅的史料太少，因此于2017年7月在北京艺术与科学电子出版社出版了《环游谈荟》一书。其中收入了《环球归来之一夕谈》（以下简称"一夕谈"）一文，分别刊发于《少年杂志》1911年第二册（三月初一发行）、第三册（四月初一发行）。《少年》杂志记者（即孙毓修）在《一夕谈》的开头即提到张元济环游回到上海后，"张君之朋友开会而欢迎之，并公宴于一品香。记者亦预会，听其演说，颇有感触，归来用笔记之，以供未游者之一读。"

而据蒋维乔《退庵日记》1911年1月21日（庚戌年十二月二十一日）载："晚虞含章、杜亚泉等发起晚餐会，在一品香公宴张菊翁，请其演说环游地球一周情景。凡演述三小时，所中同人及前来者共到四十余人。"

此时距张元济回国才 4 天，此次演说是他首次在国内谈及他的整个环球之旅。而《环游谈荟》开始写于 1911 年的正月（1911 年 1 月 30 日为辛亥年大年初一），也就是 1911 年的 2 月，发表则要到 3 月以后了。该文发表在《东方杂志》1911 年第八卷第一号于 3 月 25 日（阴历二月二十五日）刊行、第二号于 4 月 23 日（阴历三月二十五日）刊行。

笔者在《环游谈荟》出版后继续搜索有关史料，上述张元济致汪康年的信是一条重要的线索，也许 1911 年 1 月 21 日的此次演说除了《一夕谈》之外还有另一个记录版本。前不久，笔者的这个猜想得到了证实。

笔者在国家图书馆所藏《民立报》缩微胶卷中查到，1911 年 1 月 23 日（庚戌年十二月廿三日）即是在演说后的第三天，《民立报》的第五页就刊登了《张元济氏壮游谈》（以下简称"壮游谈"）一文，没有记录者的署名，不知何人所录。其开头一段便云"已于十七日抵沪。廿一日晚，其同人欢宴于一品香。记者适经其处，略聆其演说如下，拉杂录之，不能全记忆也。"显然该记录者是《民立报》的记者。而《一夕谈》则未提到其归国上岸日期和欢宴日期。原文如下：

> 张菊生参议，今岁二月出游，先入欧洲。而英而德而法而比而意国而奥国而荷兰，共五月有余。继转而入美洲，又月余归。途经日本又月余，已于十七日抵沪。廿一日晚，其同人欢宴于一品香。记者适经其处，略聆其演说如下，拉杂录之，不能全记忆也。
>
> 予自沪至厦门，忽见千余华人乘船，问其何往，曰往新加坡。当上船时，有某国领事问之，曰："若辈愿往乎？"千余人急应声约："愿往！"其一种凄惨之状。闻其声，知其非由衷之语也。予疑其中必有所谓"猪仔"者，往询船主，以不知对。呜呼，岂真不知哉！又询管机器者，答："虽有猪仔，不能明说。"第二日，予即亲

身下舱中问之，无奈皆闽广人，语言不通。后用笔谈，其文理亦不通，无如何也！予问华人时，见其旁巡逻者甚多，似恐其说实话者然。噫！

及至新加坡，问中国领事，亦对以不知。后询之久于其地之商人，则知此事已年年岁岁，见惯不惊，专门以此为业者颇多。倘到埠，不愿则交还银廿四两。噫！此辈又何处觅银交还，惟有吞声忍气已耳！闻入其内地作工，十人中归者不及三四人，惨矣！人道又何在也！

予此次出游，最注意者为学堂，最注重者为平民学堂。而欧洲之平民学堂最善者为比国与德国，请先言德国。

德之柏林一区，平民教育之补助费每年八百万马克，其强迫补助教育分科至一百二十之多。所谓"补助"者，强迫教育五年之后，又加三年者也。其分科不能细说，略一举之。如邮便教育、铁工教育、小使教育，教法皆握其要。如铁工，则先教铁之历史与出产地，使学者知其大义，受用而已（余略）。

比国则平民学堂中注重练目力耳，力触力（多不悉记）。总之，求其将来适用而已。

比国赛会，其布置之不得法，规模之隘，见之使人生惭，外人观者无不摇头而去。稍出色者，惟豆腐公司而已。

罗马之腐败，与比京同。其赌风极盛。政府许其每星期开彩一次，抽其费补助平民教育，闻三年之内可得八百兆佛郎，亦奇局也。

意大利民智不开，其南方识字者十人而六，北方识字者十人而三四。

予入意之盲女学堂，其盲女有献祝词者，末数语曰："愿君归东方后，鼓吹设此等学堂，不特是处之苦同胞受益，予辈亦同感激不尽！"予闻之悚然。

　　有"史旦德"者，英人也。在中国西北多乍专门研究中国古学，在西北各省得中国古物极多。其中，唐人笔迹及家用账簿、佛家杂记等尤伙，皆陈列伦敦博物院。最奇者有木板数块，长尺余，上嵌各种物，多盖汉时西域各王之印，下书多似梵文，如何用处不得而知。又有汉尺一。予将其中中国古物抄一目录，他日当印出也。

　　至法国帝国博物院，欲观敦煌石室书。法人甚秘之，不易见也。百计求之，始一见祖国文物，璀璨哉此物也！内书极多，中国现印之敦煌石室书目似有未尽者。书藏三大间，其多可知矣！予仅翻阅一《论语》，较现行本不同者颇多，未能细阅为憾。亦不能抄其藏书目，予当时曾请将其书印行于世，未知其实行否也。

　　得敦煌古书共费款五千元。闻购之一老道士之手。法人伯希和自命非常，谓："非我，则此物当薪矣！"

　　至美国，最感动者为观幼童裁判所。一童子偷马鞭，裁判官笑而问之，因无证据，即释去。次一童子窃鸽子，已犯案二次矣。问之，曰："人使我偷。"裁判官曰："我教汝不偷，汝何以不听！而听人言，教汝偷耶！"遂罚入幼童犯罪学堂。

　　予二日即调查幼童犯罪学堂，见其管理法极精密。有一革童，问之，则语言不通，观其状似忘其在犯罪学堂也。

　　幼童裁判所惟美国独有。其老裁判官某曾著一书，言此事关于教育上利益甚多，予曾购之。

　　幼童裁判所设于纽约之通衢一小屋，视之，极为随便，非如吾国之设审判厅，先造堂皇大屋也。

　　予出国，凡见中国人在外国办之学堂，无不留心调查，而其可人意者最少，其原因在教习之坏而已。

右张君演说，记者不过略记其十分之一二而已，倘有错误处，望张君正之，并望游记之速出也。

《壮游谈》是张元济此次演说的首次发表，比孙毓修的《一夕谈》和张元济本人的《环游谈荟》都要早两三个月。正如张元济所说，这个记录版本"错太多"。该记录者在文章的最后一段也不讳言这一点，希望"张君正之"。应该是他急于发表，未经张元济本人核实之故。张元济对此并不满意，才在信的最后说"现陆续将所记录写出，刊入《东方》及《教育》两杂志中，当邮呈诲正。"可惜的是，《教育杂志》的发表未见踪影，《东方杂志》只刊登了两期，截止到他到英国上岸为止即"腰斩"。

《一夕谈》记录稿既然为同事孙毓修所撰，发表日期又在两个月以后，应该经过张元济本人校正过，错误较少。以下将《壮游谈》与《一夕谈》甚至《环游谈荟》做一番比较，看《民立报》记者错在何处：

（一）《壮游谈》一开头提到张元济在欧洲的行程是"英而德而法而比而意国而奥国而荷兰"，而《一夕谈》是"在英国上岸，再由英到欧洲大陆，至比利时、荷兰、德意志、奥地利、匈牙利、瑞士、意大利、法兰西等国"。张元济从英国到欧洲大陆的第一站是比利时，然后是荷兰，接着是德意志、奥地利，最后从意大利去法国，由此回的英国。而《壮游谈》的顺序是德国、法国、比利时、奥地利、荷兰。

（二）在厦门到新加坡的途中，张元济见到了去南洋打工的华人，《壮游谈》提到如果华工到新加坡后不愿意打工，"则交还银廿四两"，而《一夕谈》是"须还他盘川银十六元"，与《环游谈荟》的"则缴还馆主十六元即可自赎"一致。说到船上华工的人数，《壮游谈》《一夕谈》分别提到是"千余华人""一千多名中国的穷苦人"，而张元济在《环游谈荟》中则明确提到"有下舱客一千七百二十二人"。

（三）张元济在环游考察时最注意学校教育。《壮游谈》提到德国首都柏林城的柏林区一个区的"平民教育之补助费每年八百万马克，其强迫补助教育分科至一百二十之多。所谓'补助'者，强迫教育五年之后，又加三年者也"。而《一夕谈》则提到柏林区的"国民补习教育费每年开支至一百万马克之多（约合中国银钱四十万元），学生在义务教育八年已满之后，更就补习教育。这项教育亦受政府的强迫，人民不能不去的。三年毕业。此等补习学堂功课分至一百又二门，我今不能细说"。相比较而言，第一，每年的平民教育补助费，前者是八百万马克，后者则是一百万马克，差距较大；第二，补习学堂的功课，前者是120门，后者是102门；第三，强迫教育也就是免费教育的年限，前者是5年，后者是8年。

（四）张元济去法国博物院参观伯希和所掠中国古书。《壮游谈》提到"敦煌古书共费款五千元"，而《一夕谈》则是"不过费了二、三千元"，数目不一。另外，张元济是在法国博物院看到伯希和之馆藏，然后再回到英国去看大英博物馆之斯坦因馆藏。但《壮游谈》则先提斯坦因，再提伯希和。

（五）张元济参观美国的"幼童裁判所"即少年法庭，《壮游谈》提到偷鸽子的儿童，未显示年龄，而《一夕谈》则提到是"年约十岁以外的童子"。

《壮游谈》一文的最后则有"张君演说，记者不过略记其十分之一二而已，倘有错误处，望张君正之，并望游记之速出也"。确实《一夕谈》有7000字左右，而《壮游谈》才为其五分之一不到，过于简略，讹误甚多，为张元济所不满。虽然他提到要张元济为之纠正，但这是发表以后的事了。新闻之长处在于其发表迅速，其短处在于其事实有时不确。《一夕谈》的最后提到"过了几时，我还要详详细细将我游历时的见闻和各国初级教育、贫民教育的办法写出来，请教、请教。"只是可惜其未能完全如愿，我们为当今只能见到其1910年环游之旅的残缺记录而憾之。

参考文献

［1］孙毓修：《环球归来之一夕谈》，载《少年》，1911年第2—3期。

［2］张元济：《环游谈荟》，载《东方杂志》，1911年第1—2期。

［3］张元济等著，叶新编：《环游谈荟》，北京：北京艺术与科学电子出版社2007年版。

张元济1910年美国行程初探

关于张元济先生的1910年环球之旅特别是其美国行程，所见史料极少，因此张元济研究者对此也是"巧妇难为无米之炊"，无法细化。笔者2017年7月曾出版了《环游谈荟》一书，在此之前搜集史料的过程中，《张元济年谱长编》①（以下简称"年谱长编"）的一条记录引起笔者极大的兴趣，即：

> 12月3日（十一月初二） 纽约《中西日报》刊出《张参议之行踪》一文。（原报剪报，出版博物馆藏）。

笔者几经搜寻，但直到2017年8月13日，海盐县张元济图书馆的宋兵先生才将这份剪报的电子版发送给笔者，因见之太晚，遗憾未能收入《环游谈荟》一书中。

这张剪报在标题"张参议之行踪"之下有"庚十一月初二日中西日报"的手写字样，应为张元济先生当初手书。"年谱长编"则说明《中

---

① 张人凤、柳和城编著：《张元济年谱长编》，上海：上海交通大学出版社2011年版，第308—311页。

西日报》的出版地是美国纽约，沿袭了《张元济年谱》①的说法。实际上，如果稍微探究一下该剪报的内容，就能得知《中西日报》的出版地是在旧金山。

《中西日报》（Chung Sai Yat Po）起源于1893年在美国纽约创刊的《华美新报》，1900年迁至旧金山后改为现名，由牧师伍盘照主办，正文分为论说和新闻两大栏目，新闻栏目包括美国新闻、其他各国新闻、国内新闻等。它是一份综合性的华文日报，面向北美华人和中国发行。1951年停刊。

笔者因为当今网络数据库的发达，起了寻找这张剪报的出处之念。起初，笔者发现该剪报在美国加州大学伯克利分校图书馆有缩微胶卷，查之不果，线索中断。又委托在台湾"中央研究院"近代史所从事博士后研究的黄相辅博士代为搜索，答复有《中西日报》，但缺1910年、1911年两年的资料，线索再次中断。无奈之下，笔者又转而搜索北京的国家图书馆，没想到有了惊人的发现：国图藏有《中西日报》的缩微胶卷。而更令笔者惊喜的是，不仅能搜到上述提到的《张参议之行踪》一文，另外还搜到了《张元济不以耶教为无政府》（1910年11月28日）、《张元济查幼稚园》（1910年12月1日）、《张京卿明日到》（1910年12月8日）和《张戴观学》（1910年12月10日）四篇新闻，都放在"美国新闻"栏目中，涉及其在纽约、华盛顿、芝加哥、旧金山、萨克拉门托等地的行程。因此，笔者记录这五篇报道的内容，并由此推断张元济先生1910年在美国的行踪，以改正《年谱长编》之讹误和缺漏。

一、《张元济不以耶教为无政府》

二十六日纽约电云：北京学务前委员、上海商务书馆编译所长

---

① 张树年主编：《张元济年谱》，北京：商务印书馆1991年版，第90—91页。

张元济,昨晚赴华人学生会演说,提议当以基督教为中国之宗教。

  按张元济京卿,前以刑部主事上书请变官制,免拜跪,受德宗景皇帝之知,充总理衙门章京,兼办铁路、矿务事,及大学堂总办。自推翻新政、免官后,则专注全国教育。近虽为政府复官,屡欲起用,皆不应召。此行专考察各国地方上之小学教育及贫民教育。

该报道刊登于美国当地时间 1910 年 11 月 28 日(周一),但是其阴历日期标明为"宣统二年十月廿八日",而不是我国的"十月廿七日"。因此《年谱长编》标明的《张参议之行踪》刊登日期阳历 12 月 3 日也应该是 12 月 2 日。笔者反复查看《中西日报》的报头,的确如此。为什么要比国内少一日,笔者的推断是由于张元济先生的环球旅行是西去东来,在美国西海岸的日期比我国本土的要少一天,穿越太平洋回国,过了国际日期变更线才会加一天。

从这篇报道可以看出,就张元济的身份而言,一个是"北京学务前委员",也就是清政府学部的前官员;另一个身份是"京卿",清代京堂的别称,即京官自一品至六品长官之通称;还有一个身份是"上海商务书馆编译所长","商务书馆"即商务印书馆的简称。笔者查 1910 年 12 月的《中西日报》几乎每天都有一版是商务印书馆书籍发售的大幅广告。该报由此特地强调了张元济先生的商务印书馆编译所长这一身份。

该报道第一段提起"二十六日纽约电云"张元济在"昨日"纽约发表了演说,"提议当以基督教为中国之宗教",当指的是他 1910 年 11 月 25 日发表的演说,其内容是以往外国传教士在中国传教有诸多弊端,倡导中国留学生回国传教。其演说地点"华人学生会"当为"纽约中国留学生会馆"。

第二段则简单回顾了张元济的个人经历,最后特别指出他此行专门考察"各国地方上之小学教育及贫民教育"。

二、《张元济查幼稚园》

  昨月三十日华盛顿电云：华人张元济现到本京，昨到幼稚园观察，意为之满。彼谓将来中国亦必如法设立云云。张乃刑部主事，现当上海商务书馆编辑员。此行乃专考察地方上之小学及贫民教育事。

  该报道刊登于1910年12月1日（宣统二年十一月初一）。可以看出，张元济12月30日已经在美国首都华盛顿，由于是"昨月三十日"之"昨"，因此张元济访问华盛顿的幼儿园的时间是11月29日，他还说要在中国设法创办类似的幼儿园。值得一提的是，本条新闻再次提到了他在商务印书馆的身份，不过这回误称为"编辑员"。

三、《张参议之行踪》

  纽约访函云：前外务部参议兼学部丞参行走张君元济，昨由欧洲来本埠，调查各种文明政治，已经旬日，于一十六日往华盛顿考查。闻张君在欧洲，已调查六越月，最注意者为教育新法。于盲聋哑院、贫儿教育、初级专门实业、各种教法，尤为留心。与张公使为十年前在京讲学之友，张公使已电请到美京时住使署内云。

  按张君元济，于戊戌变政之前，在京师与张公使及前纽约领事夏偕复、今吉抚陈昭常诸公立通艺学堂，购求中外艺学、算术、格致各科学。戊戌政变之后，以张君曾条陈新政革职。自立宪诏下，复郎中原官，兼学、外两部丞参行走。张君以外部人才缺乏，倡设储才馆，卒以诸大老政见不合辞职，退居上海，在商务书馆与诸名流改良教科书。去年托张公使送来侨学子弟书六大箱，即其人也。

今环球游历，志在改良教务，拟十一月中旬由金山驾满洲船回国云。

满洲船之轮音：太平洋邮船公司之满洲船此次由香港来，计程礼拜朝早方可到本埠，因礼拜日朝十点镖，始由檀香山起锚。

该报道刊登于1910年12月2日（宣统二年十一月初二）。其篇幅长于之前两篇报道，披露的信息也多。虽然此时张元济人已经在华盛顿，但是消息来源还是纽约。其身份则不再是"北京学务前委员"，而是"前外务部参议兼学部丞参行走张君元济"，简称"张参议"。

该报道披露的信息如下：

1. 张元济此次环游的整个行程，包括欧洲、纽约、华盛顿等，考察"教育新法"，特别是"盲聋哑院、贫儿教育、初级专门实业、各种教法"，为的是"改良教务"，即图谋以美为鉴，改革国内的教育制度。

2. 张元济和有关官员张公使、夏偕复、陈昭常的交情。张、夏二人为外交官，后者为封疆大吏。张公使，即张荫棠（1866—1937），字朝弼，号憩伯、少卿。广东新会人，清光绪举人。曾任总理衙门员外郎、外务部右参议等，1910年任出使美、秘、墨、古等国公使。民国后任驻美公使、参议院参政等职。著有《使藏纪事》等。他1909年12月任清朝驻美国公使，1911年10月由施肇基接替。夏偕复（1874—?），字棣三、地山。浙江杭县人。曾任工部主事、留日学生总监督、驻美国纽约总领事、天津造币总厂总办等职，民国后曾任驻美国兼驻古巴公使、中国实业银行监察人、汉冶萍煤铁矿公司总经理等。著有《学校刍言》等。他1907年12月起任清朝驻纽约总领事，1909年10月由何永绍接替。陈昭常（1867—1914），字简墀、平叔。广东新会人。1894年中进士。历任翰林院庶吉士、刑部主事、洋务局总办、长春知府、京张铁路总局总办、吉林巡抚等职。民国后任吉林巡抚兼民政长等。著有《廿四花风馆诗词钞》《廿四花风馆文集》等。时任吉林巡抚。

该报道提及,张元济与此三人当年一起创办了通艺学堂,购求中外艺学、算术、格致各门学科的书籍。而张荫棠公使在张元济到达华盛顿之际,安排其住在驻美国公使馆,乃是看在他俩"为十年前在京讲学之友"的份上。

3. 张元济此前的经历,比前两篇报道特别是《张元济不以耶教为无政府》的有关叙述要更为详细,在此不作赘述。

4. 张元济此前在纽约、华盛顿的行程。从"昨由欧洲来本埠,调查各种文明政治,已经旬日,于一十六日往华盛顿考查"来看,这个"昨"不知何日,经过在纽约"旬日"也就是10天的考察,"于一十六日"从纽约前往华盛顿。经笔者对上海出版博物馆所藏剪报、国图的《中西日报》缩微胶卷的仔细辨认,"一"不在此前的"于"和此后的"十"的正中间,而是靠近"十",因此"一十六日"疑为"二十六日",即1910年11月26日,应系原件不清楚所致。而11月26日往前推10天,也就是11月16日前后就是张元济到达纽约的日期,但具体是哪一天现在还没有确凿的证据,除非能找到当初的船期证据。

5. 张元济乘船离开旧金山回国的日期。该报道中提到"拟十一月中旬由金山驾满洲船回国"。"十一月中旬"即阳历"十二月中旬"。"满洲船"是其乘坐的轮船名称,属于美国太平洋邮船公司。《中西日报》每天都登有越洋船期的消息。"满洲船"预计到达旧金山的日期是十一月初二(12月2日),起程日期是十一月十三日(12月13日)。此船的起程时间最符合本报道所说的"十一月中旬"。而此前的"差拿"号的起程日期是"十月廿六日",此后的"地洋丸"是"十一月廿二日",均不吻合。

最后一段提到"满洲船"到旧金山的日期是"礼拜朝早",既然1910年12月2日是周五,"礼拜"就是周日,也就是礼拜日(12月4

日),看来比预计的要晚到。"朝早"即粤语中的"早上9点到11点"。而该船从檀香山出发的日期是"礼拜日朝十点",即11月27日早上10点。

四、《张京卿明日到》

  菊生张京卿元济,专意教育,备川资游欧美,考察地方小学及贫民教育事,已迭志本报。

  兹查本埠总领事馆黎总领事,昨接芝加高埠商民汤社信电云:张京卿元济初六即礼拜二下午七点钟,由芝加高搭怕思域公司快车起程,准礼拜五下午五点钟到云云。

  查张京卿热心兴学,到处均受欢迎。黎领事暨领署通译、书记员暨中华会馆绅董,明日四点余钟即赴屋仑码头,为张京卿迓轮。

该报道刊登于1910年12月8日(宣统二年十一月初八)。该报道开头提到了前面三篇报道的大致内容。

  黎总领事,即黎荣耀(1858—?),字藻泉,广东新会人。清末举人、长期在外交界任职。曾任驻美国旧金山、古巴、菲律宾等地总领事。1910年3月以来为驻旧金山总领事。他接到芝加哥一个名叫汤社信的华商的电报称:张元济从芝加哥起程到旧金山的日期是"初六即礼拜二下午七点钟",即12月6日到。

  张元济坐的是"怕思域公司快车",即美国太平洋联合铁路公司(Union Pacific Railroad Company)的火车,到旧金山是"礼拜五下午五点钟",即12月9日,因此从芝加哥到旧金山的行程所花时间是差2小时4天。

  黎荣耀总领事带领一干人等"明日四点余钟即赴屋仑码头,为张京卿迓轮"。"明日"即"12月9日","屋仑码头"即奥克兰港,位于美国西岸旧金山地区的东湾,"屋仑"系旧时老华侨按粤音对"奥克兰"的音译。看来,他要亲自为张元济归国订"满洲船"的船票,毕竟后者是他上级张荫棠公使的老朋友。

五、《张戴观学》

本埠中华会馆绅商,以张京卿元济、戴委员沂均昨日到,故昨晚特请到叙。九点钟时,各会馆董事、领事馆人员均与焉。中华学堂及华商学堂学生,均穿号衣排班以迎。入座后稍憩,即登楼。观中华学堂学生,由余灵督操,步武齐整,大有尚武精神。张、戴均为赞赏。阅毕下楼,仍入中华会馆之厅事中。李总董宝湛略为宣布,遂请张元济京卿演说。略谓:鄙人由欧至美,今到贵处,实不敢受华侨欢迎。然得与通胞叙于海外,曷胜欣幸。大抵既生身于两大之间,必须养成高尚人格。高尚人格何以养成?非教育不可。家庭教育问题,尤为我国今日所宜讲求。其要点极大,且于学生亦有密切关系。至如一国之君主,乃国民之代表,为国民者亦当尽自己一份之义务。曾问于西人曰:生长于中国而学于外国者,将来毕业后回国否?该西人答曰:学成定要归国,为国家出力云云。是现时之学生,学成而归,效用于国,方不负所学。欲国家强盛,必有强盛国民之资格,所望方能偿。此责任全视于诸生矣!众鼓掌。

随又请戴委员演说,由李宝湛译意。略谓:我国人向存自大之见,不似西人之精益求精。昔者闭关自守,未谙泰西国之情形,今则相形见绌。自当为改良材料之预备,预备此改良之材料,不得不属望于学生。学生勉乎哉?众鼓掌。及后乃如仪而散。

按:张京卿历史,已详本报。至戴委员沂,号伯咏,湖北省江夏人。现当北京度支部造纸厂监造科科长。此来特考察美国制纸事宜,不日与邝文光君同赴美东,以邝君乃官费委学制纸币者。戴伯咏早有函约，故亦来迓轮。

张、戴两员既到，故黎领事昨晚特在公馆设筵请宴。中华会馆则订期是晚，宪政会则定期明晚，请张、戴两员宴。

张京卿是朝附车往沙加缅度埠，以彼间学堂之请也。拟下午三点钟时，仍附车返回本处。

该报道刊登于1910年12月10日（宣统二年十一月初十），是这五篇报道中最长的一篇。笔者在这里只讨论与张元济有关的内容。

从时间来看，张元济到旧金山是1910年12月9日下午，当晚黎总领事在公馆设宴款待。晚9点，张元济应邀到中华会馆观看中华学堂及华商学堂会操。随后，他发表演说。邀请他的是"李总董宝湛"，即李宝湛，旧金山冈州会馆主席、美洲华侨和平总会主席。

12月10日早上，张元济到加州首府沙加缅度参观当地学堂，下午回旧金山，晚上参加中华会馆的宴请。"沙加缅度"，今译"萨克拉门托"，源自美国粤籍华侨。张元济先生在其《环游谈荟》中提到其美国行程是"抵纽约，登岸。由是而华盛顿，而支克哥而萨克兰缅多，而旧金山。"此说不准确，他应该是在旧金山期间到的萨克拉门托，而不是从芝加哥直接去的萨克拉门托。

12月11日晚上，旧金山的中华民主宪政会（即文中提到的"宪政会"）宴请张元济。

该新闻主要报道的是张元济在中华会馆的演说。他认为，我国国民必须养成高尚人格，而养成高尚人格必须依赖于教育特别是家庭教育。而学生与之关系密切，在国外学成后要回国效力，使得国家强盛。此演讲最后博得会场中人的鼓掌欢迎。

由于当时史料的缺乏，《张元济年谱》及后来的《年谱长编》的编者虽然近了最大努力，但是对张元济1910年美国行程的记录存在模糊

和错误之处,在此摘要如下:

11月中旬　抵纽约。

11月25日　应邀出席中国留学生特别大会,并讲演。

12月3日　纽约《中西日报》刊出《张参议之行踪》一文。

约12月上旬　离纽约,先后访问华盛顿、芝加哥、萨克兰门托、旧金山等地。

约12月下旬　自旧金山登轮。

值得一提的是,关于张元济到达美国的时间,《年谱长编》说是11月中旬,但不具体哪一天。据金绍城在其《十八国日记》(岳麓书社2016年版)的记载,他坐"威廉二世号"轮船11月1日上午10点从美国纽约动身,11月7日早上6点到英国朴茨茅斯港,差四小时整7天。11月8日晚,他与张元济在伦敦见面①。11月9日,张元济与金绍城反向而行,坐乔治·华盛顿号从英国南安普顿出发前往纽约②,同样也需要7天左右的时间。那么到达美国纽约的时间应该是11月16日。当然,必须找到乔治·华盛顿号当时的船期,才能作最终的确认。

从笔者的上述分析来看,张元济先生在美国的行程可以总结如下:

11月16日(十月十六日)　抵美国纽约港。

11月25日(十月廿五日)　晚上,应邀在纽约中国留学生会馆发表演讲,倡议应当以基督教为中国的宗教。

11月26日(十月廿六日)　从纽约前往华盛顿考察。

---

① 金绍城:《十八国日记》,长沙:岳麓书社2016年版,第48—51页。
② 张元济等著,叶新选编:《环游谈荟》,北京:北京艺术与科学电子出版社2017年版,第104—105页、第117—119页。

11月29日（十月廿九日）　参观华盛顿的幼儿园，说要在中国设法创办类似的幼儿园。

11月底12月初　前往芝加哥等地参观。

12月6日（十一月初六）　坐火车离开芝加哥，前往旧金山。

12月9日（十一月初九）　到旧金山，受到中国驻旧金山总领事黎荣耀和中华会馆绅董的欢迎。

晚上，黎总领事在领事馆宴请先生。宴会后，先生应旧金山中华会馆总董事李宝湛到中华会馆观看中华学堂、华商学堂的学生演操，并发表演讲。

12月10日（十一月初十）　到萨克拉门托的学校发表演讲，下午回旧金山。晚上，中华会馆宴请先生。

12月11日（十一月初十）　晚上，旧金山的中国民主宪政会宴请先生。

12月13日（十一月十三日）　从旧金山坐"满洲船"回国。

两相比较，笔者对张元济美国行程的记述较为清晰，当然是因为发现了新的史料所致。由此也充分证明史料挖掘的重要性。

（刊于《出版与印刷》2019年第3期，合作作者：庞玉凤）

新见张树年《新政协会侍行杂述》简析

笔者查张元济先生资料，偶尔用"张树年"在上海图书馆的相关数据库进行搜索，搜到《新语》杂志发表的《新政协会侍行杂述》一文，感觉这是一份珍贵的张元济研究史料，过录全文并作简析。

《新语》是由总行研究室主编、新华信托储蓄商业银行发行的内刊，第 14 卷第 24 期于 1949 年 11 月 15 日出版。该期总计 16 页，这篇文章刚好占一页，篇幅 2000 余字。由于是内刊发表，该文有些行文和标点、格式方面的错漏，稍作改正，经张元济先生的哲孙张人凤先生许可，过录如下：

九月初政府邀我父到北京去出席第一届人民政治协商会议，但是他年逾八旬，单身跑去乘火车，住旅馆，都觉得放心不下，于是向当局请了一个半月的假，得到允准，就在九月六日随同搭京沪通车去京。在京住了四十二天，十月廿一日回到上海，先将在京所见所闻没有系统的写出来。

政协会议大部份工作，就是制定政协共同纲领、政协会议及中央人民政府组织法，并且拟定国旗、国都、国徽、国歌。以上各件，政协筹备会经两个多月的时间，草案大致完成，等到六百多个代表到齐之后,又分成许多小组,分别开会研究。在小组会议中,各代表多热烈的发表意见,各组将讨论的结果汇总到秘书处,经过整理后,再由筹备会讨论采纳各组的意见,修改原文,再召开小组会再来讨论。就我所见的,共同纲领,就有三次修改,这样反复讨论和协商所得的结果,在提到大会时,当然很顺利的一致通过。外界有不甚明瞭的人,以为这样重要的宪章,怎么能无异议的全体通过,其实事前多次的讨论和协商,充分表现了民主作风。

会场设在中南海怀仁堂,这是前清西苑中的一座宫殿。袁世凯时代,将原有建筑物改成不中不西的会议厅,全场可容纳一千一二百人。所有的布置,简单而庄严,主席台上面中间挂着五彩会徽,右面挂着孙中山先生的遗容,左面毛主席像。代表席分成四排,每席装有无线电扩音机,预备各代表发言时所用,旁听席设在两旁。休息室在会场的四周,共有四处。所用的家具和一切的陈饰、张挂的匾额对联多是帝王时代遗留的旧物,但是周围挂满了各野战军、各团体所送的红地黄字的绸幛,充满了一种新精神。会场工作人员,除秘书处的几位秘书和办事员外,其余二三十位,多是向各学校临时借用的男女高材生,年青力壮,办事努力。他们的工作这么多,为代表传递说帖、信件,分发各种印刷品,安排休息时用的茶点,甚至搀扶高年代表们进场。

会场门禁异常森严,代表汽车一二百辆,多是政府预备的。车上挂着特别牌照,每次进入中南海时,还得停车检查。另一种的特别证据,代表们进门时,取出预先签好的名片,同时出示贴有小照的入场证。检查员对了相片,方能放入,就是毛主席亦不得例外。在开幕之前,每一代表送到徽章一枚,据说是开幕时候凭此入场。后来听说有一位代表,把这徽章丢了,通知了秘书处,全体徽章立刻作废,另发了入场证为凭,可见他们办事的周密。

全体代表除福建的萨镇冰先生因为交通不便,上海的颜惠庆先生因病不能出席外,连候补代表在内,一共六百五十九人。下面是代表们的一些小统计:

政党代表有:

一、中国共产党;二、中国国民党革命委员会;三、中国民主同盟;四、民主建国会;五、无党派民主人士;六、中国民主促进会;七、中国农工民主党;八、中国人民救国会;九、三民主义同志联合会;十、中国国民党民主促进会;十一、中国致公党;十二、九三学社;十三、台湾民主自治同盟;十四、新民主主义青年团,共计十四单位,正式代表一百四十二人,候补二十三人。

区域代表有:

一、西北解放区;二、华北解放区;三、华东解放区;四、东北解放区、五、华中解放区;六、华南解放区;七、内蒙古自治区;八、北京、天津两直属市;九、待解放区民主人士,共计九单位,正式代表一百另二人,候补十四人。

军队代表有:

一、中国人民解放军总部;二、第一野战军;三、第二野战军;四、第三野战军;五、第四野战军;六、华南解放军,共计六单位,正式代表六十人,候补十一人。

团体代表有:

一、中华全国总工会;二、各解放区农民团体;三、中华全国民主妇女联合会;四、中华全国民主青年联合会;五、中华全国学生联合会;六、全国工商界;七、上海各人民团体;八、中华全国文学艺术界联合会;九、中华全国第一次自然科学工作者代表大会筹备委员会;十、中华全国教育工作者代表会议筹备委员会;十一、中华全国社会科学工作者代表会议筹备会;十二、中华全国新闻工作者协会筹备会；十三、自由职业界民主人士；十四、国内少数民族；十五、海外华侨民主人士；十六、宗教界民主人士，共计十六单位，正式代表二百另六人，候补二十九人。特别邀请代表七十二人。

六百多位代表中，女性计七十人，占总数十分之一强。他们的籍贯，江苏省有八十七名，占第一位。其次是湖南省七十三名，浙江省第三，三十九名。广东省第四，六十八名。

代表年龄最高的，是特别邀请的福建萨镇冰先生，今年九十二岁，可惜没有出席。到会代表中要算海外华侨司徒美堂先生和家严都是八十三岁。年龄最小的是台湾代表田富达和学联代表晏福民二位，都是二十一岁。周恩来先生说得好，他说："这次会议以年龄而论，可称为五代同堂。"

这次叙在一堂，共商国事，最难的要算少数民族代表和海外华侨代表。少数民族中包括了蒙、藏族、回、黎族、苗族、彝族、台湾高山族和朝鲜民族。海外华侨来自美洲、菲律宾、印尼、星加坡、马来亚、暹罗、缅甸、越南、日本和朝鲜。他们多是从帝国主义国家，或是帝国主义殖民地，冒了危险而来。有二位出席的，并且不能发表他们的姓名，还有几位因为秘密出境，会议闭幕之后，不能回去。只好暂时抛弃家庭，留在祖国。这很是值得钦佩的。

全体代表，除常住北京者外，多由政府招待，分住在北京饭店、六国饭店、旧德国饭店、外文学校和一部份的协和医院。每日三餐，都是一汤二菜的小灶。年高的代表们，每天还有额外的配给鸡蛋和牛乳。各招待处门口，停有多辆汽车，备代表们使用。在开会时间，由招待处支配，每三四位代表合坐一辆。一部份军队代表使用吉普车。年青的就坐了大客车，大部份男女代表多数穿着制服。初时天气尚热，制服是黄卡其的。后来气候转凉，多换上了青薄呢。代表们除了每天开会之外，招待所时常预备娱乐节目来调剂他们紧张的情绪。例如参观故宫博物院呀，游颐和园呀，看梅兰芳、程砚秋、周信芳的京剧呀，苏联电影呀，等等。

文中有两处明显的错误，特此说明：一处是"浙江省第三，三十九名"，结合上下文看，应该是"浙江省第三，六十九名"；另一处是"到会代表中要算海外华侨司徒美堂先生和家严都是八十三岁"，不通，应改为"到会代表中要算海外华侨司徒美堂先生和家严年龄最高，都是八十三岁"。

该文作者张树年先生是张元济先生的哲嗣，曾撰有《我的父亲张元济》（东方出版中心1997年出版、百花文艺出版社2006年出版），其中第十八章为《陪同父亲出席全国政协会议》，分"北上赴会""参加政协会议""会晤毛泽东主席""开国大典""旧地重游访故人"五节。《我的父亲张元济》后又改为《张元济往事》，2015年在东方出版社出版，附录有张树年先生的哲嗣张人凤先生撰写的"先祖父张元济先生参加开国盛典前后"一文，与"陪同父亲出席全国政协会议"框架相似，但增加了不少内容，尤其是"参加政协会议"这一部分。而《新政协会侍行杂述》（以下称"本文"）与此部分最密切相关，但是二者的叙述重点有很大不同，而且张树年先生后来写作时并未提到或者引述此文，或为年久遗忘之故。笔者试析如下：

一是关于《共同纲领》的制订过程。

张树年先生的《陪同父亲出席全国政协会议》中的"参加政协会议"一节提到："政治协商会议设有若干工作委员会。父亲是《共同纲领》草案整理委员会成员。周恩来是召集人。"并提到张元济先生提议《共同纲领》修正稿中删去"肉刑"、列入"发展海运"等，均被会议吸收。而"本文"则提到了首次政协会议的目的是"制定政协共同纲领、政协会议及中央人民政府组织法,并且拟定国旗、国都、国徽、国歌。"而从程序上看,这些议题先有政协预备会用两个多月时间来准备草案。等此次包括张元济先生在内的 600 多名代表到齐之后,即分成许多小组分别开会研究。然后各小组将发言、讨论的结果汇总到秘书处整理,接着由筹备会讨论采纳各小组意见,修改原文,再召开小组会来讨论。比如,《共同纲领》修正稿就经历了三次修改。张树年先生不能与会讨论,应该是由作为《共同纲领》草案整理委员会成员的父亲转述得知。张树年先生认为这种事前多次的讨论和协商充分体现了首次政协会议的民主作风。

二是对在政协会议会场中南海怀仁堂开会的描述。

关于张元济先生参加全国政协会议第一次全体会议的情形,张树年先生的"陪同父亲出席全国政协会议"中的"参加政协会议"一节提到:"9 月 21 日晚,全国政治协商会议第一次全体会议在中南海怀仁堂开幕。下午六时,我陪同父亲乘车前往,同车有邵式平、吴贻芳。我凭大会秘书处所发'联络秘书证'进入会场。在会场末座就坐。"而"开国大典"一节则提到:"9 月 30 日下午,父亲赴怀仁堂参加全国政协会议闭幕式。"此文并无对政协会议会场中南海怀仁堂的任何描述。

"本文"提到正式代表们要乘坐政府预备、挂着特别牌照的专车进入会场。专车总计有一两百辆。虽说是专车,也是三四位代表合坐一辆,一部分军队代表使用吉普车,而年轻的就坐了大客车。代表专车进入中南海时还得停车检查。与张树年先生入场所持的"联络秘书证"不同,代表们取出预先签好的名片,同时出示贴有小照的入场证。检查员对了相片,方能放入,连毛泽东主席也不例外。本来进入怀仁堂时,代表们还得佩戴事先送到的特制徽章入场。但是在开幕之前,有位代表不慎丢了徽章,通知了秘书处,结果为安全起见,全体徽章立刻作废,另发入场证为凭,可见工作人员办事的周密。

中南海怀仁堂本是前清西苑中的一座宫殿,全场可容纳一千一二百人。张树年先生的叙述让我们得知:在会场主席台上面的中间挂着五彩会徽,右面挂着孙中山先生的遗容,左面是毛主席像。代表席分成四排,每席装有无线电扩音机,预备各代表发言时所用,旁听席设在两旁。休息室在会场的四周,共有四处。会场工作人员的工作十分繁杂,包括为代表们传递说帖、信件,分发各种印刷品,安排休息时用的茶点,甚至搀扶年事已高的代表们进场。

张树年先生后来的回忆说自己在"会场末座就坐",也许未必准确。他应该是坐在会场两边的旁听席或者四周的休息室,或许"会场后面的休息室"即他提到的"会场末座"。

三是会议代表的各种统计。

此处内容最为详细,约占"本文"总篇幅的40%字数。据张树年先生的叙述,前来开会的代表包括候补代表在内总计46个单位659人(有3名特邀代表未出席)。其中,"政党代表"共计14个单位,正式代表142人,候补代表23人。"区域代表"共计9个单位,正式代表102人,候补代表14人。"军队代表"共计6单位,正式代表60人,候补代表11人。"团体代表"共计16单位,正式代表206人,候补代表29人。另外,还有特邀代表72人。按性别统计,女性代表共计70人,占总数的10%以上。从籍贯上看,江苏省有87名,占第一位;湖南省73名、浙江省69名、广东省68名,分列第二到四位。其中,年龄最大的是特邀代表萨镇冰,年届92岁高龄,但未出席。因此,到会年龄最大的就是张元济先生和海外华侨代表司徒美堂先生了,均为83岁。而年龄最小的台湾代表田富达、学联代表晏福民才23岁。因此周恩来副主席总结说:"这次会议以年龄而论,可称为五代同堂。"

四是代表们的住宿安排。

关于张元济父子在北京的下榻地点,张树年先生的《陪同父亲出席全国政协会议》中的"北上附会"一节提到是"在东郊民巷六国饭店。父亲一进卧室（二楼 130 室）就告我，宣统三年夏，中央教育会结束后，曾来此修养数日。时代不同，房屋依旧。"周恩来副主席、朱德总司令、商务印书馆旧职工陈云副总理、上海市长陈毅等都曾来拜访张元济先生。

而除了六国饭店（即现在的华凤宾馆）之外，全体代表的下榻地点还包括北京饭店、旧德国饭店（2005 年拆除）、外文学校和协和医院。每日三餐为一汤二菜，年纪大的代表们每天还有额外配给的鸡蛋和牛奶。

除此之外，"本文"还提到了代表们会议之余的娱乐活动，包括参观故宫博物院、游颐和园、观看梅兰芳、程砚秋、周信芳的京剧以及苏联电影，等等。

《新政协会侍行杂述》一文弥足珍贵，不仅是对张元济研究而言，也是对中国人民政治协商会议第一次会议的研究而言。

（刊于 2020 年 10 月 1 日"出版六家"公众号）

商务印书馆和商务报馆的名称纠纷

1916年三四月间,商务印书馆和同在上海的商务报馆发生了一起公司名称纠纷。和商务印书馆一样,商务报馆也创办于1897年,但是两者近20年来一直没有名称使用上的纠纷,为何此次突发争执?事情的经过如何?最后又是怎么解决的?笔者结合搜集到的史料进行分析,试图还原这一名称纠纷的始末。

一、纠纷的缘起与经过

我们先来看《张元济日记》的有关记载。张元济先生在1916年3月8日的"杂记"栏中写道:

> 闻谢宾来言,商务报馆向邮政局声明,伊兼用商务报馆、商务书馆两名。即属梅生拟信声明,本馆略称为商务书馆,外间有相似之名称,请勿误送。①

---

① 张元济:《张元济日记》,北京:商务印书馆1981年版,第26页。

自 1914 年初商务印书馆总经理夏瑞芳被暗杀,以及继任总经理印有模 1915 年 11 月病逝之后,张元济开始全面负责商务印书馆的管理工作。1916 年 4 月 18 日,商务印书馆第 157 次董事会议决议,高凤池任总经理,张元济任经理①。商务报馆发起的"商务书馆"名称纠纷及其解决正好发生在张元济就任经理的前后一段时间,显示了他书业经营方面的卓越才干。

谢宾来是商务印书馆的交际科长,他给张元济先生汇报的消息是:商务报馆告知邮局,其使用的名称不仅有"商务报馆",还有"商务书馆"。而商务印书馆的简称也是"商务书馆",这就是商务报馆给商务印书馆出的经营难题。两者使用的是同一个邮局,如果邮局不加区分,邮件送错,那就会影响到商务印书馆的业务往来,特别是函件、汇票的寄送事务。这引起了张元济先生的重视。在此后日记的"杂记"和"公司"栏里,就出现了与此有关的记录。

邮政局回信,复商务书馆如另有此一家,其信不能送交本馆,云云。即属梅生起稿驳复。②(3 月 10 日)

访丁榕,与商邮政局复回商务书馆略名事,请其核阅梅生信稿。③(3 月 11 日)

丁榕交来代拟复邮局信稿,似未提及汇票一层。属梅生明日再与丁君接洽。④(3 月 13 日)

3 月 12 日是周日,不上班。也就是说,张元济连续三个工作日在

---

① 张人凤、柳和城:《张元济先生年谱长编》,上海:上海交通大学出版社 2011 年版。
② 张元济:《张元济日记》,北京:商务印书馆 1981 年版,第 27—28 页。
③ 张元济:《张元济日记》,北京:商务印书馆 1981 年版,第 28 页。
④ 张元济:《张元济日记》,北京:商务印书馆 1981 年版,第 29 页。

"杂记"栏中有所记录。起因是3月10日邮局不主动分清商务印书馆和商务报馆的区别，不排除把应送到商务印书馆的信件送到商务报馆的可能，这问题就严重了。因此张元济要求丁梅生起草给邮局的回信，并拜访商务印书馆的法律顾问丁榕大律师，寻求应对的办法。但是让张元济先生担心的是，丁榕起草的回复邮局信件没有提起汇票邮寄这件事，汇票涉及金钱往来，事情重大，因此还需要再沟通。

丁榕的答复出现在张元济3月14日的日记：

> 托谢宾来持吾处来商务书馆之汇票与丁君言商。据谢君复言，邮局仍凭我处印记付款。言丁君谓，如此无从与邮局理论。又言，邮局说，商务报馆登有小说《霸王》告白，称商务报馆内商务书馆云云，本馆何以不说话。①

丁榕并不觉得汇票冒领是个问题，如果是商务印书馆收到的汇票，邮局要凭商务印书馆的印记才能付款。也就是说，如果邮局把应给商务印书馆的汇票误发到商务报馆，后者拿去邮局，没有商务印书馆的印记也不能取款，因此也没法就汇票这件事同邮局理论。按商务印书馆的意思，邮局只要把它和商务报馆区分清楚，不要错发邮件就行。

但是，邮局不想承担错发的责任，还言之凿凿地说，商务报馆曾经在报纸上登过小说《霸王》的广告，称是商务报馆内部的商务书馆出版，商务印书馆为什么不及时声明澄清。邮局的这个态度引起了商务印书馆的重视，决定必须采取措施。张元济在3月20日和3月22日的日记中记载：

---

① 张元济：《张元济日记》，北京：商务印书馆1981年版，第26页。

农商部批准，本公司声明"商务书馆"及"商务馆"为本馆之略称。本日接到批回。①（3月20日）

奉农商部批，本馆"商务馆"、"商务书馆"，准备案。②（3月22日）

这两则日记记载都是在"公司"栏里出现，也就是要在公司会议层面讨论的事情。商务印书馆的必要措施就是要请到农商部的"尚方宝剑"。对商务印书馆关于"商务书馆"和"商务馆"是本馆的略称，农商部的批复是照准备案。张元济3月23日的日记记载"叔通拟稿，至商务报馆信"③。而对方的答复见第二天的日记"商务报馆复信，语多无赖"④。对于商务印书馆公司层面的去信，商务报馆的复信并不当回事，而是胡搅蛮缠，看似企图浑水摸鱼。而从3月25日的日记记载"叔通复商务报馆。即夕又有回信，用律师出名"⑤看，商务报馆还出具了律师函，似乎并不忌惮。

既然商务报馆不想就此了结，放弃"商务书馆"的名称使用权，不怕把事情闹大，商务印书馆第二天马上在《申报》头版上发表了"上海商务印书馆声明"：

本馆开设二十年，外间习用，无论函电、汇票，向系略称为"商务馆"或"商务书馆"，曾由本馆具禀农商部奉批：据上海商务印书馆禀称，据实声明"商务馆"或"商务书馆"即为商务印书馆

---

① 张元济：《张元济日记》，北京：商务印书馆1981年版，第34页。
② 张元济：《张元济日记》，北京：商务印书馆1981年版，第36页。
③ 张元济：《张元济日记》，北京：商务印书馆1981年版，第26页。
④ 张元济：《张元济日记》，北京：商务印书馆1981年版，第37页。
⑤ 张元济：《张元济日记》，北京：商务印书馆1981年版，第38页。

之略称,请准予备案等情,应即照准等因,合行登报声明。特白。①

查《申报》的过往报道,商务印书馆并不是"商务书馆"的最早使用者。1893年5月25日至31日的《申报》曾连续刊登一则广告,提到"英文商务书馆"开设,但后来并无下文,想来是无疾而终。

而商务印书馆早在1900年5月5日在《申报》刊登的广告中就出现了"商务书馆新增《华英字典》大本皮壳,一元"的字样,也就是向广大客户和读者说明,商务印书馆也称"商务书馆"。其后,商务印书馆出版的《华英字典》的封面及书名页都印有"商务书馆华英字典"的字样。在商务印书馆出版的图书中,类似这种在书名中直接出现"商务书馆"字样的书籍不止一本,比如1913年《商务书馆华英音乐字典集成》,该书出到了第十版。

因此,正如商务印书馆在1916年3月26日在《申报》刊登的声明所说,"商务书馆"确实是商务印书馆多年来所用的略称,而农商部作为主管部门也予以备案。商务报馆还不想善罢甘休,那就必须昭告天下了。

1916年4月1日(头版)、4月2日(二版)、4月4日(二版)以及4月20日(头版),商务印书馆在《申报》刊登同一条声明:

上海商务印书馆声明"商务报馆"与本馆无涉

上海商务报馆并非本馆所办,另是一家。如有购《商务报》及函询属于商务报馆所办各事,请径寄函商务报馆可也,特此声明。②

---

① 《上海商务印书馆声明》,载《申报》,1916年3月26日,第1版。
② 《上海商务印书馆声明"商务报馆"与本馆无涉》,载《申报》,1916年4月1日,第1版。

如果说 3 月 26 日的声明是商务印书馆声称"我是商务书馆",以上四天的声明就是直接点出"商务报馆不是商务书馆",它与商务印书馆无关。如果有购买《商务报》或者其他事情,直接寄信给商务报馆就好了。我不是商务报馆,你也不是商务书馆,泾渭分明,井水不犯河水。

与此同时,虽然邮局的具体办事人员糊涂、敷衍,但是必要的沟通工作也要着手进行,以督促其履行正确的投递职责。因此张元济在 3 月 29 日的日记中写道:

> 发邮局信,告知本馆略称"商务馆""商务书馆",已经农商部批准。丁榕拟稿,由我签字发。①

在《张元济日记》中,5 月 3 日的日记是关于此事的最后记录:

> 对商务报馆总经理声明两告白。告仲翁,前件应改,后件应多登。②

商务报馆终于作了澄清。经过一番你来我往,最终以商务报馆的收手而告终。如果再查阅《申报》此后的刊登内容,我们会发现,商务书馆的称呼时时出现,而大家也认为它就是商务印书馆的略称了。

值得一提的是,政府文件中也用过"商务馆"名称指代商务印书馆。比如《江苏省公报》1913 年第 138 期刊登了《江苏省行政公署批第一千一百九十二号(原具呈人上海商务馆经理夏瑞芳)》的批示,再比如《福建公报》1914 年第 741 期刊登《批商务馆经理印有模禀送单

---

① 张元济:《张元济日记》,北京:商务印书馆 1981 年版,第 40 页。
② 张元济:《张元济日记》,北京:商务印书馆 1981 年版,第 55 页。

级教授要项请转饬分发由》的批示。就报纸而言，上海的《时报》1919年2月13日曾刊登过题为《商务馆寄宿所开办夜校》的消息，正文中用的则是"商务印书馆"的全名。

二、四点认识

回溯商务印书馆和商务报馆名称纠纷解决的整个过程，笔者得出以下几点认识。

1. 高度重视，多方着手

从1916年3月8日突发纠纷，到3月26日商务印书馆在《申报》发表声明，不到20天的时间。在这期间，商务印书馆与邮局、商务报馆交涉，向本馆法律顾问丁榕咨询，向企业主管部门农商部提出申请。张元济与陈叔通、谢宾来、丁梅生等分工协作，工作有条不紊，做到心中有数，有助于纠纷得以顺利、快速解决。

2. 听取律师的专业意见

丁榕律师是商务印书馆的法律顾问，也是张元济先生的好朋友，经手过不少与商务印书馆有关的案子。在此案中，张元济担心寄给商务印书馆的汇票被冒领，丁榕认为即使商务报馆手头有邮局误送的汇票，没有商务印书馆的印记，也取不了钱，消除了他的担心。另外，丁榕还为此拟定公函，很好地履行作为商务印书馆法律顾问的职责。

3. 品牌无小事，商场即战场

"商务印书馆""商务书馆""商务馆"都是商务印书馆使用的名称，代表其长期形成的品牌，享有良好的声誉。从商务印书馆的发展历史来看，某些如商务报馆之类的企业，想借名称"傍大牌"，以混淆视听、浑水摸鱼。如果商务印书馆高层特别是张元济先生对谢宾来的报告未加注意，或虽然注意了却不够重视，"商务书馆"的名称就会被商务报馆趁机窃取，给商务印书馆造成损失，甚至可能会影响它的经营业务。在农商部确认不仅"商务书馆"，而且"商务馆"也是商务印书馆的名称之后，商务印书馆及时在《申报》上发表声明，以正视听，强化了商务印书馆的品牌。

4. 高超的商业智慧

张元济先生于 1902 年底进入商务印书馆，最早负责的部门是编译所，充分展示了他在书稿引进和编译方面的才能。1916 年 4 月，张元济正式担任商务印书馆的经理。当时，张元济本可以升任总经理，但他不愿意与官府直接打交道，因而屈居商务印书馆创始元老高凤池之下，但全面接手商务印书馆的经营管理业务。从《张元济日记》来看，他对公司的每项业务都要发布指示，表现出卓越的经营管理才能和高超的商业智慧，不愧为商务印书馆前期的掌舵人。在本案中，张元济做事有条不紊，毫不拖泥带水，与相关人士充分合作，在短短两三个月内就解决了名称纠纷。整个过程中体现出张元济高超的商业智慧，即使在今天看来也并不过时，值得出版人不断学习和体悟。

（刊于《出版与印刷》2020 年第 4 期，合作作者：熊诗倩、翟欢）

商务印书馆与麦克米伦出版公司早有来往

商务印书馆是我国出版对外交流的先驱,早在 80 年前,商务就与麦克米伦出版公司开始了合作。

关于商务与麦克米伦的来往,《张元济日记》载有五条:(1)"又交来麦克密伦托本馆代理合同一件。交梅生译汉"(1917.8.23);(2)"麦克密伦合同译汉已交翰翁。翰翁转交桂华复"(1917.8.24);(3)"麦克密伦代理合同向翰翁索还,交锡三"(1917.8.25);(4)"又交周锡三交来麦美伦合同一纸并信"(1918.4.15);(5)"叔良言,麦密伦来信,因本馆去年未有报告,属将各书移交伊文思。叔良又言,因锡三来办,暑季报告伊办,冬季业已正月寄出。但该号来信尚未收到,已于前日接信后,即时复信,声明缘由"(1919.5.26)。《日记》中提到的"麦克密伦""麦美伦""麦密伦"均指麦克米伦。从以上史料来看,麦克米伦请商务在中国代售其图书,并签有代理合同。1919 年,因西书部人员更替,商务没有及时向麦克米伦交 1918 年冬季销售报告,后者还产生了误会。朱联保的《近现代上海出版业印象记》中提到:"商务发行所内设西书部,经售原版西书,包括美国麦美伦教科书中国专用版本,此为同业所无者。"这说明商务与麦克米伦还进行了进一步的合作,出版了"麦美伦教科书中国专用版本"。此举堪称我国出版业首创,也是外国图书取得中国版权保护的正确途径。

  因为与麦克米伦的合作关系，商务对其也有相当之了解。据周越然《我与商务印书馆》记载，1918年，周越然编就《英语模范读本》交商务出版，编译所英文部主任邝富灼建议采用版税结算，周不知道版税是怎么回事，邝向他解释什么是版税之后，又说："现在外国许许多多大出版家及著作人，都喜欢这种办法。麦米伦（即麦克米伦）公司每年付出的版税超过一百万。英国诗人纪伯灵（即纪伯伦）买的山头，造的大厦，都是版税啊。你以为怎样？"周说："既然版税是公平的事，我决不反对。"其后20年间，该书修订计五六次，销行约百万部。周越然所得版税殊为可观，连美国教育界都有所闻。纽约《独立周报》曾报道周越然因此每年可得版税约计5万美元。

（刊于《出版发行研究》2000 年第 12 期）

90年前的一场中外版权纠纷

大约在90年前，美国经恩公司（Ginn & Co.，以下简称经恩）控告商务印书馆（以下简称商务）翻印其出版的图书，引起一场中外版权纠纷。

1909年，商务印书馆为满足国内读者对外国原版书的需求，在发行所内专门设立西书部，开始经营西书业务。经恩公司是美国纽约一家著名出版公司，专出中小学教科书。同年12月，西书部向经恩发出定书单，要求代理销售其图书。1910年初，经恩董事费英焘从美国纽约致函商务，对商务要求"代敝公司经理中国营业"表示感谢，但要求"必须贵馆能专代本公司经理，而不兼他公司事件"，经恩才肯答应。信中还提到："兹闻贵馆将本公司出版之简要英文法教科书翻印，加以删订，求合中国程度。已有人将书送到此外，又闻贵馆尚拟将本公司出版之买儿斯'通史'，及万韦士所著之各种数学书翻印"。"买儿斯'通史'"即《欧洲通史》（General History by Myers），出版于1889年，是"为中学以下各学堂之用"的历史教科书。经恩认为此举虽然没有违背"万国版权公例"（即《伯尔尼公约》），但是商务应该与经恩商议，取得许可，或者付给一定的报酬，才算合理。1910年底，商务印书馆编译所所长张元济先生游历西方，到美国纽约时，费英焘又当面提起此事。

也许是商务的"不合作态度",1911年2月,经恩向上海租界会审公廨控告商务翻印其《欧洲通史》,达一百余部,在中国售卖,"与原版丝毫不爽,售价较原书之半"。商务和上海书业商会对此极为重视,聘请得力律师积极应诉。商务认为《大清著作权律》虽然已经颁布,却没有实行,中国也没有加入《伯尔尼公约》,此次纠纷应参照1903年中美两国签订的《中美续议通商行船条约》处理。该条约第十一款规定:"无论何国,若以所给本国人民之利益,一律施诸美国人民者,美国亦允将美国版权律例之利益给与该国人民。中国政府今欲中国人民在美国境内得获版权之利益,是以允凡专备为中国人民所用之书籍、地图、印件、镌件者,或译成华文之书籍系经美国人民所著作,或为美国人民之物业者,由中国政府援照所允保护商标之办法及章程,保护十年。以注册之日为始,俾其在中国境内有印售此等书籍、地图、镌件或译本之专利。除以上所指明如书籍、地图等件,不准照样翻印外,其余均不得享此版权之利益。又彼此言明,不论美国人所著何项书籍、地图,可听华人任便自行翻译华文刊印售卖。"这说明美国人的作品要在中国受到保护,必须符合两个条件:(1)"专备为中国人民之用";(2)译成华文。商务认为《欧洲通史》"全书之文纯用英文者也。全书约八百面,而言中国历史,则只有九面者也",并不符合以上两个条件,因此在我国不享有版权。商务的行为并没有侵犯经恩的利益。经恩搬出美国驻上海总领事向清朝上海道及外务部施加压力。商务针锋相对,在至外务部的禀告中明确指出"欧洲各国书籍,美亦屡有翻印,彼此均不过问。即如英国所出第九版百科全书二十五册,曾经美国翻印出售,售价不及英国之半,英亦无可奈何"。因为当时的美国未加入《伯尔尼公约》,所以美国的出版公司不经允许,翻印欧洲各国包括英国在内出版的图书。但是,欧洲各国也没有办法。

1911年5月,伊文思书馆也向上海会审公廨控告商务"不但窃印美国书籍,至将英国书籍一律窃印减价售卖",要求禁止。伊文思书馆是英国人伊文思在上海北四川路开设的书店,经销经恩及其他外国出版公司的原版书。英国驻京公使朱尔典以此向清外务部交涉。由于商务已据实向上海道及外务部禀报,故外务部照会英国公使,云:"上海商务印书馆所印之美国史书,并各种教科书,其原书本非专备中国人民之用,即不在条约不准翻印之列。该馆此举,确为普及教育起见,诚如来照所谓善举者,意非专在攘利。且中国未入版权同盟。商家翻印书籍既非有违条约,自属无凭禁止。"

在长达半年的诉讼过程中,由于商务印书馆和上海书业商会向会审公廨据理力争,并取得上海道和外务部的支持,美国经恩公司的讹诈阴谋最终没有得逞。

(刊于《出版史料》2002 年第 2 期)

参考文献

[1] 周林、李明山主编:《中国版权史研究文献》,北京:中国方正出版社 1999 年版。

[2]《商务印书馆九十五年》,北京:商务印书馆 1992 年版。

胡适晚年评价商务印书馆

了解商务印书馆历史的人都知道，胡适与商务印书馆有一段不小的因缘。五四运动以后，商务印书馆曾想让胡适来当编译所长，胡适来馆考察过，最后推荐王云五代之。晚年的胡适曾对商务印书馆作过很高的评价。《胡适之先生晚年谈话录》①曾记载1961年2月胡适与秘书胡颂平的一段谈话，谈及张元济在商务印书馆影印古籍的贡献，辑录如下：

"书，是要它流通出去给人看的。印书的人不能有错字。在从前的读书人想借阅一部宋版的或善本的是很困难的，自己没有财力买得起，借看也不容易。不过我这一生向人借的书从来没有人不借给我。商务印书馆，名字叫做商务，其实做了很大的贡献。像张元济先生为了影印《四部丛刊》，都是选用最好最早的版本，里面有许多宋版的书。读书人花了并不太大的钱，买有这部书，就可以看到了。这部书对中国、日本的贡献之大，也可以说对全世界都有贡献的。像《百衲本廿四史》，都是顶好的书。当时想征求一部善本的《五代史》，在报上以重价征求，始终没有出来。商务的

---

① 胡颂平编著：《胡适之先生晚年谈话录》，北京：新星出版社2006年版。

确替国家学术做了很大的贡献,所以张元济当选院士之后,全国没有一个人说话。"

张元济仅仅是供职出版机构,而荣获当时全国学术界最高荣誉,无一人有异议,与胡适、陈寅恪等并肩。

(刊于《出版史料》2008年第1期)

邝富灼——商务印书馆英文部的开创者

商务印书馆的崛起与编译英文教科书紧密相关，其早期出版业务中尤为注重英语教科书、词典等英语书籍的出版。随着商务的业务不断扩大，部门也日趋专门化，英文部的成立也是自然而然之事。邝富灼（1869—1938）就是商务英文部第一任主任，任期长达二十一年。

身如浮萍难由己，待到安时近耳顺

邝富灼祖籍广东台山，1869年出生于邝家村的一个贫苦人家。邝家村村民大多以务农为主，但素有出国谋生的传统，因而有"侨乡之家"之称。邝富灼兄妹五人，他排行老二，有一个哥哥，一个弟弟，两个妹妹。年幼的时候，邝富灼上过村塾，但未为落下农活。他一边从事劳作，一边攻读儒家经典四书五经。他在自己的回忆录《六十年之回顾》[①]中这样写到"余家世业农，居粤省台山县一小村，村距县城十能里，同村仅十家，俱邝其姓。余以一八六九年（同治八年）生于是，行二，上有一兄，下有一弟二妹，幼时，家况清苦，余父不善治生，益以食口既

---

① 邝富灼：《六十年之回顾》，载《良友》，1930年第47期，第13—14、23、31—32、37页。

繁，薄田数亩，殊不足供温饱，恒以甘薯代饭，终岁衣褐跣足，惟新岁始获著履矣。余甫能步，即须助作佃工，牧牛挚水，终日孜孜不已。余八岁入村塾，肄业四年，毕四书，五经亦习一二。"

台山人出洋谋生者众多且大多是前往美洲，其中就包括邝富灼的亲戚、族人，其中一位族叔还定居当地。1881年年底，时年12岁的邝富灼也跟他的族人、同乡一样走上赴美谋生之路。他们一行17人从台山出发，5日后抵达香港，未料错过船期，结果无船赴美而折返。次年，他们一行再次启程。1883年初经过接近一年的海上颠簸，邝富灼终于抵达当时的旧金山，开始了他长达24年的海外漂泊之旅。

他到达旧金山之后居住在旧金山的唐人街，期间他深刻感受到了白人对华人的种族歧视和粗暴行径。之后因当时美国政府抵制华工的政策，他投靠了定居萨克拉门托的族叔。他的族叔是个菜贩，给他在当地找了份工作。虽然种族歧视依然存在，但他也认识到白人中也有好人，也有对华人礼貌相待的，比如他工作的人家。在依附族叔期间，因与当地不良少年厮混，他染上了赌博恶习。他的族叔知晓后，对他严厉训斥并送他进入当地教会开设的学校读夜班。他白天工作，晚上到教会办的夜班上课。现在看来，这段读夜班的经历对邝富灼的一生极其重要，其一他的英语能力就是在这儿打下了基础，其二在那里他碰上他人生的第一位贵人陈绣石。他在自己后来的《六十年之回顾》中这样写道：当时的夜校来了一位新教师，就是现在担任金山大埠公理会署牧的陈绣石。他对我另眼相待，爱护我像对待自己的友人一般，对我多番劝诫，引导我走向正途。

此后，他经过多番挣扎最终决定信仰基督教，加入教会救世军。救世军虽也向华人传教，但主要还是美国人的基督教活动，邝富灼在其中接触和学习到的多是美国主流社会的东西，这无疑为他以后的学习和发展打下坚实基础。1897年邝富灼在友人的帮助下进入洛杉矶东部的波莫纳学院（Pomona College）读大学预科，因难以承担学费，只能半工半读。1902年他完成大学一年级课程，便从该学院转学到加州大学伯克利分校读二年级，三年后毕业，获文学学士学位。随后因成绩优异获得免费学额进入哥伦比亚大学深造，主修文学和教育，于1906年成功取得文学和教育学双硕士学位顺利毕业。此时已37岁的邝富灼只想重回故土，结束漂泊，报效祖国。不久，他在华盛顿拜访了当时中国驻美大使梁诚，与之交谈表达了回国报效祖国的意愿，得到推荐进入两广方言学堂担任教习。1907年邝富灼终于踏上归国返乡之途。

两广方言学堂位于广州，是当时清政府设立的外国语言学校。邝富灼主要负责英文课，这对于他来说是手到擒来，因为他在哥伦比亚大学深造时，主修的就是教育，又有多年海外学习经历。他的上司、时任两广总督的岑春煊也对他印象颇佳，在归国当年推荐他到北京参加留学生的考试。邝富灼以第三名的优异成绩获得文学进士头衔且授予邮传部官职。以常理来说，能一展所长，发挥所学且授衔授官，可谓人生快事，但邝富灼却总觉心有所失，不久辞去官职。他后来在回忆中解释道，国内当时缺乏英文人才，如果他回广州两广方言学堂继续执教，以他的学识和资历仍能出人头地，好过在官场沉浮不定。他曾在《六十年之回顾》中对自己做了自我剖析，认为自己喜好文字，不适合为官，性格也不适合从商。这也与严复对他的评价不谋而合。在他被授予官职后，严复曾评论说邝富灼对教育实有心得，现今在邮传部供职，着实有违其才，颇为可惜。① 因而当张元济于1908年邀他前往上海，担任商务印书馆编辑时，他欣然前往，开始了另一场二十年之旅。

---

① 王栻主编：《严复集（第三册）》，北京：中华书局1986年版，第583—584页。

宦海抽身逢商务，鞠躬尽瘁二十载

　　1908年4月，邝富灼到达上海，开始供职于商务印书馆，担任编译所英文部主任一职。所说是"英文部"但实际上并未正式命名。学界有一种说法，认为商务印书馆"英文部"是在邝富灼的主持下一手组建和正式成立的。这虽有所偏颇，但"英文部"的正式命名和发展壮大离不开邝富灼。商务印书馆"英文部"的称谓由来已久，最早可追溯至1903年商务印书馆编译所成立之初。很多编译所老人回忆中都曾提及，如庄俞《悼梦旦高公》① 一文中"初定组织，分部办事"以及郑贞文《我所知道的商务印书馆编译所》② 一文中"所内主要分国文、英文、理化数学三部。"虽然如此，但对外使用"英文部"的正式名称却明显较晚。1915年进入商务印书馆建设"总务处"的陈叔通在《回忆商务印书馆》③ 一文中仅用"英文方面"一词指代"英文部"。就当前的《张元济日记》④ 中的记载，直到1916年3月1日"英文部"一词才在其日记中第一次出现，但有一点值得注意《张元济日记》缺失1914年到1915年的部分。茅盾在《我走过的道路》⑤ 中回忆1916年前后的商务编译所时这样写到：正式有"部"的名称的，只有英文部、国文部、理化部这三个。由此可见，在1916年前"英文部"应该已被正式命名。等到了1921年唐鸣时进入英文部时，稿件接洽、信札来往，皆用英文部名义，连信纸也是特印的。

---

① 商务印书馆主编：《商务印书馆九十五年》，北京：商务印书馆1992年版，第58页。
② 商务印书馆主编：《商务印书馆九十年》，北京：商务印书馆1992年版，第257—258页。
③ 商务印书馆主编：《商务印书馆九十年》，北京：商务印书馆1992年版，第135页。
④ 张元济：《张元济日记》，石家庄：河北教育出版社2001年版，第26—27页。
⑤ 茅盾：《我走过的道路》，北京：人民文学出版社1981年版，第121页。

在邝富灼主持英文部期间，商务印书馆在英文教科书和英文辞书出版编纂工作方面取得了极大成就。据陈叔通后来的回忆：自从邝富灼进入商务，英文方面的书稿有邝富灼主持，很有计划，出书不少。据相关研究资料表明，邝富灼从1908年至1929年前后在商务印书馆工作的20余年间，馆里出版的英文教科书多达81种，所有英文教科书都经过他本人审定，其中直接署名由他编纂与校订的英文教科书多达20余本。学者张英就对其编纂、校订的英文教科书做过统计，并在自己的《启迪民智的钥匙》①一书中呈现。但其统计的英文教科书有重复出现的文本，英语名称也不全，且初版时间也有差错之处。笔者在此基础上，通过阅读《中国近代出版史料》《中国现代出版史料》《中国英语教学史》等和相关学者研究以及相关教科书实物，对其统计做了修正和进一步完善。如下表所示：

序号	中文书名	英文书名	编译、校订	初版时间及备注
1	英语会话教科书	Intermediate English Grammar	邝富灼编纂	1908年9月初版
2	英文益智读本	Useful Knowledge Reader	祁天锡著，邝富灼校订	1909年2月初版
3	初学英文轨范	Language Lessons	邝富灼、徐铣编纂	1909年7月初版
4	英文新读本	New English Readers	（美）安迭生原著、邝富灼校订（学部审定）	共六册。卷一1909年6月初版；卷二1909年8月初版；卷五1909年12月3日初版
5	新法英文教程	Beginner's English Lessons	（美）安迭生原著、邝富灼校订（学部审定）	1909年初版

---

① 张英：《启迪民智的钥匙》，上海：中国福利会出版社2004年版，第35页。

(续表)

序号	中文书名	英文书名	编译、校订	初版时间及备注
6	英语作文教科书①（第1编）	Elementary Composition	邝富灼编（学部审定）	1909年12月初版（硬精装）
7	增广英文法教科书	The Mother Tongue	（美）基特里奇、阿诺德原著；邝富灼、徐铣译	1909年12月初版
8	新世纪英文读本	China's New Century Readers	邝富灼（袁礼敦、李广成）等编纂（教育部审定）	共六册。卷首、卷一1910年5月初版；卷二、卷四1910年3月初版；卷三、卷五1910年4月初版
9	简要英文法教科书	Newsom Grammar	（美）纽森（Newsom）著；邝富灼译订（学部审定）	1910年2月初版
10	英文格致读本②	Science Readers	祁天锡著，邝富灼校订（教育部审定）	全书5卷。卷一1911年2月初版；卷二1911年3月初版；卷三1911年正月初版；卷四1911年4月初版；卷五1911年3月初版
11	华英会话合璧	Fifty Lessons in English Conversation	张士一编，张元济、邝富灼校订	民国元年1912年8月初版
12	共和国教科书中学英文法（共4学年）	English Grammar	邝富灼编纂（教育部审定）	1913年6月初版
13	英文法阶梯（共4册）	First Steps in English Grammar	邝富灼编纂	1913年6月初版

---

① 笔者还发现了1908年11月初版的《英语作文教科书（第1编）》实物，因而将对其初版的时间做进一步勘定。

② 笔者通过查阅相关在研究资料以及实物等，有迹象表明《英文格致读本》（Science Readers）应该存在两个版本，一是不带有"教育部审定"字样的《英文格致读本》，实物表明其卷一1911年正月初版，卷五1911年四月初版。另一版本是教育部审定《英文格致读本》。

(续表)

序号	中文书名	英文书名	编译、校订	初版时间及备注
14	共和国教科书中学英文读本（共4学年）	Progressive English Readers for Middle Schools	平湖甘永龙、新宁邝富灼、无锡蔡文森参订	第一学年1913年10月初版；第二学年1913年11月初版；第三学年1913年6月初版；第四学年1914年10月初版
15	英文尺牍教科书	A Class-Book of English Letter-Writing	张士一编纂，邝富灼校订	1914年1月17日初版
16	初级英文法英作文合编		吴献书编纂，邝富灼校订	1915年11月
17	初级英文作文（直观法）	Beginning English Composition	周越然编纂，邝富灼校订	1916年12月初版
18	实用英文法教科书	Practical English Grammar for Chinese Students	赵本善编纂，邝富灼校订	1918年9月初版
19	（修订）英语模范读本（1—4册）	Model English Readers	周越然编纂，邝富灼校订	1918年11月初版
20	现代初中英语教科书	Modern Textbook Series English Readers	周越然编纂，邝富灼校订	第1册1923年9月；第2册1924年2月初版
21	（订正本）新学制英文读本文法合编（全4册）	New Syseem Series English Reader and Grammer for Junior Schools	胡宪生编纂，邝富灼 王岫庐校订	第1册1923年2月；第2册1923年8月初版；第3册1924年7月初版
22	循序英文读本（全4册）	Step by Step English Readers	邝富灼编著；吴麟璋校订	第一、二册1935年8月初版；第三、四册1935年9月初版

通过上表我们可以看到，1908年刚进商务印书馆的邝富灼就编纂了一本英文教科书即《英语会话教科书》（*Intermediate English Grammar*）。《英语会话教科书》于当年9月出版，截至1912年10月此书共再版了7

次。当时的学部对此书大加赞赏,称该书"以应用之语言,兼短篇之故事,分段授课,教授语言甚便。"翌年7月,由他和徐铣编纂的《初学英文轨范》(Language Lessons) 出版。该书的特点是将语法和读本合二为一,每课首单字,下列短句;每课之后还附有中文短句以及相对应的英文译文。除此之外,1909年他还编纂、校订了5本英文教科书,分别是《英文益智读本》(Useful Knowledge Reader)、《英文新读本》(New English Readers)、《新法英文教程》(Beginner's English Lessons)、《英语作文教科书(第1编)》(Elementary Composition) 和《增广英文法教科书》(The Mother Tongue)。1910年5月,邝富灼、袁礼敦、李广成等编纂且通过教育部审定的《新世纪英文读本》(China's New Century Readers) 出版。同年初版的还有他独立译订的《简要英文法教科书》(Newsom Grammar)。从1911年至1914年,邝富灼的编纂、校订教科书数量达到平均每年1.5本的程度。其中较为出名的有1911年祁天锡所著,他校订的《英文格致读本》(Science Readers)、他与甘永龙、蔡文森共同参订的《共和国教科书中学英文读本(共4学年)》(Progressive English Readers for Middle Schools) 以及他自己独立编纂的《共和国教科书中学英文法(共4学年)》(English Grammar) 和《英文法阶梯》(First Steps in English Grammar)。此后,他的编纂、校订数量急剧减少,截至1929年,15年的时间也只有6本。但即便退休以后,他也未忘却对英文教科书的编纂。1935年,由他编著的《循序英文读本》(Step by Step English Readers) 被商务印书馆出版。

除了英文教科书,邝富灼在主持商务馆英文部期间,在英语杂志方面也颇有建树。林熙在《从张元济日记谈商务印书馆(一)》[1]中这样说道,往前推四五十年,那时候在国内读过中学、大学的学生,大多都

---

[1] 林熙:《〈从张元济日记〉谈商务印书馆(一)》,载《出版史料》,1986年6月,第5辑。

用过邝富灼所编写的英语教科书和课外读物,如《英文杂志》(*The English Student*)① 等。

1929年,邝富灼从商务印书馆英文部退休,说到这次退休其实本非他所愿,是带强迫性质的退休。事实上,这也算是他与王云五的一次交锋。关于两者冲突的情况,当时同样供职于商务馆编译所的高觉敷曾在自己的文章《我在商务印书馆编译所服务六年的回忆》② 中有所回忆。按惯例,编译所发稿必须经过所长同意并签字,但当时的英文部可由邝富灼直接发稿交印刷所排印。这种情况一直持续了很长时间。即便在王云五担任所长之后,他仍对英文部不加过问。但之后情况有所变化。据唐鸣时在《我在商务编译所的七年》③ 中的叙述,王云五曾两次绕开邝富灼进行英文图书出版,而邝富灼对此也从未表态。他说仅从他个人的经历推想,英文部在编译所的特殊地位,势所不容了。两人冲突的爆发点是邝富灼的一部英文著作《远东的国际关系》的出版。书中表达了他对当时刚成立的国民党政府外交的不满。书出版后,国民政府致函责问。王云五与其谈话,希望他有所表示,但被严词拒绝,以致王云五暴怒。几天后,以国文部主任何炳松为首,发起为"德高望重"的邝富灼举行年老退职典礼,在上海大新公司楼上餐厅设宴欢送。王云五致欢送辞,其中有这样一段话说:邝博士英语水平很高,好到不会说中国话,多年交往中只听过邝博士讲了三句广东话。而邝富灼在答词中说到美国公司经理有两种不同的领导方法。其一是知人善任,主抓关键,底下的人各司其职,从不多加干涉。其二事必躬亲,事事过问,对下面办事的

---

① 《英文杂志》是一本英文文学和语言的专刊。创刊于1915年1月,终刊于1927年12月,每月一期,每期90—105页,共13卷,156期。邝富灼是其编辑之一。
② 高觉敷:《我在商务印书馆编译所服务六年的回忆》,载《商务印书馆馆史资料》,第26期。
③ 商务印书馆主编:《商务印书馆九十年》,北京:商务印书馆1992年版,第280页。

人不大放心，辛辛苦苦，连周末都不得闲。仅就两人的送辞与答词，就颇有一股硝烟弥漫的味道。

在邝富灼主持英文部的二十多年里，商务在英文书籍方面出书数量多且质量高，在当时受到各方的好评，称商务印书馆的英文书籍质量可媲美英美等国所出的书籍。他总结自己在商务的工作时，说自己多是撰写或编纂英文教科书，但随着英文部发展壮大，自己很少再像从前那般从事撰写和编纂了，也要做其他事，如钻研广告，宣传所出版的书籍。

册册卷卷皆心血，管中窥豹又何妨

在22本直接署名由他编纂与校订的英文教科书中，有8本他参与编纂且现今仍能看到实物。通过翻阅、对比这些英文教科书，我们发现这些英文教科书的体例并非一成不变，事实上是一直在变化。这些变化都在不同程度上反映了他的编纂思想。

一、自创自编，优化质量

在中华民国成立以前，英文教材多是模仿日本教科书或英美教科书进行编纂，质量参差不齐，多数不能很好地为国人接受。这段时期，邝富灼编纂的英文教科书以自己丰富的国外学习经验以及自身深厚的专业背景和教学经验为基石，旨在优化教材，提高质量，便于教学。如1908年9月出版的《英语会话教科书》，该书由浅入深，书中除了正常的教学内容，还多附有寓言故事，甚至还特意每课附有教学方法以便教师参考从而实施教学。

二、遵照标准，衔接有度

中华民国成立以后，先后出台了相关法律规范，规定课程标准，甚至是教科书的编写。1913 至 1914 年陆续出版的《共和国教科书中学英文读本（共 4 学年）》是由邝富灼、甘永龙和蔡文森共同参订的。该书遵照 1912 年 12 月教育部公布的《中学校令施行规则》以及 1913 年 3 月 19 日颁布的《中学校课程标准》进行编辑，以适应中学英语程度，同时衔接商务印书馆出版的高等小学英文读本。该教科书共有四册，以第一册为例。该册每课有五个部分组成，依次为单词、课文文章、语法、作文、对话练习。其中第四部分包括汉译英、填空和造句。

三、教材生活化、实用化

再以《共和国教科书中学英文读本》为例。其第一册共 47 课，其中包括我们日常生活中会出现的事物如第一课"Morning"（早）、第二课"Noon"（中）、第三课"Evening"（晚）、第七课"Rain"（雨）、第九课"Storm"（暴风雪）、第十课"Busy Bees"（忙碌的蜜蜂）、第十四课"Food"（食物）、第十六课"A Visit（拜访）"和第十八课"A Meal"（一餐）等。除此之外还有日常生活中会去的地方，如第三十四课"The Hotel"（旅馆）、第四十一课"The Post Office"（邮局）。前者介绍了在旅馆住宿、预订房间等场景下应使用的交际英语。后者则介绍了如何到邮局买邮票以及寄信的英语表达方式。与此同时，第一册中还有一篇与天文地理相关的课文，即第八课"The Earth，The Sun，and Moon"（地球、太阳和月亮），与数学相联系的第十五课"Addition and Subtraction"（加法和减法）。

生老必死平常事，万物皆然况由人

从商务印书馆退休以后，邝富灼一方面继续从事英文教科书的相关研究工作，另一方面更加积极投入教会以及社会服务事业。他一来到上海，就发觉自己根本无法融入上海本地教堂，因为上海教堂多用沪语，而他不通沪语。之后，他积极组织创立了旅沪广东中华基督教会。在社会服务方面，他是多个社会服务组织或团体的领导者和成员，如上海青年会、扶轮社以及麻风病人救助委员会。

1938年，邝富灼与世长辞，时年69岁。他前半生漂泊海外，在艰辛生活、求学，为自己打下了深厚的英文和教育学功底；后半生一直服务于商务印书馆，在教育界和英语界声名鹊起。纵观他一生，简单明了，却又丰富多彩。即便到了今日，谈及民国英文教科书，邝富灼也是远不能绕开的人物。

（发表于2017年8月召开的"商务印书馆与中国现代文化的兴起"国际学术讨论会，合作作者：后宗瑶）

参考文献

[1] 梁元生：《游子之路与"海归之城"：邝富灼在上海》，载《史林》，2016年第03期。

[2] 邹振环：《邝富灼与清末民初商务印书馆"英文部"》，"近代中国与近代文化"学术研讨会，2007年。

[3] 邝富灼：《六十年之回顾》，载《良友》，1930年第47期。

[4] 刘佳佳：《民国时期我国自编初中英语教科书研究》，沈阳：辽宁师范大学

硕士学位论文，2010年。

  [5] 张英：《启迪民智的钥匙》，上海：中国福利会出版社2004年版。

  [6] 商务印书馆主编：《商务印书馆九十五年》，北京：商务印书馆1992年版。

  [7] 茅盾：《我走过的道路》，北京：人民文学出版社1981年版。

英美大报视野中的早期商务印书馆

最近笔者为研究西方报纸视野中的商务印书馆，在英美大报上发现了一批关于早期商务印书馆的报道，应该属于国内首次发现。其中最具代表性的有两篇，一篇是英国《泰晤士报》（*Times*）1911 年发表的《一股中国的教育势力——商务印书馆的故事》（*A Chinese Educational Force—Story of the Commercial Press*），另一篇是美国《纽约时报》（*New York Times*）1930 年发表的《为动荡的中国提供书籍而不是子弹》（*Books for Troubled China in Place of Bullets*）。辛亥革命的成功和中华民国的成立只是让商务印书馆暂时放慢了前进的脚步，但是 1932 年的"一·二八事变"却让它大伤元气。这两篇报道都记录了这两个大事件发生之前商务印书馆的发展盛况。

这两张大报都对当时的商务印书馆做出了极高的评价。《泰晤士报》在报道的开头就提到"在诸多有助于改变中国人观念的力量中，没有比商务印书馆更有分量的了"，并称"商务印书馆仅有 15 年的历史，能够成就这么大的事业，完全可以被当作是现代中国的奇迹之一"；而在《纽约时报》中，王云五最后提到："他领导的公司主要不是为了赚钱，而是要帮助中国大众，让教育更容易也更便宜一些，是为解决中国各方面的苦难提供基础性支持的一个机构。"《纽约时报》则称："作为中国同行业中的翘楚，商务印书馆仅仅成立了 35 年①之前，而今天却已经取得了如此辉煌的成就。"

《一股中国的教育势力——商务印书馆的故事》由《泰晤士报》驻上海记者所写，发表于 1911 年 12 月 1 日，这应该是西方主流报纸第一次全面报道商务印书馆。而早在 1908 年 2 月 6 日，该报就在一篇题为《中国教育与西方文学》(Chinese Education and Western Literature) 的报道中第一次提到了商务印书馆，说它是一家管理有效、发展迅速、分馆遍布全国的成功出版社。在商务印书馆创办将满 15 周年之际，它能引起《泰晤士报》的再次关注，证明其发展之迅速、方向之正确。

《为动荡的中国提供书籍而不是子弹》由《纽约时报》驻中国首席记者哈雷特·阿班 (Hallett Abend) 在美国采写。1930 年 4 月到 5 月，他刚好回美国休假，和王云五在美国访问的时间重合。《纽约时报》在两个月之内对商务印书馆进行了两次报道。第一次报道由阿班采访于 3 月 15 日的上海，发表于 4 月 13 日，题为《中国推崇书籍为文化之根本》(China Hails Books as Culture Basis)，着重提到了《万有文库》的出版发行情况。《为动荡的中国提供书籍而不是子弹》则是对王云五本人的采访稿，采访日期是王云五离开美国去英国之前，发表于当年的 6 月 1 日。在《岫庐八十自述》中，王云五提到："我在离美赴欧以前，曾受纽约时报记者 Abend 之访问，畅谈商务印书馆情形，及我主编之万有文库二千册事。该记者认为如此大规模之图书，在世界上得未曾有，竟以巨幅之叙述，为我宣传，并将该报寄我驻英使馆转交我。"此 "Abend" 即 "哈雷特·阿班"。不过王云五没提到报道的具体日期，至今也没有报纸的原件以及复印件或者学者的有关论述来证明这一点。而笔者根据 "Abend" 这个线索在《纽约时报》数据库检索到了这篇文

---

① 该文提到是 35 周年，实际上只有 33 年零 3 个月。应该是取的约数。——笔者注

章,佐证王云五此言不虚。在商务印书馆创办将满 35 周年之际,它能引起《纽约时报》的两次关注,证明它又发展到了一个新的高峰。单从商务印书馆雇用的员工而言,1930 年是 1911 年的五六倍之多。

这两篇新闻都着重报道了商务印书馆以教育立社的成功策略。不过前者侧重的还是教科书对中国人的启蒙作用,而后者则在此基础之上,论及《万有文库》这部煌煌巨制对中国大众教育的深层次影响。

商务印书馆在中国出版史上占据极其重要的位置,早期外媒报道有助于我们对其历史,乃至中国出版界、文化界历史有更深入的、多角度的了解。但这方面的研究目前还不多,希望此文能抛砖引玉,为进一步的探讨研究提供线索。作为史料,本文特附录两篇报道的译文:

一股中国的教育势力——商务印书馆的故事

(《泰晤士报》,1911 年 12 月 1 日)

根据我们观察的结果,在诸多有助于改变中国人观念的力量中,没有比商务印书馆更有分量(确实更令人关注)的了。当今的中国有一种现象令人欷歔,这就是,如果各自为政做生意,没有哪个国家的商人像中国商人那样奉公守法了(尽管近年来有一些例外的,但还不足以颠覆这个优良传统),不过一旦合股做生意,中国人往往合作不好,这些合股公司很少有赚钱的,还常常面临欺诈的指控。本记者不是商务印书馆的股东。但是纯粹从运营方面来看,根据商务印书馆的年营业额来判断,其每年所出出版物的数量巨大,品种繁多,分馆、支馆林立,遍布中国,是对这种指控的有力反驳。更进一步来看,商务印书馆仅有 15 年的历史,能够成就这么大的事业,完全可以被当作是现代中国的奇迹之一。

创业维艰

商务印书馆成立于光绪二十三年（1897 年）的正月，馆址位于上海江西路一条小巷中的一幢三室的房子里，创业伊始，困难重重，只有两台印刷机，条件非常简陋。大家应该知道，当时西方的教育观念（实际上就是西方的常识）在中国还未充分普及开来。现代化学校寥寥无几，这些学校需要的出版物都是由教会出版机构专门提供的。到了 1898 年年中，该公司就能搬进北京路上一幢十二室的房子里，位于这条更繁华的大街上有利于自身的业务发展。1902 年，这幢房子不幸被大火烧毁了，但是新的印刷厂已经在北福建路竣工，它还在河南路这条非常繁华的大道上开设了门市部。1903 年，它在蓬莱路设立了编译所。

经营多元

业务上的持续增长亟待集中式的管理。1905 年，商务印书馆在北河南路附近大规模建造房子，以便迁入全部的经营部门，临街还设有门市部。总馆和货栈占地 29 亩，合计将近 5 英亩。这些建筑全是欧洲风格，用煤气和电力照明，有电话和轻轨连接。除了给学校正常供应教科书以外，它还承担了高质量的装订、制版、照相凹版、平板印刷、彩色打印、三色印刷、锌蚀刻版等方面的业务。模印和制图也成为其重要的印刷业务分支。因为业务需要，商务印书馆雇佣了大约一千名员工，包括一位美国技师和几位日本技师，还汇集了当时中国一些最优秀的学者。此外，它还开办了一所专门为公司分支机构培养练习生的商业补习学校。

在 1905 年底，商务印书馆根据《钦定大清商律》申请注册为股份有限公司，成为中国最早的此类机构之一。1905 年初，其营业执照由商部正式颁发。它的注册资本为鹰洋 100 万元（10 万英镑），先集资半数。之后因为新的业务扩张需要新的资本，所以集资额达到了80万元。商务印书馆管理层由七名董事组成。董事会主席是在中国教育界享有盛名的张元济先生，他是北京学部副大臣及随后成立的中国教育会会长。此外还有两名查账员、一名总经理和一名经理，当然还有一名监督印刷、出版、编译等主要部门的监理。该公司去年处理的交易额高达近200万元，或者在19万至20万英镑之间。该公司捷报频传，不仅获得松江府物产会的金牌，还因为在去年南京举办的南洋劝业会上多方面的卓越表现获得奏奖一等金牌，这远远超过了此前获得的那些奖牌。商务印书馆现有20个分馆，分别设在奉天（即沈阳）、北京、天津、太原、西安、汉口（这是该公司的首个分馆）、广州、长沙、开封、成都、重庆、济南、杭州、南昌、梧州、潮州（靠近汕头）、常德（在湖南）、芜湖、黑龙江、福州。实际上，所有省份都覆盖了。除了主要的分馆，它还有超过千家的代销处，一直延伸到了南洋地区。

教育为本

很难查明商务印书馆的出版物在乡村中渗透到什么程度。在所有对中国之觉醒和工作中民主意识的评估当中，有必要在城市和乡村之间划出明显的界限，整个国家受西方思想影响的人口比例，与城市以外的数百万甚至数亿人口比起来，在目前以及未来的若干年中，都微不足道。但从长远来看，这些人口才是整个中国要面临的真正问题。

关于系列教科书，商务印书馆自然而然地按照外国出版社的标准来要求自己。除了自己的出版物外，它还是美国三家知名出版社中的两家和五家英国出版社在中国的代理商。它的系列教科书包括分级设置的语法书、习语书、修辞书、作文和会话书、尺牍写作和英语文学经典。其中包括丰富的注解和阐释，练习则展示了句法重点和词汇表。同样的教学体系也体现在法语、德语和日语出版物中。除此之外，还有大量关于中文、伦理、历史、地理、数学、科学、绘画、音乐、体育文化的出版物，也包括少数的商业实践类出版物，可是项目不多。鉴于人们普遍抱怨学习西方导致了对作为母语的汉语的严重忽视，现代学生往往略懂一切，却无一精通，这个系列出版物特别有价值。

这些出版物的定价是非常合适的，从一册2便士到4便士不等。这种内含八册或者十册的套书可能会卖到半克郎①。如此便宜的装订及纸张当然是一个缺陷，然而考虑到中国传统上对书籍的尊重，这一点就不值一提了。再者即便价格不高，但是其印刷和包装之好却超乎人们想象。

总之，商务印书馆的发展表明其对细节的关注和在业务经营上的广泛进取，这使其从卑微起步却能发展迅速，并在将来取得更长足的进步。必须注意的是，其经营不能够逾越公平交易的界限。今年美国法院对英国金恩出版社纽约分社向商务印书馆提出的反对侵犯版权的控告进行听证，北京现在开始讨论这件事情。必须承认，这件事的前景对商务印书馆来说很可能不会令人满意。但是这类问题并不会损害商务印书馆的整体实力，也并没有损害商务印书馆作为一股教育势力所取得的卓越成就。

为动荡的中国提供书籍而不是子弹
——王云五讲述其通过出版进行大众教育的壮举

(《纽约时报》，1930年6月1日)

许多中国军阀用数以千万的不义之财冒险下注，目的是为了扩

---

① 即30便士。按1971年以前的英国币制，1克郎是60便士，1英镑是2克郎。——笔者注

张或者维持一己私利。但是有这样一位才华卓越的中国公民，却用个人财产下了50万元的赌注，要为同胞的教育事业发展做出贡献。这位胆大的人就是王云五先生，现任上海商务印书馆的总经理。最近，他从纽约坐船去了英国，此前曾花费七周时间在美国调查研究美国大公司的效率制度和福利活动。

王云五先生这次用个人财产冒险出版《万有文库》，被证明是一次成功的"下注"，但是这不会为他的腰包增加一个铜子。《万有文库》预计收录书目多达2000册①，不仅包括最好的中国经典、历史著作，还包括被译成现代汉语的外国文学、历史、哲学、诗歌和科学著作的精华。

众多学者助阵

在王云五成为商务印书馆的总经理之前几年，他是商务印书馆的编译所所长。所里聘请了一群杰出的中国学者，规模达300人之多，主要从事教科书的翻译、编辑、写作等工作。在这些年里，王云五在中国著名的思想家胡适先生的帮助下，一直致力于《万有文库》的前期资料准备工作。王云五和胡适希望以很低的成本来出版这套丛书，让中国的那些贫穷小镇也有能力购买。但是当最终决定要出版这套丛书时，商务印书馆的一些元老们表示反对，他们害怕这次冒险会让公司损失惨重。

接着，王云五就付诸行动。他从美国订了50万元的白纸，足够印刷预计5000套的《万有文库》。因为商务印书馆不愿为此出资担保，王云五就用他的个人财产做担保。《万有文库》去年发售，一套2000册，售价350元②。就在王云五从纽约上船之前，他收到

---

① 据王云五的自述，《万有文库》第一集于1929年问世，收录图书1010种，装订为2000册。——译者注

② 据王云五自述，预约价360元。——笔者注

了一封来自上海的电报，内容是说《万有文库》第一版的大部分已经售出，而且有 4300 套付的是全款。

王云五先生拒绝回答有关中国政治或中国内战的问题，他宣称："中国人民的唯一希望在于教育的普及，以及交通线路的迅速延伸。没有了教育、公路和铁路，国家的统一就成了一个难题。"在 3 月 14 日坐船来美国①之前，王云五从未离开过中国。他觉得旧金山很迷人，他用"巨大"来形容芝加哥，用"难以形容"来描述纽约。但他对在美国的生活感到十分开心，对他所到地方受到的热情接待非常满意，还希望自己能在 1933 年来参观芝加哥世界博览会。

在美国期间，王云五亲自考察了四十多家工厂和出版机构，并和超过三十人的效率专家、经理、工会领袖和企业福利部门负责人会面交流。他为这些活动做了 25 万余字的笔记，记述了他对美国的印象。在美国他还抽空面试了许多中国年轻人，都是美国大学的毕业生，并鼓励他们当中的六人回到上海。王云五 9 月回国后，会在上海创建一个精心策划的综合性研究所，他邀请这六人成为其中的骨干。在欧洲的时候，王云五期望至少可以鼓励另外四位从英国大学或德国大学毕业的中国学生加入到这项工作中。

王云五在 43 岁的时候，手下就有 6000 多名员工②。作为中国同行业中的翘楚，商务印书馆仅仅成立于 35 年之前，而今天却已经取得了如此辉煌的成就。它的股本仅有 500 万元，但是它用利润购置的很多不动产，其价值是这个数字的许多倍。单就印刷厂而

---

① 王云五在《岫庐八十自述》提到"民国十九年三月七日我从上海乘比亚士总统号放洋，前往日、美、英、法、德、比等国考察管理"，3 月 20 日到日本神户，4 月 3 日到达美国旧金山。因此两个出发日期对不上。——笔者注
② 《中国推崇书籍为文化之根本》一文提到当时商务印书馆有 5000 多名员工。——笔者注

言，在上海就占地 20 英亩之多，并设有许多分厂；它在北京和香港设立了印刷分厂，在中国的其他 30 个城市设立了分馆，在中国及国外有 1000 多家代销处。

在过去 35 年里，商务印书馆出版了超过 3 万种书，另外还有 300 种书即将问世。此外，商务印书馆还出版多份杂志，并在中国学校中发行了超过三分之二总量的教科书。

据说商务印书馆向其员工支付了中国最高的工资，他们全都享受公司为之购买的集体人寿保险的保障。公司每年都会发放奖金；慷慨的退休金制度让退休员工或者因工伤去世的员工家属获益；公司为员工开设的储蓄账户会支付利息；工人们的孩子可以免费上学；它提供一个在外国学习过的医生管理的药房，还有为女性员工的孩子准备的育儿室。公司还为准妈妈们准备了一份孕妇补贴。

函授学校

商务印书馆在出版工作以外，还开设了一所函授学校，32000 多个中国人从此毕业。它还在上海开办了东方图书馆，面向公众免费开放，尽管其建立的初衷是为了服务于公司的编辑。它收藏了超过 20 万册中文书籍，以及大概 10 万册外语原版书籍，此外订阅了全球 700 种报纸和期刊，还收藏和保存了中国的古籍善本。

王云五作为这家大出版社的总经理，出生于广东省距离广州城不远的地方，是中国南方人。虽然在中国被称为"活着的百科全书"，但他几乎没有接受过学校的系统教育。今天，他除了是一位著名的中国学者之外，还通过自学的方式掌握了几门外语——他可以说、读、写英语、德语、法语、日语和一点儿拉丁语。

在过去的几年里，王云五除了从事许多活动外，还抽时间研究和完善了一个简化的汉字检索系统——"四角号码检字法"。同老方法相比，这个新系统简单实用，仅在过去的两年中已经有超过百万的国内外使用者。

在1911年辛亥革命发生时,王云五是位于上海附近的吴淞中国公学里的一名教授。1912年中华民国临时政府成立,清王朝终结,他受聘于教育部,并担任当时的临时大总统孙中山博士的秘书。后来他在教育部担任高等教育司司长(据王云五的自述,他曾担任教育部专门教育司第一科科长,后兼主任秘书,再升专门教育司司长。——笔者注),一度还代理教育部次长。他为这些国家权力部门服务时,仍然在中国大学任教,同时还是北京《民主日报》的编辑。

王云五认为他领导的公司主要不是为了赚钱,而是要帮助中国大众,让教育更容易也更便宜一些,是为解决中国各方面的苦难提供基础性支持的一个机构。通过从外国人的方法中学习,他的公司能够更高效地推进这一事业,这也正是王云五现在周游世界的原因所在。

(刊于2017年8月16日《中华读书报》,合作作者:杨雪)

"世界文学名著"丛书的主编是谁？

前几年，笔者因写博士论文《简·奥斯汀小说在中国的出版与传播》，在孔网购得一册《傲慢与偏见》（下册），属于商务印书馆出版的"世界文学名著"丛书。版权页上标明是"中华民国二十四年六月初版 中华民国三十六年七月四版"。该书品相并不十分好，而且只是本下册，但也是敝帚自珍。不过，至今已经收集到三套半上下册的《傲慢与偏见》。

在此之后，因机缘巧合，陆续购得不少"世界文学名著"版本。特别是2019年11月，孔夫子网在潘家园旧货市场举办旧书市，一次购得30多册。因此，忽起收集全套丛书之念，一发不可收拾。回想起来这半年多的购书过程，堪比女人买衣服、化妆品之疯狂程度。对之前发力收集近百本的"外国文学名著丛书"（人民文学出版社和上海译文出版社出版）也失去了兴趣。相比而言，"世界文学名著"丛书的知名度不高，更有收藏的价值，而且相对便宜一些。

根据商务印书馆自编的《商务印书馆图书目录（1997—1949）》（商务印书馆1981年版）的记录，这套书有154种，因此成了学术界公认的权威数据。但根据《中国近代现代丛书目录》（上海图书馆编，1979年9月上海图书馆印行）的记录，这套书有158种，多了4种：

《旧与新》《丝蒂娜》《茅舍》《黑暗之势力》。而笔者在搜索孔网时,又另外找到 4 种:《如此社会》《屠槌》《沉船》《我的童年》。其中《屠槌》是王了一翻译的《酒窟》的又一个版本。总计 162 种,笔者已有 144 种,还缺 18 种未得。当然,以后也许会发现不止 162 种,也未可知。

商务印书馆在 1928 年 7 月 22 日的《申报》第 5 版为最早纳入这套丛书出版的《约瑟安特路传》(1928 年 4 月)、《杜巴利伯爵夫人外传》(1928 年 5 月)做了广告,冠之以"世界文学名著",而之前的《申报》上从未出现这个词,当属商务印书馆之首创了。到 1950 年 2 月,也就是中华人民共和国成立之后不久,《死亡的意义》(1940 年 3 月初版)还被冠以此丛书名义再版。因此,这套丛书持续出版了近 22 年之久,跨了四个十年。

从大型外国文学名著丛书出版的角度看,"世界文学名著"丛书介乎清末民初的"说部丛书"和解放后的"外国文学名著丛书"之间,代表了二十世纪三四十年代的世界文学翻译出版的最高成就。

吴相在《从印刷作坊到出版重镇》(广西教育出版社 1999 年版)认为商务印书馆引进西方学术文化的工作达到成熟时期的标志是 1928 年的《世界文学名著丛书》和 1929 年的《汉译世界名著丛书》。对于后者,他认为:

《世界文学名著丛书》的选题,也已远远超出了林纾时代的水平。它取材广,涉及世界主要国家的文学作品,是有目的、有系统地全面译介东西方文学,文学的趣味和审美水准都大大超过既往。……各国、古今文豪汇聚,文学体裁从评论、小说到诗歌、戏剧,兼有各种形式,所选名家作品也多为代表作。有些伟大作品尽管篇幅长、翻译难度大,也都有了中译本。

不过，其篇幅仅占一页，而对《汉译世界名著丛书》的介绍占了整整五页。

李今在《二十世纪中国翻译文学史．三四十年代·俄苏卷》（百花文艺出版社 2009 年版）中提到，在二十世纪二十年代中期，"图书市场对文学名著的需求，掀起了以'名著'为名，'赶造'各种丛书的热潮"，而"世界文学名著"丛书是"三四十年代最大的一套文学名著译丛"。在它的带动之下，各个出版社和文学团体都积极参与进来，成为二十世纪三十年代出版市场的一大买点。但由于前期策划不足，或者后天客观环境所限，随之而来的问题是"不免泥沙俱下，最普遍的是虎头蛇尾，不少在'世界名著译丛'的名目下只有一二种"。

比如商务印书馆 1930—1939 年还推出了"文学研究会世界文学名著"丛书，只出版了 14 种左右。中华书局 1934—1945 年陆续出版的"世界文学全集"只出了 20 种左右。郑振铎主编、生活书店出版的综合性丛书《世界文库》，特别强调系统性和"第一流"的世界文学名著，计划出版 200 种左右，结果只出了单行本 14 种。湖风书局的"世界文学名著译丛"只出了 12 种，正风出版社的"世界文学杰作丛书"只有 12 种，晨光出版公司的"晨光世界文学丛书"为 22 种。

因此在民国时期，开世界文学名著出版之先，成世界文学名著出版之大的还是商务印书馆的"世界文学名著"丛书。我们也可以说，这和商务印书馆强大的出版能力有关，表现出作为综合性出版社的"文学性的一面"。

人们一提《万有文库》，言必称王云五，其封面和版权页上也标明是"王云五主编"。"世界文学名著"丛书并无主编之名，它是谁如何策划，如何收稿，如何编辑出版，如何出版发行的，则存在诸多疑团。笔者翻阅了不少相关著作，仍不得而知。按说这套书的出版规模如此之大，持续时间如此之长，应该有那么一位主编存在，他有世界眼光，懂世界文学，能团结译者队伍，能调动出版资源。似乎这位主编应该是郑振铎，但从他另起炉灶，先后策划"文学研究会世界文学名著"和"世界文库"两套丛书看，他又不可能是这套丛书的主编。

那么王云五呢？这套书和他大力投入的《万有文库》丛书的书目特别是文学类书目，有多达35本左右的重复。但王云五先生在对1928年前后的回忆中从未提起过这套书，似乎不是这套书的发起者。

王力先生以"王了一"之名，为这套丛书贡献了14种法国文学作品。季羡林在《清华园日记》中提到有一次吴宓先生请吃西餐，"同席的有王力先生。他谈到他留法的经过。没有公费，没有私费，只凭个人替商务译书挣钱，在外国费用又是那样大。这种精神真〈令我〉佩服。"(1933年11月24日日记)，应该说商务印书馆是他获得法国文学博士学位的最大赞助人了，也许从他的回忆录或者译作的前言后记中可以找到约稿编辑或者主编的蛛丝马迹。

《商务印书馆九十年》（商务印书馆1987年出版）一书中收入王力先生的《我和商务印书馆》一文，可以呼应季羡林的日记记载。其中提到他留学期间经济困难，想译些书维持生活，经李石岑介绍给商务译书。他回忆说：

> 我共译了二十多部剧本，后来又译左拉的小说《小酒店》《娜娜》。每次译稿寄出以后，都是很快就收到了稿费，这使我又高兴有纳闷。后来，和李石岑一起被解聘的教授之一周予同先生写信告诉我，说我的译稿都是叶圣陶先生审阅的，还说对我的译文有十六字的评语："信达二字，钧不敢言，雅之一字，实无遗憾。"这时我才明白为什么我的稿子中被采用，并且稿费总能及时寄到。我在法国能够完成学业，要感谢上面提到的这三位教授。特别是叶圣陶先生。

《商务印书馆九十年》中也收了叶圣陶先生的文章《我和商务印书馆》。据他的说法，他在商务的编辑生涯从 1922 年春天开始，到 1930 年底结束，总计 8 年有余。可是文中并未一字提到"世界文学名著丛书"和王力先生。因此，叶圣陶先生也并不是这套书的策划者或者主编，但肯定是参与过其中的编辑业务。

出版种数如此之多、出版时间如此之长的一套丛书，竟然没有冠名的主编和策划者，未能发现什么前期策划书，而在《商务印书馆九十年》《商务印书馆九十五年》《商务印书馆一百年》《商务印书馆一百一十年》《商务印书馆一百二十年》等书中也没什么有关记载，这成为笔者心头一个很大的疑问。这种认识和疑问，应该是笔者目力不及、眼界不广所致，希望研究近代文学史和出版史的专家有教于我，更希望有朝一日笔者或者其他同行能解开这个疑团。

（刊于 2020 年 9 月 20 日"出版六家"公众号）

"为苦难的中国,提供书本,而非子弹"一语何来

"为苦难的中国,提供书本,而非子弹"是人们对于王云五及其领导下的商务印书馆的赞誉,但这句话的来历,包括笔者在内的大多数人不甚了了。现结合自身近期的求知经历,就它的来龙去脉做一番小小的梳理,以此纪念王云五先生诞辰130周年。

笔者曾在2017年商务印书馆创建120周年之际,在《中华读书报》(2017年8月16日)刊登了《英美大报视野中的早期商务印书馆》一文(与笔者的研究生杨霄合作),其中一篇译文是来自《纽约时报》1930年6月1日的报道,是新任商务印书馆总经理的王云五在逗留美国期间,《纽约时报》驻中国首席记者哈雷特·阿班(Hallett Abend)对他的采访。

阿班的这次采访对于王云五本人和商务印书馆来说是至关重要的,它在国际上高度地肯定了早期商务印书馆和王云五主持的《万有文库》的重大文化贡献,王云五先生对此也是极为满意和看重。

这篇报道的英文标题是"Books for Troubled China in Place of Bullets",笔者当时译为"为动荡的中国提供书籍而不是子弹"。《中华读书报》的文章刚发表不久,笔者就见到了"做书"公众号之前已经发表的

一篇文章《感谢你救过商务印书馆，送给苦难中国的是书籍而非子弹》（2017年7月26日）。由此，笔者感觉"为苦难中国提供书籍而非子弹"似乎是一个前人已经传播过的规定句式了，而自己对此一无所知。再搜索中国知网，发现笔者的同门刘火雄早在《档案天地》2014年第3期发表了一篇题为"为苦难的中国提供书本而非子弹"的文章。其中有如下一段话：

> 王云五主持出版《万有文库》这一壮举，被美国《纽约时报》称赞"为苦难的中国提供书本而非子弹"。

只是提到《纽约时报》有这么一句话，其他内容无从得知，莫非来自于王云五的自述？笔者即翻阅了手头的《岫庐自述》（上海人民出版社2007年版），原为台湾商务印书馆1967年7月初版，这是王云五先生的哲嗣王学哲先生编的"节录本"，其中专门记录了这次采访的大概内容：

> 我在离美赴欧以前，曾受《纽约时报》记者 Abend 之访问，畅谈商务印书馆情形，及我主编之《万有文库》二千册事。该记者认为如此大规模之图书，在世界上得未曾有，竟以巨幅之叙述，为我宣传，并将该报寄我驻英使馆转交我。

王云五的"世界上得未曾有之巨著"略有夸张之嫌。从报道原文来看，阿班只是认为是"巨著"（a great work），但未提到"世界上"。而从王云五的叙述"将该报寄我驻英使馆转交我"来看，他的手中是藏有这张报纸的。

俞晓群先生在为《岫庐自述》（节录本）作的序言中提到了这样一段话：

上世纪 30 年代，王云五先生以商务印书馆的身份考察美国出版业，《纽约时报》以半版的篇幅介绍，文章的标题是"为苦难的中国，提供书本，而非子弹"。

而这一段话也出现在上海人民版《岫庐自述》的封底，作宣传语之用。笔者又接着翻阅王建辉先生的《文化的商务：王云五专题研究》（商务印书馆 2000 年版），书中的第 111—112 页提到，王云五"称他在后来出国考察时，有《纽约时报》记者说这是当时世界上未曾有之大规模图书。"在其页下注中提到了 1930 年 6 月《纽约时报》发表的《为苦难的中国，提供书本，而非炮弹》，与俞晓群先生提到的说法只是"子弹"和"炮弹"之分，估计后者是笔误。他还提到其来源是台版《岫庐自述》的第 144 页。

笔者心有不甘，于 2017 年 9 月 11 日有幸在孔夫子旧书网上购得一册台版《岫庐自述》（1967 年 8 月三版）。翻阅发现，该页除了上述"节录本"提到的那段话外，还有纽约时报相关报道的部分"剪影"。不过这句话的来历仍是个谜，但因线索不明，笔者的探究只能告一段落了。

前不久，笔者收到人民出版社编审贺畅老师的赠书，内有一册是俞晓群先生著的《中国出版家·王云五》。笔者为之欣喜的是，其中第 63 页提到这篇题为"为苦难的中国，提供书本，而非子弹"的文章，并认为"此文非常有名，而且非常重要，它从一个侧面，反映了王云五在步入出版界之初的雄心壮志。"充分肯定了这篇报道的价值。俞晓群先生还提到了一条重要线索，就是王云五先生的弟子兼副手徐有守先生的《道南从师记》摘译了这篇报道。将全文的内容与英文原文及笔者的译文比对，确实不是全译，有删节，其译文自然比笔者所译要高明得多。这应该是该报道最早的译文了。

今年6月，以此为线索，笔者又有幸在孔夫子旧书网上购得了《道南从师记》，终于为笔者心中的谜团找到了谜底。该书正文前的插页中有一页为1966年9月刊行的《出版月刊》第16期的封面，说明文字为：

出版月刊第十六期封面，全版英文字为当年纽约时报介绍云五先生原文之一部份，圆圈内为云五先生当年玉照。

其第四章名为"纽约时报详介云五先生"，主要是谈《出版月刊》第16期的内容。徐有守先生首先提到"于该期月刊内，附以笔者之封面说明文一篇。该文标题为'本期封面说明'，副题为：'王云五先生三十六年前访美的高潮'。"

徐先生还说：

笔者认为，纽约时报的介绍文不仅是世人对云五先生众多介绍文字之一种，同时也是我国出版事业历史中珍贵资料之一，所以必需收集于本书之内。

以下附录了这篇封面说明文之全文。而在"摘译"之前，又有一段介绍：

本期封面是一九三○年六月一日，美国最具权威性的报纸——纽约时报以半版的地位，为当时正在访美的本馆董事长王云五先生所刊出的图文。这在当时是一件令人注目的大新闻。

王云五先生当时以商务印书馆总经理的身份周游世界，考察欧美各国的出版事务，当他抵达美国的时候，立刻成为重要的新闻人物。以致像执新闻界牛耳的纽约时报也不惜以巨大的篇幅加以报道。这一份为帝王、总统、政治家必看的报纸乃由该社著名的记者艾朋（H. Abend）执笔撰为专文，题名："为苦难的中国，提供书本，而非子弹"。他以一种非常恭敬与赞扬的口吻，描写云五先生的抱负与业绩。这不只是云五先生个人的光荣，也不只是商务印书馆的光荣，而是中国人的光荣。

"艾朋"现在译为"阿班"。能在像《纽约时报》这样的美国权威大报上刊登这样一篇报道，确实是王云五和商务印书馆的无上光荣。不过，常住上海的阿班在此之前的3月15日已经采访过商务印书馆，发表在1930年4月13日的《纽约时报》上，题为《中国推崇书籍为文化之根本》（China Hails Books as Culture Basis），重点提到了商务印书馆及其《万有文库》，但是没有提到王云五先生，应该不是对他的当面采访，他1930年3月7日出国，此时已经在赴美考察的路上了。

至于以上引文中提到的"半版的篇幅""半版的地位""巨大的篇幅"之语，则略有不确。据笔者对《纽约时报》数据库的查阅，这篇报道是在E叠的第四版。E4版总计有两篇报道，它是在本页的下方，据笔者的计算也就三分之一的篇幅，但也是很可观的了。

总之，经约10个月的"追踪调查"，笔者证明"为苦难的中国，提供书本，而非子弹"这句话的出处来自台湾商务印书馆的徐有守先生，将这句话最早引介到大陆来的是王建辉先生，而将之传播开来的则是俞晓群先生了。

依笔者之拙见，这句赞语不仅是送给当时的王云五先生和商务印书馆的，而且可以成为向广大读者提供好书的当今出版人的座右铭。以此文纪念王云五先生逝世四十周年。

（刊于2019年《出版史料》）

中英出版界的一次"亲密接触"

据笔者所知，我国与英国出版界在20世纪上半叶的接触总共有三次。第一次是1910年，商务印书馆编译所所长张元济作环球之游，考察欧美各国的教育和出版。在英国，他拜访了英国著名的教育出版社朗文、钱伯斯、纳尔逊等出版社，意图做其在中国的图书代理业务。1930年，新任商务总经理的王云五作环球之游，拜访了同为世界三大出版社之一的麦克米伦出版社董事长哈罗德·麦克米伦、英国艾伦-昂温出版社董事长斯坦利·昂温等，并与前者合作在中国出版麦克米伦图书的中国版。1943年11月至1944年3月，王云五以国民参政员资格，作为中国访英团的五人成员之一在英国逗留约八星期时间。在访英期间，作为商务印书馆的总经理，王云五在履行国家公务之外也兼顾单位公务，实地拜访和参观了诸多出版社、书店和图书馆，还有报社、广播台等。与前两次相比，此次访问已经不再是个别的出版社或者出版人走访，而是上升到了中英两国出版界官方交流的层面。笔者根据其所著的《访英日记》等史料，对王云五与英国出版界的交往做一个简单的勾勒。

1943年11月18日，中国访英团一行五人由国民政府国民参政会主席团主席王世杰带队，乘飞机从陪都重庆出发，12月3日到达英国首都伦敦，1944年1月28日启程回国，在英国本土逗留不足两个月。在繁忙的公务之余，王云五也与英国出版界频频接触，始终不忘自己作为中国出版人的身份。

1943 年 12 月 24 日到 12 月 27 日，王云五与胡政之、温源宁三人前往访问剑桥大学。12 月 24 日下午五点钟，王云五参观了剑桥大学出版社。因为整个出版社已经休假停工，只能由主事者单独导引，往各部门参观。据称，该出版社的主持机关是剑桥大学出版委员会，其委员由该大学校友推举，由各委员推选其中一人为主事者，主持日常行政，而重要出版方针和预算则由该委员会决定。

1944 年 1 月 1 日下午，王云五和中国政府驻英国代表叶公超一起去英国著名出版人维克多·戈兰茨（Victor Gollancz）的乡下居所共度周末。戈兰茨是英国左派出版人，于 1937 年 10 月首先出版了埃德加·斯诺所著的《西行漫记》（*Red Star Over China*）。他对我国一向颇有好感，时任英国中国运动委员会（China Campaign Committee）副主席，"七七事变"爆发后即极力主张援助中国。两人第一天谈到深夜才散，第二天还畅谈战后和平问题。1 月 7 日午间，王云五又赴戈兰茨组织的宴会，在座多系出版界中人，大家相互交换了意见。

由于此次中国访英团的规格较高，再加上王云五兼具国民参政员、商务总经理的双重身份，自然受到了英国出版界的热烈欢迎。1944 年 1 月 18 日下午，英国出版业公会（The Publishers Association，即英国出版商协会）特地为王云五举行盛大的欢迎会，出席的有现任会长、剑桥大学出版社社长金斯福德（Reginarld John Lethbridge Kingsford）、前任会长斯坦利·昂温（Stanley Unwin），以及该协会理事二十余人。斯坦利·昂温是艾伦-昂温出版社（Allen & Unwin）总经理，1926 年著有《出版概论》（*The Truth About Publishing*，也译为《出版实况》）一书，被誉为"出版圣经"，我国在 20 世纪 80 年代分别由书海出版社、中国书籍出版社出版了两个译本。

在此次欢迎会上，王云五首先以亲身经历讲述了我国战时出版业艰苦奋斗的情形，以及战时出版的趋势，然后和英方人员交流意见。作为《伯尔尼公约》的创始成员国，英方则希望中国在"二战"结束后加入该公约，参与国际版权同盟，并谋求中英之间签订双边版权保护协议。

王云五认为世界各国加入国际版权同盟，目的是相互保护对方包括翻译权在内的版权。在欧洲各国间，一种文字的书籍翻译成他国文字之后，免不了妨碍原文书籍的销路，因此有保护版权的必要。而中文和欧洲各国文字相差太远，不是欧洲各国之间的文字差异可比。在中国，一种外国文字的书籍翻译成中文出版后，不仅不会阻碍原文书籍的销路，而且有利于它们在中国的流通。中国人学习欧洲文字，尤其以英文为多，但是与中文相差甚远，因此学好的不多。如果有中文译本印行，则有助于中国人对原文书籍的了解。在可能时，中国人必然会因为译本的畅销而引起对原文书籍的关注，因而增加原本在中国的销路。中国极少数对原文书籍比较精通的人士，则会直接去读原本，而不读译本。因此，王云五的结论是，现在中国加入《伯尔尼公约》的时机尚未成熟。

而作为中国最大出版社商务印书馆的总经理，王云五反过来认为，如果英国人想将商务印书馆出版的中文书籍翻译成英文在英国出版，他不仅不会对此生气，而且会大加鼓励。王云五举例说：在他逗留伦敦期间，伦敦大学东方学院中文讲师西门华德（Simon Walter）曾来信要求将商务印书馆出版的《平民千字课》①翻译成英文，并附原文对照，超过了翻译许可的范围，但他仍然大力予以支持，并为之写序。

至于我国翻印欧洲书籍，引起欧洲各出版社不满的问题，王云五认

---

① 实为《市民千字课》。——笔者注

为究其原因，实际上是欧洲文字书籍在我国售卖价格过高，超出了一般读者的购买力的缘故。如果能在欧洲出版原文书籍的同时，再在中国出版一种廉价的中国版发售，就能轻易解决这个问题。目前，因为战事尚未结束，中外交通梗阻，欧洲原文书籍事实上无法运到我国销售，为供应中国人文化食粮起见，战时的翻印问题实在是无可奈何之举动。只有等到战事结束后，欧洲各出版社如能考虑到中国读者购买力低微的问题，对于在中国能大量发售的出版物专门印行中国版，廉价发售，则翻印问题就能解决了。

经过王云五的解释和陈述，英方人士大多表示谅解。有出版人建议如果中国加入《伯尔尼公约》，不妨附加一个条件，在若干年内不受翻译权之约束。

笔者认为，自从20世纪初以来，是否加入《伯尔尼公约》、保护其成员国公民的版权，这是一个长期积累的老问题，也是难以解决的一个问题。这个问题拖得越久，对中国出版业的国内发展越有利，但不利于未来我国出版业在海外的发展。实际上，从1908年中国被要求加入《伯尔尼公约》，到1992年中国加入该公约，走过了80多年的历程。单就民国时期的商务印书馆而言，翻译书籍占了其所出图书种数的三分之一，长期享受无偿翻译西方图书的"红利"。因此，当时的王云五代表的不仅是商务印书馆的利益，也代表了中国出版界的共同利益。

在这次高规格的见面会上，中英双方都标明了态度，亮出了底牌，是中英出版界之间一次良好的沟通机会。

值得一提的是，在这次欢迎会上，有位理事要求王云五介绍一两种关于我国现代社会状况的书籍，供其翻译成英文出版。

过了几天，按王云五的要求，英国出版业公会会长金斯福德还特地来信告知1938年到1943年的英国书业概况。王云五认为，英国人重视统计，实在是英国事业成功的主要因素之一。我国则缺乏任何统计，即便有，也是延迟多时，与英国无法比拟。

据统计，在战前的 1938 年，英国总计出版图书 16219 种，1939 年减为 14904 种，1940 年减为 11053 种，1941 年减为 7581 种，1942 年减为 7241 种，1943 年减为 6705 种。经过计算，1943 年的出书种数仅为 1938 年的 41.3%。其逐年减少的原因，实际上是英国纸张消费的限制。英国大宗的新闻纸战前均来自海外，战时力从节约，由政府限制按战前各出版社的消费量供给其 20%，因此出版种数不得不随之递减。英国出版业能维持到战前 41.3% 的生产水平，有赖于印数的紧缩和书籍排版行数的加密。

关于书籍排版行数的加密这一点，非常凑巧的是，王云五在不知英国同行的做法之前也是如此操作。"七七事变"之后，商务印书馆内迁。他当初实施了一种战时的节约版式，尽量减少空白位置，并增加行数字数，于是一面大小相同的书，以前只能排五百字的，现在可排一千字上下，增加了一倍的字数。战前出版的书籍，天头地脚的空白较多，战时重版各书未经重排的，则将天头地脚尽可能减缩，如此可减少纸张 20%。而就每本书的出版而言，尽量减少每次的印数，增加重版的次数，不增加多余的库存，这样可减用纸张三分之一。而此次与英国同行交流后，王云五发现双方的做法如出一辙。

但就出版种类而言，也有比战前出版增加的种类，由此可见英国人在战时读书兴趣之所在。与战前相比，增加的种类包括海军陆军类、航空类、农业畜牧与兽医类、银行与财政类等书籍。而与战前相比略有降低的种类是政治经济与当前问题类、地理与地图集类、社会学类等书籍。而与战前相比减幅最多的类别，包括人名录与指南类（仅为战前的 9%）、东方学类（仅为 12%）、教育用书类（仅为 23%），以及游记探险考古学类和小说类两类（均为 30%）。

不过，与我国相比，英国作为老牌的出版强国，其战时出书量仍然较大，我国与之无法相比。

1944年1月19日下午，英国著名的企鹅出版公司创始人艾伦·莱恩（Allen Lane）前来拜访王云五。他将当时企鹅出版的书籍各选一种赠送给王云五，后者则将不需要的几种书籍退还。企鹅出版的平装书系列注重廉价发售，虽然所收入的作品多为通俗书籍，但是也有一些是专门著作。艾伦·莱恩表示也愿意选择一些中国出版的名著，翻译成英文在英国出版。

另外值得一提的是，王云五还与一些英国学者见面，其中不乏商务印书馆所译书籍的作者。1943年12月11日，在我国驻英国大使顾维钧的安排下，王云五与英国名作家H. G. 韦尔斯（H. G. Wells）、科学家奥尔多斯·赫胥黎教授（Julian S. Huxley）、汉学家阿瑟·韦利（Arthur Waley）和作家普里斯特利（John B. Priesley）等餐叙，交换意见。

1927年，商务印书馆曾出版梁思成、向达等翻译的《世界史纲》(The Outline of History)，就是H. G. 韦尔斯的名著。他学识渊博，见识公允，与其他人相比，让王云五感觉闻名不如一见，更加敬佩。当时韦尔斯已是七十八岁高龄，他临别时盛情邀请王云五如有空，即到他家长谈，并说自己十分想写一本中国史著作，但是资料缺乏，如果王云五能够久留英国，则极其愿意与其合作。王云五虽然觉得其盛意可感，但恐时间不允许，也就没有与韦尔斯再见面。过了一两年，王云五即离开了商务印书馆，而韦尔斯也去世了，包括艾伦·莱恩和韦尔斯所提出的出版合作也就无从谈起。

从以上我们可以看出，与前两次相比，中英出版界的第三次接触规格更高、更具现实意义，毕竟王云五代表中国出版界，在英国出版界最高的行业组织英国出版商协会面前阐述了自己的观点。而且，他与斯坦利·昂温、金斯福德、艾伦·莱恩、维克多·戈兰茨这样的英国出版界重量级人物进行了接触,并与英国出版界就中英版权双边保护、出版合作等问题进行了坦诚的交流,探讨了中国图书"走出去"的可能。

(刊于《中华读书报》2020年8月5日,合作作者:柴晓慧)

《高凤池日记》的出版史料价值

在商务印书馆早期的创业元老中,就地位而言,总经理夏瑞芳之下即张元济、高凤池二人。张元济(1867—1959),1901年投资商务,次年加入商务,曾任编译所所长、经理、监理、董事长等职。高凤池(1863—1950),字翰卿,1897年投资创办商务,1905年加入商务,曾任发行所所长、经理、总经理、监理等职,两人地位基本相同。在总经理夏瑞芳1914年初被暗杀之后,张元济和高凤池均以董事身份,各自从编译所所长、经理的任上开始走上管理岗位,1926年、1927年两人分别以监理身份退休,共事十二年之久,其关系合作而不和谐,几致破裂。

高凤池出生于1863年(一说是1864年),1950年以87岁高龄去世;张元济晚四年出生,1959年去世时已92岁。与夏瑞芳、鲍咸恩、鲍咸昌、印有模等商务高层不同,两人均属于长寿之人。大略说来,对早期商务印书馆高层的研究,以张元济为最多,然后是王云五,接着是夏瑞芳,而鲍咸恩、鲍咸昌、印有模少有问津,高凤池则目前尚未发现单篇之论述。

单就张元济和高凤池而言,两人在商务的地位相当,并不意味着学术界对他俩的重视程度相等。与张元济身后特别是近四十年的被推崇不同，高凤池的身后相当地落寞，几不被人所知。张元济的有关研究汗牛充栋，而高凤池的有关研究则寥寥无几，即使有，也是作为张元济的衬托而出现，应该是后者史料极少之故。长期以来，与对张元济的肯定、推崇不同，老一辈出版人、出版学界对高凤池长期持否定态度，比如章锡琛认为高凤池"是个没有文化的工人出身，没有夏瑞芳的才干，自高自大，一贯以创业的老板自居，为职工所不满。"简直是一无是处，似乎为以后的有关评价定了基调，是不是学术界对高凤池的态度也存在有失公允之处呢？这种缺憾是不是因为史料缺乏所致呢？

笔者最近偶尔在1939—1941年的《明灯道声非常时期合刊》《明灯》等杂志上发现了高凤池1930到1935年之间的日记摘抄并进行整理，发现其文笔畅通、感悟深刻，并非章锡琛所谓的"没有文化"之人。其日记内容主要涉及上海的宗教生活、孤儿教育、慈善事业、药房经营等方面。虽然高凤池已于1927年从商务退休，但还是长期担任董事，因此日记中也有与出版有关的史料，其中有些内容不无重要。现就这些内容做简要的史实梳理和归类分析。

一、教会派和书生派

按陈叔通在《回忆商务印书馆》（1960年1月17日）一文中所言，"原来商务的主要人物大体上可分为教会派和非教会派两派。最初创办人全是同教会有关系的，夏瑞芳、鲍咸昌、高凤池等全是教会中人，张元济是非教会的。①"此处只说张元济是非教会派，而不是书生派。

1912年至1925年任职商务的章锡琛在《漫谈商务印书馆》（1964

---

① 商务印书馆主编：《商务印书馆九十年》，北京：商务印书馆1987年版，第137页。

年）一文中进一步指出：

> 当时馆内已有"教会派"和"书生派"的名称。教会派对公司往往公私不分……夏被刺后，教会派准备由二鲍的儿女亲家高凤池继任总经理。他是个没有文化的工人出身，没有夏瑞芳的才干，自高自大，一贯以创业的老板自居，为职工所不满。因此大多数董事主张请菊老继任，教会派却极力反对，董事会为了调和矛盾，决定在总经理之上设监理二人，由张菊生和高凤池担任，但不管实际事务，另聘大股东印有模为挂名总经理。次年11月，印在日本去世，由高凤池暂代。后来选任鲍咸昌为总经理，李拔可（宣龚，书生派）和王显华（教会派）为经理，形成对峙的局面。但教会派人能力薄弱，除印刷方面外，馆内外都对菊老特别信任，因而教会派势力逐渐衰弱。①

章锡琛则明确指出商务内部有教会派和书生派之分，而高凤池和张元济分别为两派推出的代表。他对教会派做出了"公私不分"的负面评价，以后的有关研究均从此说。

1926年，59岁的张元济主动退休；1927年，64岁的高凤池退休。特别是1929年11月总经理鲍咸昌去世之后，教会派逐渐凋零，其二代如夏瑞芳之子夏鹏、鲍咸恩之子鲍庆林不堪或者不就大任，王云五担任总经理意味着书生派终究占了上风。

二、高凤池日记之发表

高凤池日记的内容主要刊登于《明灯》杂志。《明灯》是上海广学

---

① 商务印书馆主编：《商务印书馆九十年》，北京：商务印书馆1987年版，第109页。

会发行的一份综合性杂志，创办于 1921 年 9 月，止于 1941 年 11 月（第 294 期）。它由谢颂羔、陈德明编辑，曾与《道声》杂志合刊为《明灯道声非常时期合刊》《明灯道声合刊》。高凤池的日记从《明灯道声非常时期合刊》1939 年 9 月（即《明灯》第 268 期）起连载，终于 1941 年 8 月（第 291 期），除了 1940 年 2 月（第 273 期）、1940 年 6 月（第 277 期）、1940 年 11 月（第 282 期）和 12 月（第 283 期）未刊登外，总计 24 期。另外，在《通问报》1942 年第 1778 期还刊登了一次。先后名为《高翰卿近九年日记选抄》《高翰卿近十二年日记选抄》，由此可知从 1930 年直到 1942 年，高凤池一直在写日记。

在《明灯道声非常时期合刊》1939 年 9 月首次刊登高凤池日记之时，他在正文之前撰有《自序》一篇：

> 一物之微，得失存亡，似有定数，虽历经厄劫，以为毁亡，乃荏苒辗转，每在无意中获得，往往有之，其余日记失而复得之谓欤！当去年"八一三"沪战发生，仓猝出走，凡家具、服饰、书籍、古玩，均不及携带，被窃一空，所值巨万，殊属可惜！其中尤使余懊伤不置者，为日记八册，积七年之久，无论寒、暑、病、健，未尝间断，人虽视若刍狗，我乃珍同拱璧。自美租界开放出入后，曾一再搜寻，杳无影迹，以为毁灭无疑；不意于三月之杪，发现于宅边污潴之中。余见之，欣喜欲狂，惟经半载之久，历遭雨雪风沙，践踏畜矢，因之破烂漫漶，臭恶剥落，狼藉不堪。其中第四、第八两册，且凝结、破烂，不能开揭，全册三之一已剥落无存。故日记八册，非重行誊写不可，惟手续烦重，颇需时日，年来精力颓衰，疏懒无恒，书写迟滞，未知有恒竣事乎？踌躇再三，略书重行誊写日记缘起如右，并附旧日记摄影两帧于后。民国廿七年四月廿五日识于上

海法租界迈尔西爱路客次。①

高凤池记日记从 1930 年初开始，到 1937 年 8 月已有日记八册。"八一三事变"爆发之后，他仓猝离家避难，损失巨大。等他回家之时，珍同拱璧的日记不见踪影，让他懊伤不已。不料三个月之后，日记被发现在宅边污泥之中，残破不堪。因此他请《明道》杂志记者帮忙整理发表。而这些发表的日记，经笔者整理的篇幅不到 7 万字，与已写日记相比，少了很多。高凤池曾在 1932 年 9 月 1 日记载：

  余自民国十九年元月重作日记，至今几及三载，约有十五万字，此三年之中，无论寒暑晴晦，未尝间断，然所记类皆时事及家庭琐事，刍狗糟粕，无意义，亦少寻味，拟自第四册起欲将先贤近哲之嘉言懿行，及个人平日之应世接物，加以磋磨，发抒而记录之，砥砺观察，用作晚年盖过进善之助云耳。②

如果不到 3 年即有 15 万字，按 1 年 6 万字，坚持 8 年则有近 48 万字，已发表篇幅仅 13% 左右，殊为可惜。据《高翰卿先生八十寿》(《新闻报》1943 年 6 月 20 日，艾园) 中的"六十万言记事殊。(数十年日记，寒暑无间)③" 诗句，当时他的日记已有 60 万字，不知此后还有没有日记，更不知此日记是否现在还有留存。

不像张元济，高凤池在商务任职时并未记有日记。与张元济日记重在馆事不同，高凤池日记则偏生活化，主要是"时事及家庭琐事"和

---

① 高凤池：《高翰卿近九年日记选抄》，载《明灯道声非常时期合刊》，1939 年 9 月，第 3—4 页。
② 高凤池：《高翰卿近九年日记选抄》，载《明灯》，1940 年第 274 期，第 12 页。
③ 艾园：《高翰卿先生八十寿》，载《新闻报》，1943 月 6 月 20 日，第 4 版。

"先贤近哲之嘉言懿行及个人平日之应世接物"。如果说张元济日记是"工作日记",工作中有生活,简要记录,不重文采,那么高凤池日记就是"生活日记",生活中有工作,铺陈文字,重在感悟。

日记署名是"凤池原作　君默抄录",抄录者"君默"不知为何人。以后抄录者则改为"记者",更不知为何人,也不知和"君默"是否是同一人。高凤池日记本是私密,不为发表而记。如果公开发表,涉及时人时事,难免有删改之处,或为稿主授意,或为记者操刀。高凤池日记发表的删节在所难免,但其史料价值的珍贵不言而喻,可以多方面的解读。

三、自述印刷、出版经历

高凤池 1927 年从商务印书馆退休,到 1933 年已经是七十高龄,因此他在日记中两次总结了以往的人生经历。

他在 1933 年 5 月 12 日的日记中写道:

> 即旧历四月十八日为余七十生辰,孤客在杭,悲喜交集,追思已往,镜花水月,无异黄粱一梦,七十年中劳苦忧伤,备尝辛酸,穷达利钝,历经沧桑。余家素贫,早年丧父,全赖我母纺织存活,十一岁入南门清心义塾半工半读,日后能知艰辛者,由幼年苦学所致也。二十一岁入美华书馆任校对事,余问世任事之第一朝也。四十二岁入商务印书馆,至六十而告老家居,三十以前因于经济,日坐愁城,时虞断炊,三十以后,渐见宽裕,有似云雾见天日之概。综余一生,得上帝之恩独厚,故顺境多而蹇运少,每遇大病灾祸,都能逢凶化吉,在此晚年,可以无忧无虑,足食足衣,身康力健,家庭雍穆者,诚异数也。余生于十九世纪,长于二十世纪,乃在科

学昌明繁华之上海,世事递变,月异而岁不同,可谓我生之幸,亦可谓我生之不幸,因科学愈昌明,人心愈险恶,物货愈文明,杀人利器亦愈演进。①

但在发表时,高凤池又在日记的最后加了一句"按余生日乃阴历五月十八,非四月十八日。"而到了阴历五月十八日,也就是阳历 6 月 10 日,他又再次总结了他的一生:

即旧历五月十八日为余七十生辰,夕阳衔山,如蚕作茧,不觉感慨系之,退思已往,无异镜花水月,一梦黄粱,七十年中,劳苦忧伤,备尝艰辛,悲欢通塞,历经沧桑,余家寒素,早年失怙,全赖我母纺织存活,十一岁入清心义塾,该校为美国教会所设,时当南北花旗黑奴争战之后,经济竭蹶,学生半工半读,日后余稍知艰辛者,全由髫龄苦学所造成,二十一岁,入美华书馆办事,该馆为我国印刷事业之先师,亦系造成印刷人才之渊薮,四十二岁入商务印书馆,至六十四岁而告老家居,当余服务两馆时,为该两馆极盛时代,一系印刷著名,一系出版冠众,三十年前,曾与同志创中国基督徒会,提倡我国教会自立,又设上海孤儿院,开慈善事业之风气,嗣因人事变迁,不能始终其事,甚以为憾,三十岁以前,困于经济,日处愁城,常以衣食为虑,三十以后,渐见宽裕,有拨云雾见天日之概,综余一生,得上帝恩赐独厚,故顺境多而塞运少,每逢大病灾患,皆能化凶成吉,在此晚年,可以温饱无虑,身康力健,家庭安祥者诚上主特恩也,余美慕宋朝范仲淹公之为人,方正廉直,乐善好施,因幼年贫苦,虽位高禄厚,终其身未尝丰衣美

---

① 高凤池:《高翰卿近九年日记选抄》,载《明灯》,1940 年第 276 期,第 7 页。

食，公内刚外和，待属下虽严厉而有恩意，交朋友以疏淡而久敬，文治武功，道德文章，论者为赵宋第一完人。《圣经》六十六卷，余最喜读《诗篇》，有诗词、祷告、颂扬、忏悔、谢恩各体，为大卫晚年所作，一生精神所集，词藻富丽，如左氏春秋，其缠绵处，犹儿童向慈母娓娓诉话，每当忧患愁闷时，独坐静室，将第百十九篇读之，心怡神旷，有"柳暗花明又一村"之概，余生于十九世纪，长于二十世纪，适在科学昌明极繁华之上海中区，世事递变，物质演进，月异而岁不同，当余童稚时，上海尚属海滨一村落，浦江两岸，芦苇满望，租界简陋，如今九江芜湖，不足百年，已成世界最大都会，变迁之骤，进步之速，为梦想所不及，余以生此时代为有幸，亦以生此时代为大不幸，盖科学愈昌盛，人心愈险恶，物质愈文明，道德愈堕落，当余书此日记时，正敌军飞机肆虐轰毁榆热，军缩会议，破坏于日内瓦，经济会议开始于伦敦，上海绑票暗杀案，迭起不穷，世界之乱，人心不良，莫此为甚，殊堪浩叹。①

可知在1939年9月《明灯道声非常时期合刊》刊登高凤池日记之前，其日记内容已有所披露。6月10日的日记与5月12日的内容颇多重合，显然是在后者的基础上增添而成。

与出版有关的内容，5月12日的日记是为"二十一岁入美华书馆任校对事，余问世任事之第一朝也。四十二岁入商务印书馆，至六十而告老家居"，较为简单。6月10日的日记为"二十一岁，入美华书馆办事，该馆为我国印刷事业之先师，亦系造成印刷人才之渊薮，四十二岁入商务印书馆，至六十四岁而告老家居，当余服务两馆时，为该两馆极盛时代"。对前者60岁的告老退休年龄，后者改为更为准确的64岁。他对

---

① 虎赞：《高翰卿先生访问记》，载《小五洲》，1937年第8期，第2页。

先后服务多年的美华书馆、商务印书馆的评价是"一系印刷著名,一系出版冠众",因此对自己四十多年的印刷出版从业经历颇为自豪。

四、对张元济的记载和评价

张元济和高凤池在商务印书馆的管理层面共事 12 年之久,共事而不和谐,其经历对双方而言都不甚愉快。张元济 1920 年辞去经理职务之后,在给好友梁启超的回信中提到自己辞职的理由:

> 缘与总经理高君翰卿宗旨不合,弟意在于进步,而高君则注重保守。即如用人,弟主张求新,而高君则偏于求旧。隐忍五年,今乃爆发。①

因此他和高凤池之争实际上是进步与保守之争,是用人新旧之争,事关全国乃至远东第一、世界第二的商务印书馆应往何处去的重大选择。毕竟在五四新文化运动的大背景下,商务印书馆已呈落后、保守之态势。

此次张元济以退为进,逼迫高凤池和自己同居监理之位,鲍咸昌担任虚职性的总经理兼印刷所所长,书生派的李拔可、教会派的王显华同为经理,又引进王云五担任编译所所长,为把商务带向光明的前景做了较好的制度安排,顺应了历史潮流。

以往论述中对高凤池的评价,都是从张元济、陈叔通、章锡琛或者他人之口说出。而高凤池对张元济的亲口评价、对自身出版生涯的叙述几无,略见于《本馆创业史》(参见《商务印书馆九十五年》),也就是

---

① 张元济:《张元济全集(第3卷)》,北京:商务印书馆2007年版,第221—222页。

说在以往对张高之争、书生派和教会派之争中，完全是一边倒的态势，没有来自高凤池一方的"呈堂证供"或者"自辩"。这次对高凤池日记的发现，应该是一个很好的开始。

在已发表的日记中，高凤池也有一些记录涉及他与张元济的往来，以及对张元济的评价。高凤池在1930年3月25日的日记中写道：

> 张菊生君来托介绍其远族孤孩至孤儿院读书，据言：该孩四岁，父亡母不能守，该嫡派只此一孩，故欲设法栽培之。按菊翁对宗族极为重视，闻其谱系、祠堂、祠产等事，因修辑整理，颇费心力。又承其面赠商务在印之《百衲本二十四史》样本一册。闻此出菊翁积年累月，向各方搜集善本，日夜校阅，标注武英殿版舛误之处甚多。频年以来，专事搜集海内孤本旧书，校刊影印，一方保存国粹，不使湮没，一方利用商务设备，发展其志愿。①

上述内容谈了两件事，一是张元济想介绍他年仅四岁的远族孤儿到高凤池创办的上海龙华孤儿院读书，引发他对张元济极为重视谱系、祠堂、祠产等宗族之事的赞同。二是张元济与其见面时送了商务印书馆正在印刷的《百衲本二十四史》样本一册，也就谈起张元济正在从事的古籍搜集、校勘、影印和出版工作，为的是"保存国粹"。与张元济退休后仍在商务从事出版有关的工作不同，高凤池则还在经营一线工作，但是在上海五洲大药房充任常务董事，另外还有慈善和宗教事务。

1929年11月，商务印书馆总经理鲍咸昌病逝，1930年2月王云五接替其职位，但他提出出国考察半年后履职。1930年9月9日王云五回到上海，9月11日即向商务印书馆董事会提出了科学管理计划。高凤池

---

① 高凤池：《高翰卿近九年日记选抄》，载《明灯道声非常时期合刊》，1939年9月，第5页。

在 9 月 12 日的日记中提到董事会的开会内容：

> 下午六时，商务之董事会开于香港路银行俱乐部，王云五君于本年二月间往欧美考察工厂管理法，今事竣于前日返国，将经过情形报告一切，大致此后公司决定用科学管理。又详述设立研究科、工力比较科、成本会计科、预算科等十二项。又会议时，张菊生君提出总经理王君薪水之外，加赠公费洋三百元，经理李夏二君加赠公费洋各二百元，余因上次经理加薪，大闹工潮，时未一载，又欲提出此种新名目，恐再惹起工潮，故起而劝阻，张王二君辩驳甚剧。①

在上海的银行俱乐部举行的是商务印书馆第 376 次会议，由董事长张元济主持。王云五提出的科学管理计划总计有 2 万字之多，涉及 12 项内容，但汇报时只是简略提到了大致内容。而《张元济年谱长编》还提到，此次董事会会议在此之外，还有其他议题：

> 请王拟具改良总务处组织草案，先生提议自本月份起，仍由公司致送王云五公费三百元，致送李拔可、夏鹏二经理各公费二百元。议决照办。②

这实际引自《商务印书馆董事会会议记录簿》（稿本，商务印数馆藏），原文标明此次加薪是月薪，即王云五每月加薪 300 元，而不是一次性加薪 300 元。在 1930 年 1 月 23 日举行的商务印书馆董事会第 369

---

① 高凤池：《高翰卿近九年日记选抄》，载《明灯道声非常时期合刊》，1939 年 10 月，第 17 页。
② 张人凤、柳和城：《张元济年谱长编》，上海：上海交通大学出版社 2011 年版，第 862 页。

次会议，刚确定王云五的月薪为700元，而到同年9月其月薪即增加到1000元。①

因此，对张元济的加薪提议，此次会议讨论虽然照办，但并非没有反对的声音。对经理层加薪鼓励，涉及的人虽少，但其后果可能甚大。当时的商务，屡有工潮发生，均是底层工人要求改善待遇，增加薪水。高凤池恐怕管理层动辄每月两三百元的加薪，会再次引起工人的不满，也许出于个人意气恩怨，因此起而反对。提议的张元济和受益的王云五对此加以辩驳，加薪的提案终获通过。高凤池在当日记下此事，终于九年之后公开。

高凤池1934年5月5日的日记还提到了张元济夫人许氏的去世：

> 张菊生先生之夫人患肺癌病已久，医药罔效，日前逝世。今日在中国殡仪馆成殓，素车白马，吊客盈门，菊翁对此丧事，既不发讣，亦不开吊，一洗俗礼，殊为难能。②

作为商务印书馆同仁，高凤池也参加了许氏夫人的大殓仪式，并非常认同张元济丧事简办的做法，认为"殊为难能"。

关于他和高凤池之争，张元济在1920年致梁启超的信中提到即人才之争。如果说张元济的人才观是"喜新厌旧"，那么高凤池的人才观是什么呢？请看他1935年7月27日的日记：

> 事业成败，全系人才，已如上言，故事业需才，犹鱼之需水。凡事得其人未有不成，失其人未有不败，此先哲先贤所垂训也。然

---

① 张元济：《张元济全集（第4卷）》，北京：商务印书馆2008年版，第409页。
② 高凤池：《高翰卿近九年日记选抄》，载《明灯》，1940年第279期，第18页。

而"知人善任"四字岂易言哉？在自己要有卓识之目光，宽大之胸襟，对他人既知其长，亦当知其所短，凡夸者未必有真才，貌亲者每怀诡诈。故曰：才不如德，巧不如诚，勇敢不如有恒，口辩不如沉朴。陆宣公曰："听其言未保其行，求其行或遗其才，校劳者，则巧伪繁生，而贞方之人罕进，徇声华，则趋竞弥长，而沉退之士莫升。自非素与交亲，备详本末，探其志行，阅其器能，然后守道藏用者，可得而知，沽名饰貌者，不售真伪。"孔子曰："视其所以，观其所由，察其所安，人焉廋哉！"

余与某公共事多年，钦佩其才略智能，因其爱护公司之切，望治之殷，慕才若渴，有饥不择食之概，加以性之下急，一般巧佞急进，持有片长者，乃效毛遂自荐，争露头角，伪媚饰非，初则如鱼得水，相见恨晚。惟某公系饬躬励行，亢直端严，若辈又轻率浮躁，骄矜好名，大似齐王好竽，客乃善瑟，格格不相入，枘凿日甚，求时相见恨晚，拒时惟恐去之不速；观人之难，用人不易，犹如此哉！①

在第一段中，高凤池提到了人才对事业成败的重要性。但是就自己从事多年管理的经验而言，他认为难在管理者"知人善任"，要将是否有德诚作为用人的标准。

在第二段中，他提到了共事多年的"某公"，显然是指张元济。也许当时日记所记是真名，只是发表时改了，也未可知。在此，高凤池对张元济的才略智能、爱护公司、饬躬励行颇有欣赏之意，但又认为其用人存在偏颇之处。张元济急于用人，因此被一些有才无德之人所利用，最后反受其害。因此，他发出了"观人之难，用人不易"的感慨。

---

① 高凤池：《高翰卿近十二年日记选抄》，载《明灯》，1941年第289期，第13页。

简而论之，张元济用发展的眼光看待人才，重在公司进步，希望将商务发展成为一座聚集英才的文化重镇，格局阔大；高凤池用停滞的眼光看待人才，旨在公司守成，满足于将商务做成一个用人非亲即旧的家族企业，格局狭小。

高凤池还在日记中提到了《翁同龢日记》在商务印书馆的出版。他在1935年9月15日写道：

> 即旧历八月十八日，星期日，天晴温和，余于民国十九年一月三十日。即旧历庚午元旦重作日记，距今已五年八阅月，第七册开始矣。按各家日记之多，汗牛充栋，惟近世常熟翁文恭公日记推为圭臬，因公之文章、经济、与书法，为当代所钦佩，且为师傅之尊，执政多年，宠幸逾恒，故公之日记脍炙人口，商务书馆不惜巨资觅稿影印。出版之日，海内人士以先睹为快，余尝过目，书法如生龙活虎，确是可爱。所记多官事，如政府宫门抄，某官升迁，某大员会话，某属禀到辞行。又奏稿谢恩，奉差考试，出行查办之日程，此外如亲友宴会，婚丧庆吊，本日写字若干开，寒暑时雨之类。若遇无事可记，只写月日而已，甚有四五日不记事而只写月日者，惟无论病健旅行，数十年如一日，从未间断，是为难能而可贵，按公之日记似乎平淡，不若湘乡曾文正公之多经纶文藻。①

高凤池因为自己1930年元旦以来坚持每天记日记，想到了《翁同龢日记》的影印出版，但并未提到张元济的贡献。翁同龢本为张元济的恩师，经与翁家后人翁之熹商定，张元济不辞辛劳，于1925年7月影印出版了皇皇四十册《翁同龢日记》，并为之作跋，指出这部日记所具有

---

① 高凤池：《高翰卿近十二年日记选抄》，载《明灯》，1941年第289期，第15页。

的重要价值。高凤池也很看重这部日记的重要出版价值,并在日记中写下了读后的诸多感受。

五、与商务印书馆有关的记载

与商务印书馆有关的记载主要涉及馆务、人事,以及馆内教会派的一些活动等。

(一) 商务印书馆馆务

关于商务印书馆的馆务,高凤池日记也有3条记录。

高凤池在1930年2月9日的日记记载:

> 下午三时,有商务股东八人集于一家春菜馆,彼此讨论公司事务。今因工潮猖獗,公司受损巨大,有何补救办法?一、现在公司办事政策之不合宜,如何纠正之。二、当得一才干名望之人为经理。三、组织股东团体,随时会议进行方法。①

1929年11月9日,商务印书馆总经理鲍咸昌去世,继任人选也提上议事日程。1930年1月23日,张元济主持商务董事会第369次会议,议决选任王云五出任总经理一职。1月25日,张元济与叶景葵受董事会委托访王云五,面呈总经理聘函。王云五答应2月7日到职。

因此,高凤池2月9日日记提到的讨论公司事务的商务股东会,不知参加者为哪八位股东。所谈之事涉及公司面临的工潮、办事政策、经

---

① 高凤池:《高翰卿近九年日记选抄》,载《明灯道声非常时期合刊》,1939年9月,第4页。

理选任、股东团体组织等。如果说"当得一才干名望之人为经理"中之"经理"即总经理，商务 1 月 23 日董事会已经选出王云五就职，为何 2 月 9 日股东会仍要选举总经理，难道是高凤池私下组织、有所企图的股东会？难道是教会派股东要推选一人担任总经理之下的经理，作为自己的代表？

1930 年 4 月 18 日，高凤池在日记中还提到：

> 为商务股息事，与董、童，张、王等六人在大中华叙餐。①

"董、童、张、王"应该分别指股东董景安、童世亨、张廷桂、王完白。结合 1930 年 2 月 9 日日记中的"组织股东团体，随时会议进行方法"来看，似乎高凤池有所图谋。童世亨在 1941 年 1 月出版的《企业回忆录》提到，1927 年高凤池退休之后，"既不得志于商务印书馆，退而邀集教会派同志，组织股东联益社，谋集股权以与张派相争，然终不敌张派权数之多②"，此"股东团体"应该是"股东联益社"，代表与高凤池相熟的教会派股东向董事会提案。

关于 1930 年 4 月 18 日教会派股东商量的"股息"事，体现在同年 5 月 17 日商务举行的第 372 次董事会会议上。股东联益社与童世亨提出"修改商务印书馆公司章程草案"，其中心之一就是扩大股东会权限，修改股息分派办法。但事关重大，最后议而未决，议定由张元济及高凤池等与原提议股东代表接洽后再议③。到 1930 年 7 月 8 日，"修改公司章

---

① 高凤池：《高翰卿近九年日记选抄》，载《明灯道声非常时期合刊》，1939 年 9 月，第 5 页。
② 穆湘玥、童世亨撰：《藕初五十自述·企业回忆录》，见《民国丛书第三编》，上海：上海书店 1991 年版，第 120 页。
③ 张人凤、柳和城：《张元济年谱长编》，上海：上海交通大学出版社 2011 年版，第 853 页。

程起草委员会"成立，高凤池被指定为主席①。股息分派办法修改之争是商务股东之间的一项长期议题，当另文探讨。

1932年"一·二八事变"爆发，1月29日商务印书馆总馆、总厂遭到日机的反复轰炸，2月1日东方图书馆被日本浪人纵火，损失极其惨重。商务董事会紧急开会，处理善后事宜。高凤池记录了1932年2月6日的董事会开会情形：

> 下午三时，商务善后会集于梦翁宅中，王云五君提出清理善后办法十九条，选公司相当人才六十一人，设办事处于大马路。当时余有善后管见数条陈会。②

经与《张元济年谱长编》《岫庐八十自述》比对，两者没有述及的内容是：高凤池指出王云五提出的善后办法总计19条，善后办事处人员总计61人，在大马路办公。他在会上也提出了自己的意见，但未明说是否被采纳。

高凤池1932年2月11日的日记内容则不见于张元济和王云五的记载：

> 与王云五君谈商务善后甚详。承王君告以公司暂时不办编辑印刷两部事，又言今设临时办事处于英租界美丰银行楼上等等，余闻之甚慰。致张子良程雪门二君信，详述上海战事之剧，人民之痛苦。子良信中说及其妻女等已迁回浦东本乡。又得孙伯恒张恩宝二

---

① 张人凤、柳和城：《张元济年谱长编》，上海：上海交通大学出版社2011年版，第856—857页。
② 高凤池：《高翰卿近十二年日记选抄》，载《明灯》，1940年第272期，第13页。

*君来信慰问。*①

在此次交谈甚详的会面中，王云五告诉高凤池暂时不办理编辑、印刷事务，集中善后事宜。另外就是高凤池与商务在香港、北平同事的信件往来内容。

高凤池1933年8月31日的日记提到：

> 下午商务董事会集于银行俱乐部，报告公司在香港建造规模宏大之工厂，为南方印刷之根据地。②

此次召开的是商务董事会第412会议。此条记载与《张元济年谱长编》的有关内容基本相同③，不作赘述。

（二）与商务有关的人和事

除此之外，高凤池在日记中也记载了与商务印书馆有关的人和事。他在1930年3月19日的日记中提到：

> 当余在商务办事时，迭接恐吓之信，故曾雇用保镖，备置手枪一柄，自退职以来，隐居简出，保镖早经辞去，手枪仍在，然固封深藏，从未一用。④

---

① 高凤池：《高翰卿近十二年日记选抄》，载《明灯》，1940年第272期，第14页。
② 高凤池：《高翰卿近十二年日记选抄》，载《明灯》，1940年第276期，第8页。
③ 张人凤、柳和城：《张元济年谱长编》，上海：上海交通大学出版社2011年版，第929页。
④ 高凤池：《高翰卿近九年日记选抄》，载《明灯道声非常时期合刊》，1939年9月，第5页。

自 1914 年初总经理夏瑞芳被暗杀之后，其他商务高层如张元济、鲍咸昌、王云五也遭遇恐吓、绑架和暗杀之事，高凤池也不例外。他在商务任职时，曾多次接到恐吓信，因此雇用保镖，并自备手枪一支，以作防范，可窥当时上海治安之败坏。

1927 年高凤池退休以后，特别是 1932 年"一·二八事变"之后，他将重心放在五洲大药房的经营之上，日记中多有记述。但作为商务的董事，他对商务不可能不闻不问，而且还经常与人谈及感受，因此他在 1930 年 6 月 14 日的日记中写下"迩来喜谈商务印书馆，虽有所感触，究属气浮志躁也。①"显然有忏悔之意。

1930 年 6 月 19 日的日记则谈到了夏瑞芳被暗杀之事及其原由：

> 下午五时，夏氏家族为粹方先生而纪念会于闸北鸿德堂。按夏君于民国三年一月十日遇害，至今已十七年，合成阴寿六十岁。彼时，陈英士为上海都督，领有军队约千名，欲移驻闸北，此项军队纪律不严，闸北工商界虑其扰害不利，于是运动领事团出为反对，夏君亦发起反对之一。陈氏曾迭向夏君借款维持军饷，夏君拒之，因之怀恨甚深，乃使死党狙击之。此时商务正四面楚歌，谣言蜂起：一、适值向日本股东交涉收回股权。二、同业竞争剧烈，用种种阴险破坏。三、时局不靖，内战甚剧，几牵及全国。四、因时局关系，经济恐慌，公司与夏君之经济混淆，故形十分竭蹶。五、夏君本身负债累累，子女幼稚，中年遭变，犹如梁栋摧折，当时之危迫，无异坐困危城。乃十余年，公司发达，资本由数十万增至五百万，每年营业自二三百万增至千万，职工自五六百增至三千余人。

---

① 高凤池：《高翰卿近九年日记选抄》，载《明灯道声非常时期合刊》，1939 年 9 月，第 6 页。

即夏氏而言，亦日见富裕，昔负债者，今有资产巨万。子女皆成人，受有高等教育，出洋游学，男女婚嫁，宛然一大家庭，皆夏夫人含辛茹苦之力。①

他在此说明夏瑞芳被暗杀是因为得罪了上海都督陈英士。而当时的商务印书馆和夏氏家族正处于困难的境地。商务正面临中华书局的激烈竞争，而夏瑞芳的公私不分不仅使自身负债累累，也拖累了商务印书馆。到了1930年，商务的资产已增至500万元，营业额高达一千万元，上海本部员工也有三千多人，均实现了五到十倍的增长。而有赖于夏瑞芳夫人的多方努力，夏氏家族也枝繁叶茂。

1930年11月20日的日记则提到了开明书店：

午刻，与谢颂羔、章锡三、陆桢祥三君叙餐。章君昔在商务编译所办事，今自办开明书店，因事业开展，印刷方面应不敷求，欲借陆君之华文印机铅字帮忙。②

章锡三即章锡珊，系章锡琛之弟，原来在商务的沈阳分店做会计，1926年8月与哥哥双双从商务离职，合资创办开明书店。四人聚餐，是因为章锡珊要找高凤池之妹夫陆桢祥帮忙印刷之事。

1931年7月5日的日记则提到推荐上海龙华孤儿院学生到商务任职之事：

---

① 高凤池：《高翰卿近九年日记选抄》，载《明灯道声非常时期合刊》，1939年9月，第6—7页。

② 高凤池：《高翰卿近九年日记选抄》，载《明灯道声非常时期合刊》，1939年11月，第18页。

> 在六七年前，有孤儿院学生季玉铭、潘国璋、王汉庸、陆才春、余忠旭等，荐入商务印书馆，派往香港分馆学业。光阴荏苒，诸生去时都系稚童，昨日由港例假回来，曾几何时，均已成为翩翩之少年矣。①

这些学生被推荐到商务的香港分馆工作，也是他们的出路之一，也属于高凤池的慈善活动范围。而在这条日记的最后，记者为教会派鸣不平，附笔感叹说"商务书馆为非教会中人所占，如今教会中的孤儿无出路，亦一不幸之事也。②"意思是教会派在商务失势之后，教会收养的孤儿就少了一条出路。这应该也能说明高凤池的用人特点。

1931年8月15日的日记则记录了商务印书馆创办三十五周年纪念的盛况：

> 近日商务印书馆庆祝卅五年纪念，凡向该总分馆购书一元者，赠券洋二角；同人有演讲提灯各种游戏，十分热闹。按商务创办时资本三千余元，工人十余名，卅五年中日就月进，逐渐扩充，今有财产一千数百万元，职工人员并仰而食者何止万人！当时夏鲍二君含辛茹苦事事躬亲，伟业已成，二君相继谢世。后起之人，但知公司规模之大，财产之富；那知创办者，当日手足胼胝，惨淡经营之苦？希望继起者，善保伟业，不负创业苦心则幸甚矣。③

---

① 高凤池：《高翰卿近九年日记选抄》，载《明灯道声非常时期合刊》，1939年12月，第19页。
② 高凤池：《高翰卿近九年日记选抄》，载《明灯道声非常时期合刊》，1939年12月，第19页。
③ 高凤池：《高翰卿近九年日记选抄》，载《明灯道声非常时期合刊》，1939年12月，第19页。

由于已逝去多年的夏瑞芳、鲍咸恩、鲍咸昌等创始人的惨淡经营，商务成就了资产千万、养活万人的伟业，让同为创始人的高凤池十分感慨：此时的他仿佛是局外人了。

1932年"一·二八事变"的爆发让高凤池"连日为商务、五洲与自己家事，憧扰不宁①"。3月10日的日记则提到了商务和他个人等在"一·二八事变"中的损失：

> 此次淞沪之战……商务印书馆在宝山路者，几完全被毁，约值六百万元……个人如王显华、鲍庆甲、鲍庆林、郁氏兄弟、陆桢祥、包文信诸君损失不资。就余个人而言，八字桥之坟园祠屋全毁，恒业地产公司、铸丰搪瓷公司、商务印书馆各股本约计在五万元之间②……。

不仅是商务损失约六百万元，即便是王显华、鲍庆甲、鲍庆林、郁氏兄弟等商务教会派同仁及高凤池本人也损失不小。

1932年10月1日的日记则记录了商务旧同事、总务处机要科科长盛同荪的丧礼。

> 下午三时在万国殡仪馆赴盛同荪君之丧；盛君系浙之宁绍世家，其父系前清翰林，迭任文职，仕林重之，余与盛君同事十年，其操守学识，为同人所器重，且作事稳健，有条不紊，乃敦品励学有守有为之人才也，在此壮年遽遭病逝，凡属亲友莫不惋惜，在一月之前，遇盛君尚倾盖话归，曾几何时？遽然长逝，噫！人生如蜉

---

① 高凤池：《高翰卿近十二年日记选抄》，载《明灯》，1940年第272期，第14页。
② 高凤池：《高翰卿近十二年日记选抄》，载《明灯》，1940年第272期，第14页。

蝣，朝不保夕，今壮而健者逝矣！①

盛同荪的英年早逝让年近七十的高凤池颇有感慨。张元济也为此送了挽联。

（三）教会派的宗教生活

高凤池日记也记载了商务印书馆中教会派的一些宗教生活。

1930年2月9日的日记记载他去上海宝乐安路上的鸿德堂做礼拜，鸿德堂建于1925年，落成于1928年10月，系长老会沪北堂的新堂，因纪念美华书馆负责人之一费启鸿而得名。鸿德堂的建造花费不少，日记中的"教友中鲍夏兄妹二人各出洋万元②"，即指鲍咸昌、鲍咸昌、夏瑞芳夫人鲍钰均慷慨相助。

1933年9月21日的日记则记载了鲍哲才牧师的百岁阴寿典礼，并提到：

> 公有丈夫子三人，即咸恩、咸昌、咸亨。有女三位：长适张蟾芬君，次适夏粹芳君，三适郭秉文君。今三子三女，家业繁荣，子孙昌盛，为侪辈所称羡。③

鲍哲才的三个儿子和三个女婿均在商务印书馆担任要职，为世人称羡。鲍咸恩和鲍咸昌与夏瑞芳一起创业，长期执掌印刷所，前者1910年早逝，后者1929年逝于总经理任上。幼子鲍咸亨先在海关工作，后

---

① 高凤池：《高翰卿近十二年日记选抄》，载《明灯》，1940年第275期，第25页。
② 高凤池：《高翰卿近九年日记选抄》，载《明灯道声非常时期合刊》，1939年9月，第4页。
③ 高凤池：《高翰卿近十二年日记选抄》，载《明灯》，1940年第275期，第8页。

加入商务。长女鲍大姑嫁给另一创办人张蟾芬,次女鲍翠芳(钰)即夏瑞芳夫人,幼女鲍翠凤(懿)嫁给郭秉文,后郭又娶了夏瑞芳之女夏璐德,曾在商务协助翻译出版《汉英双解韦氏大学字典》。在鲍夏二家的第三代中,由于父辈的安排,鲍咸恩之子鲍庆甲、鲍咸昌之子鲍庆林、夏瑞芳之子夏鹏(筱芳)均做到中层的职位。这种在姻亲基础上的人事安排是教会派在商务印书馆长期盘踞的有利因素。

《东成西就》一书提到鲍庆林娶了高凤池的女儿高斐云①。但从高凤池日记中的有关记载来看,并非如此。1935年2月18日的日记记载:

> 近为道惠事十分系念,故昨日第二次往视其父庆甲,满拟与彼讨论一切,可惜父子都不在家,承其后妻某氏详述庆甲之近况与家庭艰难情形,余闻之,嗒然而回。

高凤池只有一女斐君、一子鹏云。从日记来看,道惠是高凤池的外孙,其父为鲍庆甲。因此高凤池的女婿是鲍庆甲而不是鲍庆林。按下文所附致道惠信中的"你是一个无母亲的孤儿",高斐云已经过世,鲍庆甲再娶。

六、美华书馆

高凤池曾在美国长老会在上海创办的美华书馆任职21年,做到经理的职位,因此他也在日记中有所记录。1930年11月20日的日记记载:

---

① 罗元旭:《东成西就——七个华人基督教家族与中西交流百年》北京:生活·读书·新知三联书店,2014年版,第300页。

又据谢君言，美华书馆地产机器有全盘出售信息，嘱为留意。美华书馆系美国长老会所创办，已有七八十年之历史，为我国最早之印刷机关。凡我国铅印与印刷人才，皆发祥于此。余由学校毕业后，即入该馆办事，计二十年之久，亦余一生发轫之地。自十年以来，印刷蓬蓬勃勃，该馆机件陈旧落伍，即人才亦太暮气，年有亏折。按该馆之设，原为便利传道，不在谋利，故总差会有收息停办之表示。①

此时的美华书馆在机器、人才方面均无优势，濒临停办境地，与商务印书馆相比，呈现此伏彼起之势。

高凤池在次年9月23日的日记又提到美华书馆：

陈春生君来言美华书馆事，该馆为美国北长老会所创办，在我国第一最早印刷机关，有七十余年之历史。彼时我国虽有木版雕刻，迟钝粗鄙，该馆创铸字模，用活字机印，精美迅速，于是推行至石印彩印。书籍出版，迅如风驰电闪，日出万卷。余于一八八四年入该馆办事，初八年为校对，继五年为管理货栈，末后八年管理银钱账目，共计有二十一年之久。彼时主任为教士范约翰，后继以费启鸿教士，余在馆承蒙两教士优礼相待，乃于一九〇五年离职，而入商务书馆，余一生事业发轫于此，故对该馆至今系恋无已。该馆（指美华书馆）初设于本埠小东门外十六铺。后迁至二摆渡北京路中市，约于一九〇〇年在北四川路购地十余亩，建造新式厂房，添备机械，规模扩大。彼时四川路一隅，荒芜冷僻，自经该馆建设

---

① 高凤池：《高翰卿近九年日记选抄》，载《明灯道声非常时期合刊》，1939年11月，第18页。

工厂之后，地面日见繁盛，地价亦因之飞涨，至二三十倍之大，市面骤然热闹，皆赖该馆筚路蓝缕开创之功也，近十年来，该馆营业逐渐衰落，年有亏折，其原因如次：（一）暮气已深，积重难返；（二）机械陈旧，产生力减；（三）同业竞争，相形见拙。今闻美国总差会决计将该馆停办，将全部地产房屋机件生财出售。沧海桑田，盛衰无常，当余在馆办事时，为全国第一极大印刷机关，余闻之，不觉慨然有今昔之叹。①

高凤池不仅提到自己在美华书馆的经历，也提到了美华书馆由盛转衰的历史及衰落的原因。

1931年10月24日的日记则提到了美华书馆歇业情况：

前日往美华书馆访该馆经理金多士君。金君系英之苏格兰人，和气诚笃，在馆服务，垂五十年，余在该馆时承其优待。今闻美华将欲结束，金君预备回国。据金君言，纽约总差会在数十年前，彼时中国无印刷机关，总差会为便利传教起见，开设美华，印刷教会需用书籍，今中国印刷事业盛行，教会书籍，家家可印，且本馆之机件失时，营业难振，今昔情形悬殊，无存在之必要，故总差会决计将该馆结束停办。今已将全盘之地产房屋机器铅件如数出售于中国地产公司，约售银五十万两，草契已立，至年终银产两交云云。金君言时面有不豫之色，一则不愿离去久居之中国，一则忧一班年老工友之失业，余闻之，不觉感慨系之。盖余一生发轫于此，且受惠甚优，又当余服务时，该馆为全国最模范之大印刷局，今则衰落

---

① 高凤池：《高翰卿近九年日记选抄》，载《明灯道声非常时期合刊》，1939年12月，第20页。

淘汰，大有沧桑之感。①

金多士英文名 Gilbert McIntosh，苏格兰人，系美国基督教长老会传教士，曾著有 The Mission Press in China（《在华传教士出版简史》），在美华书馆出版。对于美华书馆在自己手上关门，金多士无奈失望，而高凤池对此也有沧桑之感。

最后值得一提的是，高凤池在1930年9月13日的日记中还谈了对"言论出版自由"的认识：

> 国民政府确定人民有集会、结社、言论、出版、居住、信仰之完全自由权。载在典章，但按之事实，绝端两歧，取缔之严，干涉之密，较之专制时代，有过之无不及者，今各报馆，派驻检查员，凡论说、新闻，须经该员检阅认可，始行登报，对出版书籍，审查极严，非恭维党义，不易批准，凡以前教科书，非独不准出售，且勒令将存书与版片销毁……。②

他指出，国民政府1928年上台之后，确定人民有言论出版自由，但是实际并非如此。书报审查极其严格，并影响了教科书出版。

结 语

高凤池日记，单从出版史料来讲，篇幅并不大。从出版研究的角度

---

① 高凤池：《高翰卿近九年日记选抄》，载《明灯道声非常时期合刊》，1939年12月，第21页。
② 高凤池：《高翰卿近九年日记选抄》，载《明灯道声非常时期合刊》，1939年10月，第17页。

而言，毕竟聊胜于无，有些史料还相当重要。而且日记中的其他内容较为丰富多样，研究者也可从多角度、多侧面进行研究，这正是高凤池日记的价值所在。笔者希望对此进行必要的勘误和注解，能够早日将其付诸出版。更奢望在高凤池的后人手中仍保存其日记的原本，有朝一日问世，为我们奉上更多的研究史料。

（刊于《中国出版史研究》2020 年第 4 期）

商务印书馆收回日股合同的发表

在商务印书馆发展的早期，与日本金港堂的合作成为其发展的巨大助力。但随着后来中日关系的日益敏感，这种纯商业形式的合作也变成了商务的一种"难言之隐"，收回日股势在必行。商务当时收回日股合同的内容纯属商业机密，但在竞争对手的一再紧逼之下，后来的公开发表也是不得已为之。

1914年1月10日发行的《申报》第一版刊登了一则名为《商务印书馆股东特别会》的启事：

> 本公司前在商部注册声明，本公司股东无论本国人、外国人，均须遵守本国法律。现拟改订章程，不收外股，为完全本国人集资营业之公司，已将外国人股份全数购回。兹特定于阳历一月三十一号（即阴历正月初六日）下午三时在上海爱而近路纱业公所开股东特别会报告一切，并商议改订章程、处置股份等事，届时务祈齐集为幸。再股东如因事不能莅会，得以署名盖印之委任书，委任他股东为代表。
>
> 商务印书馆有限公司董事会启

而在同一天下午的6点钟，主持收回日股事宜的商务印书馆总经理夏瑞芳即遭暗杀，《申报》在1月11日的第10版做了名为《棋盘街又出暗杀案》的报道。夏瑞芳功成即身死，让人唏嘘不已。

商务印书馆收回日本人股份本为不得已。在1912年1月1日中华书局成立之后，商务印书馆有日本人股份之软肋一再被提及，常常陷于被动之境地。因此，商务的中方股东希望全数收回日本人所拥有的股份，经过两年多的艰苦谈判才达到目的。

当然，商务印书馆与日本有联系之事被拿出来说事，早在中华书局成立之前就已有之。比如在1911年8月22日发行的《申报》第4版载有《中国教育会之内幕》一文，提到："张元济系日本金港堂主人所雇之商务印书馆经理人。中国教育会既归其主持，则表面上操全国之教育权，虽为一书商而里面操全国之教育权者实为一日本人，与中国教育前途生莫大之危险。"

按1914年2月1日《申报》的报道，1914年1月31日，商务印书馆为收回日本股份事召开特别股东会，到会股东二百多人，股份数目在一万股以上。此次股东会由董事郑孝胥主持，董事会报告收回日本股份始末，以及上年的营业大概情形，提出处置所收回日本股份的办法。同年3月6日，商务印书馆在《申报》第11版公布了1月31日议定的《完全华商股份商务印书馆有限公司章程》。

按1914年4月9日第10版《申报》报道"商务印书馆收回日股后之备案"：

> 商务印书馆呈奉农商部批云：呈悉，查该公司成立有年，于印刷出版事业颇著成效。兹据称印刷日精，营业亦颇发达，经股东特别会议决收回外股，现已为完全华商自行集股办理之公司等语，热诚毅力至堪嘉许，附呈改订章程亦均属妥洽，应准备案。此批。

1914年4月18日、19日、20日、22日、26日第1版则发布了《农商部批文》，内容如下：

> 呈悉，查该公司成立有年，于印刷出版事业办理颇著成效。兹据称印刷日精，营业亦颇发达，经股东特别会议决收回外股，现已为完全华商自行集股办理之公司等语，热诚毅力至堪嘉许，附呈改订章程亦均属妥洽，应准备案。此批。
>
> 上海商务印书馆有限公司谨启

1914年7月5日，商务印书馆在《申报》第2版刊登了《华商股分商务印书馆大赠纪念券》和《完全华商股分商务印书馆敬赠纪念书券》。当日及随后的刊登情况见下表：

日期	华商股分商务印书馆大赠纪念券	完全华商股分商务印书馆敬赠纪念书券	中华书局广告
7月5日	√（第2版）	√（第2版）	中华书局大赠品（同版）
7月6日	√（第2版）		
7月7日	√（第1版）		中华书局大赠品（不同版）
7月9日		√（第2版）	
7月12日	√（第1版）		中华书局奉赠书券（同版）
7月15日		√（第1版）	
7月19日	√（第1版）		
7月23日		√（第1版）	

《华商股分商务印书馆大赠纪念券》说明"阳历七月二十三日至九月四日购品满五角者，即有赠券，章程另详。"而《完全华商股分商务印书馆敬赠纪念书券》则叙述缘起：

> 本公司现收足资本一百八十万元，从前日本人所附股分三十七

万八千一百元于本年一月尽数收回，业经呈明农商部立案，并经登报布告，现在本公司为完全华商资本之股份有限公司。特印行纪念书券赠送学界，且近来各省学款支绌，国民教育不无影响，故对于购用小学教科书者特别加赠，聊尽赞助教育之征意。伏维，公鉴。

"赠送规则"对应《华商股分商务印书馆大赠纪念券》所说的"章程另详"。

但是尘埃并未就此落定。1915年8月发布的《政府公报》和《农商公报》接连刊登了《上海商务印书馆声明系完全华商自办一节请查照办理由》的农商部七月三十一日批文，内容如下：

为咨行事，据上海商务印书馆有限公司经理印有模禀称：敝公司创设于前清光绪二十三年，当时因吾国于印刷术及编辑上之经验皆甚幼稚，故议定兼收外国人股本，以资利用。至民国元年，因营业日见发达，国人愿附股者众，遂设法与外国诸股东磋商，议定全数收回。至三年一月，始经议定。至此，敝公司遂为完全华商股分之公司，并无丝毫外股在内。当时即开临时股东会报告收回外股情形，一面禀报大部，并蒙批示嘉许。是敝公司毫无外股，为商学各界所共见共闻。乃近闻有人在外散布谣言，谓敝公司仍有外股在内，意图破坏营业。窃维敝公司有无外股，有股东名簿及当时收回时账目可查，岂能伪托。该造谣人或因妒嫉而起，本无辩驳之价值，惟恐商学各界或误信其言，于营业前途不无关系。大部素以保商为怀，拟恳请通咨各省巡按使，声明敝公司为完全华商自办，已经禀报有案，确实可据，饬属明白晓谕，毋信谣言，以安商业，而遏奸谋等情。查该公司现在确系完全华股，曾经本部注册有案。据禀前情，相应咨行贵都统、巡按使、京兆尹查照办理。此咨。

由此可以得知，中华书局作为挑战商务印书馆业内"老大"地位的一方，一再发难。因此，商务不得不恳请农商部"主持公道"，而农商部也为之背书，认定商务"确系完全华股"。值得一提的是，由于商务印书馆收回日股合同属于商业机密，当时并未发表，也为后来发生的商务、中华纠纷埋下了隐患。

正所谓"树欲静而风不止"。过了5年，商务印书馆不欲外人所知的与金港堂合股经营之事，再次被竞争对手中华书局有意揭露，由此发生了一起较大的风波。

1919年"五四运动"爆发后，"抵制日货"风潮应声而起，愈演愈烈，上海出版界也不例外。5月9日，张元济在日记里写道："是日因书业商会议决表抵抗日本及对北京学生敬爱之意，停业一日。"为了不贻人口实，商务立即辞退或者妥善安排了馆内任职的日本专家。在从6月初开始的上海商界罢市风潮中，商务印书馆还积极响应，并当街悬挂"万众一心，驱除国贼"标语。

但是此时日本方面传来了不利的消息。1919年6月30日，张元济先生在日记的"公司"栏中写下：

《实业之日本》杂志内有述日支合办之事业及其经营者一篇，中列入本馆名字。昨晚席上商定，致函该社，请其更正，并将当时合同摄影寄去，另撰一告白，并将合同制成铜版寄该社刊登，均由金佑之前往交涉。另撰一呈文上农商部。

1919年6月15日，《实业之日本》杂志发行"特别扩大号"，即"支那问题号"，是为13号，发行日期是6月15日。其中署名"中华道人"撰写的"日支合办事业与其经营者"一章，仍将商务印书馆列为中日合办企业。

商务印书馆唯恐该报道被竞争对手利用，马上将五年前商务印书馆和金港堂签订的收回股份合同摄影并制版，另外撰写一个告白，寄往该杂志社刊登，请其更正。

就在这个时候，中华书局认为这是个难得的打击竞争对手的机会。将"支那问题号"紧急翻译，7月24日以《日本人之支那问题》为名出版，无异于火上浇油。因此，这两家全国数一数二的出版社一时打得不可开交，最后闹上法庭，前后达10个月之久，最后判决是商务印书馆胜诉。

从1919年6月15日《实业之日本》杂志登出"支那问题号"，到6月30日为商务印书馆所知，再到7月17日中华书局声明"已译成华文，每册售三角"，再到7月24日《日本人之支那问题》发售。中华书局出书速度之快，令人咂舌（这个中华书局快速出书之案例，当另撰一文述之）。从阴谋论的角度看，"日支合办事业与其经营者"之署名"中华道人"，让人不禁认定中华书局蓄谋已久。

笔者在这里不欲探讨商务、中华之间的纠纷如何，只是想探究张元济日记1919年6月30日所说的商务印书馆收回日股合同证据的发表时间问题。

查2009年出版的《张元济日记》第四卷，笔者发现确实收入了签订于1914年1月6日的《商务印书馆与日本金港堂终止合办合同》，但是合同的最后标明是"录自《清末小说》第27号所载影印件"。笔者也曾就此事向张人凤先生确认过。

《清末小说》杂志乃日本学者樽本照雄于1977年10月创办的一份以晚清小说为研究对象的学术期刊。该杂志的第27号（2004年12月1日发行）刊登了《商务印书馆与金港堂的合同解约书》一文（作者：泽本郁马），刊登了合同的译文并附原文，在文章的参考文献中指明是来自《实业之日本》1920年第17号，发行日期是8月15日。

2019年夏天,笔者托学生郑丹在日本国立图书馆查询,复印了该文并寄给笔者。该文占两页,一开始就是"商务印书馆股份有限公司声明":

> 敝公司于中华民国三年一月六日由前总经理夏瑞芳君与日本股东代表福间甲松君签定合同,将日本股分完全收买,归华商自办,呈明农商部立案。实业之日本社第廿二卷第十三号《支那问题》第一六三页所载商务印书馆一节误为日支合办事业,与事实不符合,亟声明并将原订收回日股合同影印如下,诸维公鉴。

接着是合同原文。然后又说明:"以上合同内各条件均已履行完结,本公司现在并无日本人股本,合并声明。"

笔者原以为该合同1914年未发表,1919年8月只是在日本发表,国内杂志没有刊登过,国内看到这一内容当是进入21世纪以后的事情了,但笔者因最近之发现改变了这观点。

笔者搜其他相关资料时,偶然发现商务印书馆发行所主办的《图书汇报》第100期刊登了"收回日股证据(合同部批)"。在合同签名之后是"农商部批第四一二号"的公告内容,批准日期是"中华民国三年三月十一日",最后有农商总长张謇的签名。

值得一提的是,上海图书馆开发的"民国期刊全文数据库"对该文标注的年份是1911年,显然与事实不符。翻阅整本杂志,并未发现具体的发行日期,笔者根据其中刊登的"民国八年八月新书广告"以及该刊其他年份同期的发行日期推断,应该是1919年的8—10月。

而笔者的另一个发现是:1919年7月25日的《申报》头版早就刊登了商务印书馆收回日股合同的内容,题为"请看商务印书馆收回日股之证据",下面是《申报》通栏刊登的合同长条。同时发表的还有《商务印书馆特别启事》(7月24日已刊登)和《中华书局特别启事》,以及重新刊登的《申报》1914年1月10日《商务印书馆股东特别会》启事。

其中7月24日刊登的《商务印书馆特别启事》声明的有关内容如下:

> 本馆民国三年一月六日将日股全数收回,呈部立案,并有纪念赠品登报布告,是本馆之为完全华商,举国皆知。乃事隔数年,尚有借此以为诬陷,其用心不问可知。

如果翻阅1914年的《申报》,商务印书馆所说的"呈部立案"证据发布见之1914年4月多日发布的《农商部批文》,"纪念赠品登报布告"证据则见之1914年7月中多日发布的"华商股分商务印书馆大赠纪念券"和"完全华商股分商务印书馆敬赠纪念书券",而在7月5日、7月12日的同日同版,中华书局还发布了"中华书局大赠品"、"中华书局奉赠书券"广告。因此商务印书馆认为中华书局此举存心诬陷,"惟有诉诸法律"才能完全解决。

综上所述,笔者认为,1919年7月25日或许就是商务印书馆收回日股合同最早的发表日期了。而《图书汇报》发表的有关内容似乎更接近合同的原貌。

(附记:写完此文,笔者在孔夫子网购得日本樽本照雄教授主编的《清末小说》第27号,发现樽本照雄早在2004年就对此做了较为全面的研究,有心的学者可以参阅。但笔者也有一些新的发现,因此还是不揣谫陋,予以发表。)

(发表于2021年2月23日"上海学"公众号)

商务印书馆中的"杨家将"

杨静远在《杨端六、袁昌英与商务印书馆》①的开头就提到:"我的父亲杨端六(1885—1966)和母亲袁昌英(1894—1973)同商务印书馆可说结了不解之缘……我父亲早年曾在商务任职,而他们两人平生的大量著述,多数是在商务印书馆出版的。"实际上,与商务结下了"不解之缘"的不仅是杨端六夫妇,还有杨端六的弟弟杨越屏和妹妹杨润余。前者在商务任职中层,后者不仅在商务任职杂志主编,还出版了著述。这兄妹三人可谓是不折不扣的"杨家将"。

杨端六在兄妹五人中排行老二,老大是杨桂五,杨越屏为老三,杨润余(1898—?)是最小的妹妹。比杨润余大两岁的老四杨璠(1896—1975)虽然与商务无关,但也非常值得一说。她毕业于北京女子师范大学国文系,1923年嫁给了我国最早的报人、教育家成舍我,夫妇俩共同经营《世界日报》报系,直至后来两人离异。杨家老大的情况不详,杨越屏的女儿杨宜福曾在《回忆我的伯父杨端六》②中提到,1900年她的

---

① 杨静远:《杨端六、袁昌英与商务印书馆》,见《商务印书馆九十年》,北京:商务印书馆1987年版。
② 杨宜福:《回忆我的伯父杨端六》,载《湖南文史资料选辑》,第22期。

祖父和曾祖父先后去世，生活艰难，以致"我大伯去习幕，我父亲去乡下学徒。"

在商务印书馆的"杨家将"中，因为大家对杨端六与商务印书馆的关系多有熟悉，而杨润余和杨越屏则少有人知，故稍着笔墨。

一、杨端六：商务印书馆会计制度创始人

杨端六原名杨冕，后易名杨超，终以端六名世。他早年留学日本，曾参加辛亥革命，1913年去英国伦敦大学政治经济学院攻读货币银行专业，期间认识了比他小10岁、在爱丁堡大学就读的袁昌英。他曾在商务印书馆代发的《太平洋杂志》上发表有关会计、货币等论文，引起了商务印书馆高层的注意。1920年回国后，杨端六进入商务印书馆工作，并在吴淞中国公学兼任经济学、会计学教授。1926年受蔡元培先生之邀，担任新成立的中央研究院经济所所长。

1921年夏天，胡适受张元济先生之邀，到商务印书馆编译所考察，曾与杨端六长谈。杨端六认为："改良编译所不容易，因为须从全部的组织改良起。现在馆中事权不统一，馆中无人懂得商业，无人能通盘筹算，无人有权管得住全部。"① 这引起了胡适的重视，认为"极中肯要"。杨端六还向胡适提交了一份《商务印书馆编译所改组办法大要》。不久，商务印书馆即成立了改革会计制度筹备处，以杨端六为主任，谋划推行新的会计制度。第二年8月，商务印书馆成立直属总经理管辖的会计科，以杨端六为科长，全面改革商务的财务制度，使得商务的经营管理日臻完善。杨端六也由此受到以张元济先生为首的改革派的赏识，并在1927年5月举行的商务股东常会上当选为董事，此后多年连任。

---

① 参见胡适1921年7月20日的日记记载。

20 世纪 20 年代末，杨端六因参与筹办武汉大学，离开了呆了 10 年之久的上海和商务印书馆。但是，他和商务的关系并不曾因为他转入学界而中断，而是以另一种方式延续，因为他还是商务经济管理领域的重要作者。他的绝大部分著述都在商务出版，并多次再版。大致罗列如下：《信托公司概论》（1922 年）、《记帐单位论：中国会计学之根本问题》（1922 年）、《商业簿记》（1923 年）、《罗素论文集（上下）》（1923 年）、《社会政策》（与君石合作译述，1923 年）、《中国改造问题》（1924 年）、《银行要义》（1925 年）、《货币浅说》（1930 年）、《中国关税问题》（与武堉干合著，1931 年）、《六十五年来中国国际贸易统计》（与侯厚培等合编，1931 年）、《货币与银行》（1941 年）、《工商组织与管理》（1944 年）等。

其中最著名的是《货币与银行》一书，正如杨端六的女儿杨静远所说的那样，"以《货币银行》一书为例，这是一本大学教科书，是这一学科内第一本全面系统介绍、评述国外各家学说并结合我国实际的论著。"商务印书馆多次再版该书。2011 年，它还曾被列入《中国文库》，由武汉大学出版社出版。

杨端六到武汉大学以后，先后担任教授兼经济系主任、法商学院院长和教务长等职，曾坚辞武大校长不就。1948 年 7 月，商务印书馆董事长张元济先生曾两次致信杨端六，请其接替朱经农担任商务的总经理，也未就职。

不仅杨端六本人，其夫人袁昌英"夫唱妇随"，也是商务印书馆的忠实作者。袁昌英回国后的 1921 年，36 岁的杨端六和 27 岁的袁昌英这对"大男大女"终于结婚了。袁昌英在大学担任教职的同时，先后为商务印书馆贡献了《法兰西文学》（1923 年）、《玛婷；痛苦的灵魂》（1930 年）、《孔雀东南飞及其他》（1930 年）、《山居散墨》（1937 年）、《法国文学》（1944 年）、《行年四十》（1945 年）等著译作品。

二、杨润余：编辑、著译两相宜

杨润余是杨家的小妹，出生于1898年。1917年毕业于湖南第一女子师范学院第二班并留校任教，与向警予、白薇同学。1919年夏天加入毛泽东发起的新民学会，谋求去法国勤工俭学。毛泽东在1920年2月写给陶毅的信中提到："好像你曾说过杨润余君入了我们的学会，今日翻阅旧的《大公报》，看见她的著作，真好！不知杨君近日作何生活？有暇可以告诉我吗？"而值得一提的是，1920年10月30日下午，杨端六曾在湖南第一师范发表题为《和罗素先生的谈话》的演讲，演讲的内容由毛泽东记录，发表在他任特约记者的长沙《大公报》（1920年11月1日）上。

杨端六在商务印书馆就职后，就回到湖南长沙老家，把他的母亲和小妹杨润余接到上海，在闸北虬江路四达里定居。杨润余即就读于杨端六夫妇任教的中国公学，并在上海女青年会学习法语。

1921年8月，毛泽东开完中共"一大"后，即送杨润余和其他一些湖南籍学生乘上"波尔多斯号"去法国留学。杨润余后来回忆道："在1921年夏，上海有半官费留学法国的机会，经过考试，我参加了进去。而最幸运的是，毛泽东当时已来上海，在七月建立了中国共产党之后，他从赵鸿钧老师处，得知我住在闸北虹江路四达里我哥哥的家中，便来看我并为我送行，他告诉我新民学会在这一段时期的情况。"此时正值中国共产党建党百年之际，耙梳杨端六、杨润余兄妹与青年毛泽东相识的若干史实，显得极有纪念意义。

杨润余留学7年后，获得法国地雄大学文学硕士学位。1928年回国后，她即进入商务印书馆任职，应该是得到杨端六推荐之故。

杨润余作品颇丰，曾在《小说月报》发表《旅行》（莫泊桑著，杨润余译)(1924 年第 15 卷号外)、《剪头发》(1931 年第 22 卷第 3 期);在《少年》杂志发表《视觉的错误》(1930 年第 20 卷第 10 期)、《美女与怪兽》(1930 年第 20 卷第 8、9 期)、《塞干先生的羊》(1930 年第 20 卷第 7 期);在《妇女杂志》发表《赛维宜夫人及其尺牍》(1931 年第 17 卷第 7 期)、《乔治桑之〈我的生活史〉》(1931 年第 17 卷第 7 期)、《遗失》(1931 年第 17 卷第 4 期)。

1931 年春天,因为叶圣陶先生辞职,杨润余接任《妇女杂志》主编(1931 年 4 月—1931 年 12 月),但任职时间并不长。《现代文学评论》1931 年第 2 期曾报道:

> 《妇女杂志》编辑自叶圣陶氏辞职后,商务书馆已另聘该馆编辑杨润余女士负责。自本年份第三期起为杨女士接充,杨女士著述颇丰。料以后该杂志之内容,当能与叶氏主编时同样之充实。

而杨润余只是"叶规杨随",并没有对该杂志做多大的改动,她无意于加上自己的印记。《上海画报》(1932 年第 777 期,1932 年 1 月 6 日刊行)刊有《海上度蜜月》一文:

> 杨润余女士,是商务书馆《妇女杂志》的主笔。她是湖南人,曾经留学法国。她所擅长的是文学,尤其是作诗,几年前在她哥哥杨端六所办的《太平洋杂志》上,常常有她的大著发表。现在因为应聘《妇女杂志》,倒难得有文章给人读了。不知者以为杨女士笔头变懒,其实却不然。因为杨女士已达到爱的成年,已和某君由友谊而至于亲谊,并于旬日前向商务告假一月,即在上海结婚。"妇志"职务,由该馆金仲华君代理。杨女士平素嗜观电影,当兹蜜月之际,卡尔登、南京等处,时有她的芳踪。我们希望她销假后,有

很趣的文章给大家看。"

1932月1月初,杨润余与留法的物理学家、中国物理协会创始人之一夏敬农博士(1898—?)结婚。随着她的辞职结婚,接着是1932年"一·二八事变"日寇轰炸对商务印书馆的极大摧毁,《妇女杂志》就此完成了它的历史使命。在做编辑的同时,杨润余也在为商务印书馆著译书籍。

1930年,她和丈夫夏敬农(署名"索以")翻译了法国女作家罗霭伊的《俊颜》交商务印书馆出版,后来被列入颇有水准的"世界文学名著"丛书再版,由此蜚声文坛。1931年10月,杨润余创作了传记《莫里哀》,被商务印书馆列入"百科小丛书"出版。另外,她还校对了马宗融著的《法国革命史》(1930年)等。

三、杨越屏:二哥领进门,努力在个人

杨越屏不知何时进的商务印书馆,应该是杨端六1920年进馆前后的事情。《张元济日记》1919年5月26日记载:

> 吴葆仁来,告以杨端六之弟如湘馆能用最好,否则由湘馆试用,考核看其有何能力,月薪由公司开支,因与乃兄关系,须特别联络之故。

此处"杨端六之弟"即杨越屏,因为二哥的推荐,他拟被安排在商务印书馆的长沙分馆试用,考察其能力。之所以有试用的机会,应该是商务对杨端六特别看重之故。此后是否先在长沙分馆试用,然后调到商务总馆,还是直接就在总馆试用,就不得而知了。但笔者在此有个疑

问,即:此时的商务高层为何对还在欧洲未归的杨端六如此看重,能直接给杨越屏一个试用的机会?

此且按下不表。学徒出身的杨越屏带着不识字的妻子初到上海时,与杨端六夫妇、小妹杨润余同住虹口四川北路的四达里。

虽然是从练习生做起,但是杨越屏凭着自己的能力,才五六年的功夫就做到了分馆经理的位置。俞润泉在《长沙县的"杨门女将"》一文中提到,"杨越屏先生是杨门老一辈中的小弟,从商务印书馆的练习生一直当到商务印书馆分馆经理"。

据1923年1月颁发的《商务印书馆通信录》,此时的杨端六是商务的会计科科长,而俞润泉、杨越屏在他属下的计账股任职。1926年3月颁发的《商务印书馆同人录》则显示,杨端六还是会计科科长,而杨越屏已经调任保定分馆正账,暂居经理张雄飞之下。据张树年先生的回忆,1926年10月,张元济先生被绑匪放回家之后,杨越屏作为南昌分馆经理,和其他分馆的经理一同发来了慰问信。而据《张元济年谱》的记载:1930年3月10日,"蔡敬襄致先生书,托商务南昌分馆经理杨越屏携来《荀子》首尾两册,请先生鉴定是否宋版。"因此,从南昌分馆调任保定分馆是在此以后的事情。

《同舟》1935年第4卷第1期刊登《保定分馆同人素描》一文,第一个提到了经理杨越屏:

>他是我们一班人的领袖,应该是一副尊严的面孔的。有时候看一看他,总是撅着嘴,皱着眉,仿佛生多大气似的。其实,那是天赋,不是故意的。他有勤苦耐劳的精神,对于外人更是谦恭和蔼,对于同人,如同亲弟兄一般。据他老先生说:不论作什么事都是"以身作则"的。

因此，杨越屏能够较快升迁到分馆经理这样的"中层干部"位置，虽然有杨端六的关系因素在内，但靠的还是他的吃苦耐劳精神。而与杨端六的10年商务生涯、杨润余的3年商务生涯相比，杨越屏在商务任职的时间至少有15年之久。

俞润泉在《长沙县的"杨门女将"中》提到，"七七事变"爆发时，杨越屏还在商务保定分馆的任上。保定成了抗日的前方，因此他的妻子携两个女儿回到了湖南长沙老家。1942年，杨越屏的小女儿杨安详考取了武汉大学外语系，此时，她的姐姐杨宜福（经济系1941级）、她大伯的儿子杨叔湘（经济系1941级）、二伯的女儿杨静远（外语系1941级）均在乐山武汉大学就读。开湖南同乡会时，这四个兄弟姐妹坐在一起，被大家戏称为"杨家将"（郑重说一句，本文即是由此引发）。而杨端六的小儿子、后来的中国科学院院士杨弘远（1933—2010）当时才10岁。

在"商务印书馆中的'杨家将'"之后，涵盖两代武大人的"武汉大学中的'杨家将'"，就是另外一段值得大写特写的故事了。

（发表于2021年3月18日"出版六家"公众号）

1911年商务印书馆和
美国金恩公司的版权官司始末

1910年1月,美国出版商金恩公司(以下简称"金恩")致函上海商务印书馆(以下简称"商务"),谈及商务翻印该公司书籍之事,商务对此十分重视,设法应对。但结果是:中美这两个最大的教科书出版商之间打了一场20世纪上半叶最大的版权官司。笔者综述包括《重订翻印外国书籍版权交涉案牍》在内的各种史料,意图揭示这桩版权纠纷的诉讼过程、前因后果和典型意义。

一、1909—1910年商务与金恩的接触与磋商

1910年8月21日,正在德国游历考察的商务印书馆编译所所长张元济先生给商务总经理夏瑞芳、发行所所长高凤池发信,谈及"美国Ginn书店来信谈及本馆翻印伊书之事,俟邝君归沪再行抄寄。函文敬悉。惟第十七号去信,尚请抄示英美商约关于版权条文(要西文),何以绝不见答?"言语之中,甚是急切。"Ginn书店"即美国此时最大的教材出版商金恩公司(Ginn & Company)。应该是国内来信告知张元济,该公司给商务来信谈及本馆翻印了他们出版的书籍。张元济回信说等英

文部主任邝富灼回到上海再抄寄给他。他之前在第十七封去信中，要求抄示《中美续议通商行船条约》中与版权有关的条款，但是没有回音。

为什么张元济的态度表现得如此急切，这是因为商务印书馆不经许可，翻印国外出版的书籍是不争的事实，也是当时国内出版社的常规做法，但如果应对不及时、不妥当，必然会造成严重的后果。因此，张元济要求抄示金恩来信的具体内容。而具体内容是什么呢？我们来看《美商金公司致商务印书馆函（译文）》的具体内容：

> 顷接西历十二月九日惠书，附定书单一纸，感甚。当与十一月二十六日一单并，饬妥为照料。承贵馆愿代鄙公司经理中国营业，尤为感荷。唯兹事前曾与颜博士熟商，必须贵馆能专代本公司经理，而不兼他公司事件，公司方敢奉托，而贵馆未能应允，是以复作罢论。兹闻贵馆将本公司出版之简要英文法教科书翻印，加以删订，求合中国程度。已有人将书送到此外，又闻贵馆尚拟将本公司出版之买儿斯"通史"及万韦士所著之各种数学书翻印。虽本公司亦知，按照万国版权公例，原不能禁止贵馆之翻印，然书为公司之书，贵馆似应先与本公司商议，请其许可，或酌许以余利，方合正办。况鄙人曾与颜博士详言，此等事未始不可商议也。此时若由本公司逐设印刷厂于中国，或尚可挽救，于本公司亦未始无大益。现公司正在研究此问题，且有数家与本公司已有成说矣。究竟贵馆对于此事之意，奚若敢请明示。盖本公司于设立印刷厂一事，可此可彼，悉视来示为枢纽耳。
>
> 金公司启。费英焘代签。时千九百有十年正月二十二日，在纽约城发。

此信是金恩公司董事费英焘 1910 年 1 月 22 日发自美国的纽约，张元济 1910 年 3 月 17 日（阴历二月初七日）从上海启程前往欧美各国考察教育、出版和印刷事业。按说在张元济出发之前，金恩公司这封信应该可以到达上海，但是由于某种不可知的原因，张元济错过了这封来函，因此才有张元济在第十七封信中抄示该来函内容的请求，中间耽搁了约半年之久。笔者的猜测是：这封金恩来函在张元济启程后送达上海商务印书馆，但馆中有关人等迟迟向正在欧洲的他告知此事。而他得知后，才有了他这第十七封信。最终张元济看到这封来函的内容与否，不得而知。

金恩这封来函所透露的信息相当丰富，笔者详细分析如下：

第一，商务主动给金恩写信要求代理后者在中国的原版书销售业务，并于 1909 年的 11 月 26 日、12 月 9 日两次发送订单。代表商务去和金恩洽谈的是"颜博士"，即颜惠庆（1877—1950），著名外交家，曾获美国弗吉尼亚大学学士，曾在华盛顿大学学习政治学，"博士"是对他的尊称。

按《颜惠庆自传》的记载，1908 年初，他辞去商务印书馆英文部的编辑之职，任清朝驻美国使馆参赞。其中提到：

> 受到商务印书馆的委托，代为接洽美国书商，俾便该馆在国内担任代理。我首先拜访"金氏公司"（Ginn and Co.），很凑巧，得遇该公司的重要合伙人卜林登君（George Plimpton）。从此两人之间，建立了多年的友谊。卜林登在他的纽约寓所，搜藏了不少新旧书籍，特别数学方面的珍本、孤本最多。

由此可见，作为商务前编辑的颜惠庆受老东家之托，与金恩公司的重要合伙人卜林登进行了接触。笔者怀疑，这位"卜林登"极有可能即上文提到的"费英焘"，后者或许是他专门起的中文名，但或许是金恩的其他高层，也未可知。而接洽的结果如何呢？我们参照《颜惠庆日记》的有关记载。该日记提到他接触了美国图书公司（American Book Company）、阿普尔顿公司（Appleton）等，比如他在1908年6月5日的日记中提到"商务印书馆发来海底电报，为美国图书公司之事，为印书馆写信给 D. 阿普尔顿公司。"在7月19日的日记中提到"替商务印书馆写信给各出版社"等。

当然，颜惠庆和金恩的接触最多，而且进行了实质性的洽谈。他在7月17日的日记中提到"给金氏公司的普林顿写了信"。到7月30日，则"金氏公司的普林顿先生来访"。8月19日是"和普林顿在'世界总会'午餐，去看了他的寓所"。正因为去了他的寓所，才有上述《颜惠庆自传》中提到的"卜林登在他的纽约寓所，搜藏了不少新旧书籍，特别数学方面的珍本、孤本最多。"10月8日则"为协议事给金氏公司的普林顿先生写了信"。从后面的日记记载来看，普林顿并未及时回音，原因是金恩要求商务必须专门代理销售他们的原版教材，不能再任其他国外出版商的代理商，但是商务对此不能答应。

在1910年8月21日张元济给夏瑞芳和高凤池的信中，我们可以看到他在英国伦敦逗留期间，已经与朗文出版社（Longman Publishers，即信中的"朗曼书店"）和钱伯斯书店（W. & R. Chambers Publishers，即信中的"谦伯尔"）洽谈过类似的原版书销售代理业务。因此，商务的想法是多代理几家英美出版商的在华业务，与金恩独家代理的意愿不符，两家最终没能达成合作的意愿。

第二，金恩得知商务在中国删订、翻印了他们的教科书《简要英文法》（即（*Mother Tongue* II），并即将翻译他们的"买儿斯'通史'"和"万韦士所著之各种数学书"。据笔者考证，前者即迈耶斯（P. V. N. Myers）所撰的《欧洲通史》（*General History*）；后者是乔治·温特沃斯（George A. Wentworth）编写的各种数学教科书。金恩要求商务必须取得他们的许可，或者付出一定的稿酬，在中国编译出版才算合理合法。而费英焘曾和颜惠庆谈过此事，还有可以商量的余地。

值得一提的是，在商务内部对外国书籍是翻印还是代理销售，本有两派之争论。张元济是主张代理销售外国出版商的原版书，而夏瑞芳的态度是"拿来主义"，直接翻印省事。张元济认为：

> 翻印之事究系冒险，一恐搁置成本，二恐租界西官偏袒洋商，华官不能保护。思之再四，终觉未妥。且翻印亦只能择要，其余未翻各种仍须采买，则何如为彼代售，照寄售办法，卖出付价，全无责任之稳当乎。

因此，他说"朗曼合同弟一时不欲交还，如彼此意见不能终合，俟弟归后，当面再行讨论可也。"可是此时的夏瑞芳已经被上海发生的"橡皮股票案"弄得焦头烂额，无法自拔，对此只能敷衍了事。

张元济在1910年8月21日的信中要求马上抄示"英美商约关于版权条文（要西文）"，即1902年签订的《中美续议通商行船条约》关于版权的第十一条的英文版，是因为中美之间的版权纠纷，要适用的即该条约第十一条。而此时的他即将结束在欧洲的行程，前往美国，正好携此抄件与金恩公司协商相关事宜。

那么张元济到美国纽约之后，和金恩是否洽谈过此事呢？又有什么样的结果呢？我们从商务印书馆的代表律师丁榕后来在为商务做的辩护词中看到这样一段话：

> 西历千九百有十年正月十二日，原告公司中之董事名费英盾者，曾致书被告，内开："又闻贵行尚拟以此等办法施之于本公司之出版迈尔通史，此事我等亦知非万国版权公法所能禁"云云。后被告公司中董事兼充经理之张公元济，游历西洋，费公复

面述斯语。

由此我们得知，张元济到美国纽约后是和金恩董事费英盾（即上文提到的"费英焘"）做了当面洽谈，应该结果不尽如人意。

最后要说的是，金恩对商务的翻印做法也准备采取相应的对策，那就是在当地开办印刷厂，直接印刷销售原版书。虽然此事实施起来颇有难度，对金恩也没什么益处，但是有几家当地企业与金恩进行了洽谈。至于是否在当地开办印刷厂，就看商务是否转变态度，不再翻印。

最终，商务还是翻印了迈耶斯的《欧洲通史》（即上文所说的《通史》）以及其他书籍，导致了1911年金恩对商务的诉讼。双方因为利益不同所致，从最初的期望合作迅速转向了两相对抗。

二、1911年商务和金恩的诉讼

1. 1911年3月29日之庭审

据《申报》1911年3月30日的报道："美国金恩公司在本埠公共公廨控商务印书馆翻版一案，昨日下午奉宝谳员与赞副领事会同审问。"3月29日（宣统三年三月初一），金恩控告商务翻印其《欧洲通史》一案，在上海租界会审公廨正式开庭审理。会同审问的是宝颐谳员（即会审公廨的正会审官）和美国驻沪领事馆的赞副领事（J. P. Jameson）。原告律师是佑尼干（T. R. Jernigan）和弗心登（S. Fessenden），上海伊文思书馆的老板爱德华·伊文思（Edward Evans）是原告的代理人。被告律师是礼明（W. S. Fleming）和丁榕（Alexander Ting）两位。

在正式开庭后，原告律师佑尼干说："这是美国的金恩公司对中国的商务印书馆的诉讼。该诉状由爱德华·伊文思先生作为金恩公司的代表签署，其代表该公司的许可已通过适当形式的正式确认，我将其提交法庭。"在诉状中,金恩公司宣称自己是本案涉及的书籍《通史(大学和高中用)》(*General History for Colleges and High Schools*)的著作权人和出版商,且在商务印书馆侵权之前销售状况良好。商务印书馆的侵权是指他们在自己的出版社把《通史》当作自己的财产出版并出售盈利。

爱德华·伊文思本是英国人,1903 年左右开始在上海经营伊文思书馆,到 1908 年就已经初具规模。作为金恩公司的代表,他进一步声称,他的委托人供应 2000 册原版《通史》在中国销售,原本销售状况良好,而商务印书馆乘机原样重印《通史》,严重影响到了它的销量。他将金恩的原版书和商务印书馆的盗印本提供给法院作为证据,证明被告蓄意侵犯原告权利及其欺诈、不名誉行为,滥用他人的权利并占为自有,利用他人的劳动和财产并从中获利。伊文思陈述说他于六年前在纽约和金恩公司签订协议,获得在中国销售其原版书的代理权,有权在本案中直接起诉商务。为了作为呈堂证据,他于 2 月初到商务印书馆位于河南路的门市购买了一本《通史》盗印本。原版书在美国售价 1.5 美元,而其盗印本在上海售价 3.75 元,经过汇率换算,不到原书价的一半。

丁榕大律师代表被告应诉,他认为:

> 此案之被告系商务印书馆有限公司。该公司乃联合同志华商,遵照部章,禀部立案之公司。在中国颇有名誉,其营业亦众所共知,系印刷、发行、翻译、编辑、运兑各种书籍及一切之教育品,有分馆二十家在各省之大都巨邑。所出版之学堂用书,种类繁多,编辑精良,遍十八行省及外藩,无不行用之。学部知其精良也,故凡官立学堂,更无有不采用商务书馆之书籍者。而该馆之为此印刷营业,则又系为力求教育发达起见。书良价廉,即其明证。此贵公堂所素知,亦上海凡有智识者所共晓。顾仆犹缕晰言之者,此非欲以所已知之事渎之公堂,乃欲公堂勿忘该馆系有名誉之公司,庶于

判断或不无少助乎。

他首先提醒法官他所代理的商务印书馆是中国一家颇有名望的公司,从事印刷出版事业是为了本国教育的发达,书良价廉就是明证。他认为此案关系重大,"不但与被告有直接之关系,即上海及外埠之各书业,亦有间接之关系;不但与各国之大小书业有关系,且于我教育之前途,有大影响。"必须认真对待。

而被告是否侵犯金恩公司版权,必须以法律为依据。金恩董事费英焘曾在1910年1月12日给商务的信中提到"按照万国版权公例,原不能禁止贵馆之翻印。"《万国版权公例》即《保护文学艺术作品伯尔尼公约》,中美两国此时均未加入该公约,则应该退而求其次,看两国是否签订了双边版权保护协议。1903年两国签订了《中美续议通商行船条约》,其中第十一条专门言及版权:

> 无论何国,若以所给本国人民版权之利益,一律施之美国人民者,美国政府亦允将美国版权律例之利益,给与该国之人民。中国政府今欲中国人民在美国境内得获版权之利益,是以允许凡专备为中国人民所用之书籍、地图、印件、镌件者,或译成华文之书籍,系经美国人民所著作或为美国人民之物业者,由中国政府援照所允保护商标之办法及章程,极力保护十年。以注册之日为始,俾其在中国境内有印售此等书籍、地图、镌件或译本之专利;除以上所指明各书籍、地图等件,不准照样翻印外,其余均不得享此版权之利益。又彼此言明,不论美国人所著何项书籍、地图,可听华人任便自行翻译华文印售买。

商务印书馆在中国出版的《通史》并不符合美国人"专备为中国人

民所用"或"译成华文之书籍"的要求。假如该书由美国人在中国出版并在书中标明"专备为中国人民所用",或者由美国人翻译成中文版在中国出版,则必定收到中国法律的保护。而资政院1910年11月通过的我国第一部著作权法——《大清著作权律》"未尝言及外国人所著所印之书,亦未尝言及在外国出版之书。此尤足见,外国书仍可照前翻印,不因新律而有所增损。"

丁榕还特别提到,1905年,商务曾将"拟译拟印之书,开单呈请核示。所谓迈尔通史者,亦在原单之内。"而当时的外务部对此书单准行批示立案。

因此,无论是从国际版权公约、双边版权协议,还是新著作权律、政府文件来说,金恩控告商务印书馆在中国翻印其《通史》侵权,均没有法律依据。

商务总经理经理夏瑞芳也作为被告证人传讯到庭。他陈述曾与原告有生意上的往来,重印此书纯粹是为了中国学生的利益着想,对大多数中国人来说,原版书的价格太高了,此举纯粹为了降低教育成本。结果是,这本书在2个月内卖出了1000册。在商务的重印本中,没有任何证据证明此书是由金恩出版的,夏瑞芳的意思是他们移除了金恩的商标。而按照美国法律,他们有权未经许可,在中国重印该书。

2. 1911年3月31日之庭审

1911年3月31日,本案在上海租界会审公廨再次开庭审理。代表被告的礼明律师首先起立发言:

> 查此案有书一种,名《中学以下各学堂用迈尔通史》,先在美国得有版权。今日之控,乃禁被告便不得翻印售卖是书也。是书似已由著作者将版权让与原告,俾得在美国国中印售。此节虽未据呈有证据,然可想而知其当然也。至被告,曾将是书翻印发售于中国

地方，被告固无所用其隐讳。顾谓原告，在中国有是书之版权，可禁被告之翻印，则被告碍难承认。盖不但原告无此版权，即原告之外之人，亦未必有此版权。不但被告可翻印是书，即被告而外之人亦未必不可翻印是书也。

他认为，金恩虽然拥有《通史》的版权，但无法禁止被告和被告以外的人在中国翻印该书，因为"原告欲争此权利，其不能出中国法律之范围，及中国与美国订立之条约也必矣。"他坚称"此版权原告不但未能得，且在中国地方，亦不应享受。其故非他，诚以中国之律，治中国人者也。"

接着，他专门论及《通史》是否符合《中美续议通商行船条约》第十一条所谓"专为中国人民所用"的前提条件：

《迈尔通史》者，美国出版之书也。销路广于美国，而溢［隘］于中国者也；全书之文，纯用英文者也；全书约八百面，而言中国历史，则只有九面者也。倘该书果专为中国人民之教育之用，吾知作书者且将用华文，而不用英文。诚以中国之大，人民之多，而通英文者则甚少。作书者专为中国人民之用，则必不肯取其不通用之语而强之用。盖历史者，非英文读本第一册所可比者也。况其书作于美，为美之中学及中学以下各学堂之用。其所得之第一次版权，亦系在美。是作书原意纵非纯为美国学生购用起见，亦必多半为美国学生起见。其作书之日，固未尝预知将来其书之能销入中国，更不能谓其因中国之销路，而始作是书也。

从他的陈述来看，他认为该书是金恩"为美之中学及中学以下各学堂之用"，也即"专为美国人民所用"而不是"专为中国人民所用"。

作者写作和金恩出版该书,并没有预想到以后能在中国销售,不符合《中美续约》第十一条之规定。

至于侵犯金恩商标一节,礼明认为,"虽然原告呈有美国总领事发给文凭一纸,内开:该书之名,已向本省商标注册处注册有案。"但"注册者,系商标。而金公司之商标,固无人侵扰及之耳。"商务出版的《通史》中已经去除了金恩的商标,何来侵犯商标权之说呢?

最后,他认为:"此案被告既不侵扰权利,亦未违犯公理,乃竟请公堂罚之、谕之、禁之,是实断断不可准行。"而丁榕大律师也起辩,"谓原告所称各节,并无实在法律可据,请堂上将全案即刻注销。"

此案的判决结果,按伊文思一方的说法,即"会审委员竟谓并非光绪二十九年美国商约第十一款所载专备为中国人民所用之书籍,不肯判断。"也即原告败诉。本案在上海会审公廨也就是美国人的势力范围内审判,还有美国驻沪副领事作为陪审法官,商务能打赢官司,实属不易。

3. 商务和金恩版权纠纷之彻底解决

虽然上海会审公廨此后的判决结果是伊文思及其代表的金恩公司败诉,商务盗印其《通史》罪名不能成立,此案暂告一段落。但伊文思为扩大其业务,与商务竞争,并不就此善罢甘休,先后策动美国驻沪总领事、英国驻华公使、美国驻华公使参赞等妄图干涉此事,再图变数。

据《上海书业商会上两江总督江苏巡抚呈》:

> 乃有美国经恩公司 Ginn & Go 以上海商务印书馆翻印该公司出版之《欧洲通史》General History by Myers,朦恩驻沪美总领事,函请江海关道谕勿再出售等情。查《欧洲通史》一书,并非专备中国人民之用,按照条约,即不得在我国享有版权,此理甚明。美总领事违约要来[求],意存尝试。若不据约驳拒,此风一开,不惟商

业受其影响，教育前途亦将大有阻碍。业已呈请江海关道据约驳拒，谨再词吁，恳大人鼎力主持，俯赐察核，根据条约严辞驳拒，以保主权，而宏教育。所有美商误认版权，吁请据约驳拒缘由，除具呈督部堂、抚部院外，理合备文上呈。

面对美国驻沪总领事的无理要求，上海书业商会要求有关上司"据约驳拒"，因为"此风一开，不惟商业受其影响，教育前途亦将大有阻碍。"对我国出版业及相关的教育界相当不利。两江总督和江苏巡抚对此的批示是"既据禀请上海道据约驳拒在案，仰该道迅即查照约章，办理此事于商业教育均有关系，勿稍玩视、切切。"上海道据此，则于4月22日致函上海书业商会，照此办理。

伊文思一计不成，又生一计。他仗着自己的英商身份，要求英国驻华公使朱尔典照会清外务部。商务印书馆立即上禀外务部云：

《欧洲通史》一书，即翻印书目所列之《迈尔氏通史》，并非专备中国人民之用，即不得在我国享有版权，其理甚明。今乃藐视约章，违背公例，实为非理之要求。且欧洲各国书籍，美亦屡有翻印，彼此均不过问。即如英国所出第九版《百科全书》二十五册，曾经美国翻印出售，售价不及英国之半，英亦无可如何。举彼例此可见，美国有意欺藐，妄肆要求。

面对来自英国公使的责难，商务则指出美国也曾翻印英国书籍，售价不到原价一半，英国也不可奈何。1911年6月27日，外务部照会朱尔典公使，针对伊文思所说的商务印书馆"不但窃印美国书籍，至将英国书籍一律窃印，减价售卖"的诬告，严正指出"该馆此举，确为普及教育起见，诚如来照所谓善举者，意非专在攘利。且中国未入版权同盟，商家翻印书籍既非有违条约，自属无凭禁止。"

可是，打退了英国驻华公使的进攻，又来了美国驻华公使馆参赞的进攻。美国驻华公使馆参赞卫理（Edward T. Williams）到外务部提出无理要求，按《外务部致上海道函》的谈话情形如下：

> 美参赞：上海商务印书馆将美国人所著之书翻印一百余部，在中国售卖。著书人暨原印各书局不能分利，颇觉吃亏，似应设法保全权利。
>
> 外务部：答以按照条约，凡为中国特著之书，方能禁止翻印；其非为中国特著者，约章并无禁止翻印之条。该馆所翻印之书，是否特为中国著作？
>
> 美参赞：各书虽非为中国著作，然均系中国可用之书。若任听华商翻印，致伤著者权利，未免稍欠公允。可否请贵部饬令沪道，转饬该书馆与原印各书局，订一妥善办法，俾彼此可得翻印之益。
>
> 外务部：此系商业，本部碍难电饬沪道，设法办理。贵国著书人等，若自以为理直，尽可赴公堂诉讼。
>
> 美参赞：前因《史记》一书曾与该书馆涉讼，未能得直。最好由贵部转饬沪道，饬令印书馆斟酌一公允办法。
>
> 外务部：贵大臣既谆谆来说，可令本部丞参作一私函，将贵大臣之意告知沪道，惟不能作为公事各等语。

从双方谈话可以看出，美国卫理参赞要求外务部通过上海道，向包括商务印书馆在内的各书局施压，订立妥善办法。外务部大打"太极拳"，因为这是中美出版社之间的商业行为，外务部不能出面干涉。如果美国的作者和出版社认为理由充分，可以再打官司。面对对方的一再施压，外务部最后提出的解决办法是由本部丞参给上海道写一封私信看看结果如何。

1911年8月23日，上海道致信商务印书馆：

> 间接美国维总领事来函，属为转致贵馆与金恩公司经理人商明，倘承认，则酬以应得利益等因，并接外务部丞参函，属转告自行妥商，以期和平了结。

"维总领事"即卫理参赞。上海道的意思是商务印书馆和金恩公司双方协商，自行妥善解决此事，不要再惊动官府。1911年9月2日，商务印书馆复函上海道：

> 应由尊处转嘱原告与敝馆，若获有印刷此项书籍之允许，应予金恩公司以交换之利益等语，敝馆不能承认。敝馆翻印此项书籍，系遵照中美条约为应得之权利，无庸待金恩公司之允许。……敝公司同人商酌，极愿仰体部意，静候金恩公司经理人前来商量。倘该公司所开办法果属公允，自当和平了结。

商务认为自己翻印相关书籍合理合法，并没有上门去请求允许之必要。我们给官府面子，可以静等金恩前来商量，如果对方提出的办法公平合理，此事当可以和平解决。

对此，1911年9月24日，上海道转达卫理参赞提出的解决办法：

> 本总领事仍望传谕该馆，速派一人，定于何日何所晤商此事。由尊处先行函知，以便转致金恩公司经理人伊文思。届期由本署派员陪往，互商一最公平之办法，俾商务书馆获有印刷此项书籍之权利。倘彼此两面仍不能议决，即延公正人别筹判断之良法。

既然双方都不愿意到对方处商量，就双方各派一人在双方地址以外之地，由卫理参赞派人陪同，彼此商量出一个最公平的解决办法。而对此，1911年9月26日，商务印书馆致函上海道云，既然卫理参赞的意思是"金恩公司与敝公司自行妥商，和平了结"，那么"金恩公司自知此事本为两国条约所许，商议系由特别通融。所开办法，果属和平，敝公司亦无不愿和平了结也。"

面对卫理参赞的一再施压，商务印书馆毫不妥协，亦不退让。此事也就不了了之了。此后，伊文思书馆仍然是金恩、麦克米伦等西方大出版社在中国的唯一原版书销售代理商，并策划出版了"专备为中国人民之用"的西书中国版。而商务印书馆则加强西书部人手，加强与西方其他出版社的联络，不惜压价与伊文思书馆竞争。到了1919年，乘伊文思书馆经营不善之际，商务与金恩再度联系，于第二年达成在中国独家代理金恩原版书销售的协议，这就是后话，不在本文的论述范围之内了。

三、总结

1910年商务印书馆和美国金恩公司的最初接触，没有成为中美出版合作的良好开始，由于各自的立场反而陷入了一场版权纠纷。1911年3月金恩向上海会审公廨控告商务非法出版其拥有版权的《通史》之后，双方展开了两轮庭审辩论。而金恩在败诉之后，企图利用美英使馆之力向有关当局施压，企图让商务印书馆做出让步。而商务凭借《中美续议通商行船条约》第十一条的版权条款，顶着内外各种压力，有理有节，按游戏规则办事，最终得以完胜，成为20世纪上半叶中外纠纷"西强我弱"大环境下不可多得的胜诉案例。

当时包括商务印书馆张元济、夏瑞芳在内的卓越出版人破除了西方大出版社强加在我们身上的"盗版"污名,为我国出版社利用国外出版资源扫除了障碍,提供了强大的法律保障和案例实践。这既为我国的出版社赢得了极大的发展机遇,更为中国人赢得了莫大的荣誉。

(刊于《北京印刷学院学报》2022年第1期,合作作者:李媛媛、周杨)

参考文献

[1] 上海书业商会:《重订翻印外国书籍版权交涉案牍》,上海:上海书业商会1923年版。

[2] 丁伟、马楠、李天赐:《近代伊文思图书公司创办时间述考》,载《文物鉴定与鉴赏》,2020年第24期,第31—34页。

[3] 张元济等著,叶新编:《环游谈荟》,北京:西苑出版社2019年版,第75—77页。

附录

钱歌川的《傲慢与偏见》翻译连载

民国时期是英国著名女作家简·奥斯汀及其作品传播的开创期,这一时期的译介传播主要是围绕她的代表作《傲慢与偏见》展开的。1935年,商务印书馆推出了《傲慢与偏见》的杨缤译本,大学出版社推出了董仲篪译本。但在此前后,《傲慢与偏见》的译文在期刊上不断地翻译发表。《心远周刊》1933 年第 23 期刊登了微西翻译的《傲慢与偏见》第一章。到了 1948 年,钱歌川开始在《中华英语半月刊》上连载《傲慢与偏见》的译文,长达两年之久。起因是他对于《傲慢与偏见》的杨缤译本翻译质量不满所致。本文主要论述这一期刊翻译连载活动的起因、过程和结果。

一、起因

钱歌川(1903—1990),湖南湘潭人。著名散文家、翻译家、教授。肄业于长沙明德中学,1920 年去日本留学。1929 年进入中华书局任文艺编辑,1933 年参与创办《新中华杂志》。1936 年赴英留学,在伦敦大学学院研习英国文学。1939 年回国后任武汉大学、东吴大学等校教授。抗战胜利后,任中国驻日本代表团主任秘书,1947 年任台湾大学文学院长后,一直在台湾各高校执教,1964年又去新加坡任教,直至1970年退休。晚年侨居美国纽约,专事著述。

钱歌川是著名的英语专家。尤其是在英美文学翻译方面,既有译作,也有译论。前者有《地狱》《安娜哀史》《娱妻记》《月落乌啼霜满天》等,后者有《翻译漫谈》《翻译的技巧》《英文疑难详解》等。1944年,中华书局在重庆创办《中华英语半月刊》(*Chung Hwa English Fortninghtly*),他出任主编。抗战胜利后搬往上海,1950年5月该杂志停刊。他不仅编稿约稿,自己也提供稿件,集编、译于一身。这是民国时期期刊界常有的现象。该杂志是编辑和印刷、发行分离,编辑地在台湾,而印发地在上海。1949年4月底,上海解放,和台北的联系被切断,主编钱歌川留在台湾不归,杂志也就办不下去了。

钱歌川主编、中华书局出版的《中华英语半月刊》1948年第9卷第11期刊登了一篇题为《关于翻译〈傲慢与偏见〉》文章,说到:1947年下半年,该文作者曾经在《和平日报》"台北版"连载《傲慢与偏见》的译文,朋友饶余威便告诉他中国早就有翻译了。他马上写信到上海去买,商务印书馆的回信是书已绝版,但是过了半年,他忽然接到商务印书馆的通知,说他定的书已经再版出来了,他马上去买了一部。

这篇文章主要是说"杨缤译本"翻译质量差的问题,他因此有理由继续翻译发表译文。该文没有署名,但该杂志的主编是钱歌川,而从1948年第10卷第1期起,《中华英语半月刊》开始连载《傲慢与偏见》的译文,署名是"钱歌川"。因此,我们有理由判断,该文的作者就是钱歌川。

钱歌川写这篇文章时正译到《傲慢与偏见》的第20章,因此他就对比了杨缤的译文,他的评价都是"发现了可疑的地方""殊不妥""错误""比较草率","与原文的意思就恰好相反了"等。

他的本意是"是不是还要继续翻译下去,只好看原有的译得如何,

如果译得不错的话,我就无需要再译了,如果译得不忠实,那么我便还有译下去的必要"。但是对比后的结论如下:

> 在这任意指定的一两面之间,就发现这许多误译和不妥的地方,如果从头校阅起来,可能还有不少需要斟酌之处,这部书是民国二十四年六月由商务印书馆作为世界文学名著之一出版的,到现在已经印了四版,如译者有心想要改正,也至少有过三次的机会,时间也经过十二年之久,可见她已经把它作为定译本了。如果这译本不加修正,或有另外的从新来译过一次,这位英国的一代闺秀作家,将永远不能得到忠实的介绍了。想到这里,我便决心还要把它译下去,虽则我将来译出来,也未见得完全能够传出奥斯丁的神貌,但望至少在表面的字句上,不要有太多的错误就满意了。

既然杨缤译本的错误如此之多,钱歌川重译、续译的理由也就充足无疑。译文经过不同的人持续不断的推敲,才能成为经典的译文。但钱歌川说杨缤至少有三次机会重译却没有重译,是杨缤已经把它作为定译本了,也是一种猜测。杨缤译完此书,就彻底走上了革命道路,先是投入抗日活动,然后又出国留学,13年间既没有时间,也没有兴趣再看原译。

钱歌川为了给自己找个重译的理由,实有苛责杨缤之嫌。因为杨缤翻译该书时只是燕京大学的一名学生;而此时的钱歌川已经是著名教授、杂志主编,有不少成熟译作了。在杨缤译本的基础上,钱歌川本应有自信提出更加可信的译文,但他在这一段的最后也还是谦虚了一番,反而不敢对自己有"苛求"了。翻译是无止境的,固然钱歌川可以批评别人译本的不好,但是自己正式发表了译文之后,也就与杨缤一样成为别人的批评对象了。

二、翻译连载过程

除了《中华英语半月刊》之外，中华书局早在 1919 年 4 月 5 日就创办了《中华英语周报》（*Chung Hwa English Weekly*），内容有国内大事、各界新闻、小说、自修指引，后由增加会话、应用文等。先后由马润卿、桂绍盱、王翼廷主持。1928 年出至 413 期，因改组暂停。1929 年 3 月复刊，分初、高级两种，至 1937 年"八一三事变"停刊。

《中华英语周报》也曾在 1924 年刊登过简·奥斯汀的作品，刊登的是《傲慢与偏见》的第一章，编者为其取名为 "A family scene"（家庭一幕），题目之下是 "Biographical Note"（作者小传），介绍了简·奥斯汀的生平、家庭、文学品味，认为《傲慢与偏见》是她小说的代表作。除此之外，正文的页下还有注解。这是国内期刊上见过的最早刊登的英文原文了。从名称、出版者来看，《中华英语半月刊》和《中华英语周报》是有内在联系的两本杂志。

而在《中华英语半月刊》的 1948 年 10 卷第 3 期上，钱歌川开始从第一章起连载《傲慢与偏见》，署名"钱歌川 译注"，直到 1949 年 11 卷第 10 期为止，总计刊载了 19 期，只翻译到了第十章，约占总章数的 14.49%，英文总字数的 8%。

经统计，钱歌川的译文在这 19 期上总共刊登了 91 页（1949 年 11 卷第 8 期未发现原文）之多。第一、二、四、五章只在 1 期登完，第三、六、七章登了 2 期，第八、九章登了 3 期，而第十章登了 4 期，完全看篇幅及排版安排。按这样的刊登速度，估计还得连载 9 年才能完。

不同于《中华英语周报》只刊登原文，《和平日报》台湾版只刊载译文，《中华英语半月刊》是一本英语学习性质的杂志，对《傲慢与偏见》的刊登采取了中英文对照的方式，左边是原文，右边是译文，均为横排，便于读者对照学习。左边原文的行间距是相等的，但是为了使对应的译文排在同一页，右边的行间距不是相等的。英文原文的中文注解则放在正文的下方，便于读者参考。

三、译文质量及反馈

那么钱歌川的译文质量如何呢？我们来看第一章的第一句"It is a truth universally acknowledged, that a single man in possession of a good fortune, must be in want of a wife"，他是这么翻译的：

　　一个有钱的单身男子，一定需要一个妻室，这是大家都承认的一种真理。

王科一译本是公认的上佳译本，他对此的翻译是"凡是有钱的单身汉，总想娶位太太，这已经成了一条举世公认的真理。"1985年，该译本被选入"外国文学名著丛书"，由上海译文出版社出版。著名英美文学专家朱虹教授在为该译本写的"《傲慢与偏见》序言"中是这么说的：

　　《傲慢与偏见》开卷第一句话便宣称："凡是有财产的单身汉，必定需要娶位太太，这已经成了一条举世公认的真理。"在这里，关键的字是两个：有"财产"和有"需要"。原文中的 in want of 系指客观需要，不是主管"想要"，这种提法使命题更具有"真理"的客观性。

朱虹这段话的意思在于像达西这样有钱的单身汉并不急于要娶一位太太，但是像班纳特太太这样急着嫁女儿的却是急于让达西娶自己的女儿做太太。两相比较，朱虹和王科一的译文不尽相同，朱虹而与钱歌川的译文基本相同。他俩都将"in want of"翻译成了"需要"，偏向客观事实，而王科一译为"想"，但是偏向了主观意愿一点。

杨绛先生在《文学评论》1982年第3期发表了《有什么好?》一文，专文分析了《傲慢与偏见》的小说艺术。她在文中指出：

《傲慢与偏见》开章第一句："家产富裕的单身汉，准想娶个妻子；这是大家公认的必然之理"。接下说："这点道理深入人心。地方上一旦来了这么个人，邻近人家满不理会他本人的意愿，就把他看作自己某一个女儿应得的夫婿了。"

这里的"准想"和"一定需要"完全一致的。因此，钱歌川的译文应该是比较到位的。这是因为他比较用心、投入，有自信、有愿望超过杨缤译本的缘故。只从译名来看，也比较典雅，与现代译文接近。

相比较而言，钱歌川的译文比较达雅，归化色彩较浓，而杨缤的译本则属于"硬译"，异化色彩较浓。钱歌川翻译的人名不超过三个字，姓氏有彭、蓝这样的中国姓氏特征。为了简洁、好记，二女儿不论是正式名字"Elizabeth"，还是昵称"Lizzy"，一律译成"丽芝"；而杨缤则分别译为"伊利沙伯""丽芝"。"伊利沙伯"看起来也不像个女孩子的名字。四女儿不论正式名字"Catherine"，还是昵称"Lizzy"，钱歌川一律译成"琪蒂"；而杨缤则一律译成"加撒琳"，不够简洁。

当然，钱歌川也有翻译不够准确之处，比如将"Charlotte"译为"夏娜"，简洁是简洁了，但不如杨缤的"夏绿蒂"接近原发音，后者倒成了一个通行的译名。

关于地名，这里只举"Netherfield Park"一例。杨缤译为"雷则尔场园邸"，是"音译（Nether）＋意译（field）＋意译（Park）"，显得啰嗦；钱歌川则译为"芮翡园"，是"音译（Netherfield）+ 意译（Park）"，显得简洁、雅致。

钱歌川也认真听取读者的意见。比如在他同样任主编的《初级中华英语半月刊》（*Chung Hwas English Fortnightly, Junior Section*）1949 年第 1 期上刊登的"答读者问"中，有这样的内容：

国立武汉大学扬江柱问：——在高级第十卷第六期第二十六页第七、八行（傲慢与偏见的译文）为"宾雷先生曾和她跳舞过两次，在姊妹行中时她特垂青睐"。这句中的"她"当然是指丽芝。照原文看来，对丽芝特垂青睐的是 his sisters，也就是宾雷的姊妹。现译作在姊妹行中，似有被误解为丽芝姊妹之嫌，不知高见如何，请赐指教。

编者答：——就译文看，意思确有点不大显明，拟改正如为"……宾雷姊妹也对她特垂青睐."承指教，多谢。惟所云句中的"她"系指丽芝，想系笔误，应指珍妮才对。

在这里，钱歌川既虚心承认了自己的错误，也指出了读者"扬江柱"的笔误。他做过多年期刊编辑和英语翻译，注重传播效果和读者反应，其译文翻译质量上超过杨缤译本是自然不过的事。

四、结语

这是笔者所见的最早的中英对照的《傲慢与偏见》，可惜没有译完。如果不是因为政权更迭的原因，《中华英语半月刊》停刊，终止了译文的连载，钱歌川将继续译完全文，然后再出单行本也未可知，那样的话我们就会多出一个全译本，或者成为我国历史上第一个中英对照本了。但这毕竟是假设而已。

爱丁堡大学书史专业硕士教育浅析

世界上的第一个出版学学位诞生在英国。目前整个英国共有 12 所大学开设出版专业，其中的 9 所开设出版专业研究生教育课程，爱丁堡大学（University of Edinburgh）就是其中之一，其特色就是书史专业硕士研究生教育。

作为全球知名的一流大学，爱丁堡大学在书史、著书目录以及文本专业知识等领域的地位举足轻重。而"书史和印刷文化"（Book History and Material Culture，以下简称"书史"）专业正是其出版学研究生课程，隶属于文学、语言文化学院（Literatures, Languages & Cultures）属下的英国文学系（English Literature），由书史研究中心 Centre for the History of the Book）直接管理。

一、教学目标

书业史专业是一个充满活力和不断发展的跨学科研究领域，致力于研究书籍这一物质文化领域的手工艺品。它提醒我们归属于精神世界的思想的传播有赖于物质世界的种种媒介，无论是中世纪的手稿还是现代的电子阅读器，都在不断地证明这一点。它的诸多研究能够向我们说明印刷是如何刚好顺应了 15 世纪 30 年代到 1800 年间居于统治地位的文化的时代要求，以及印刷在如构建新的体系，推动新的社会学知识出现和对自我的新理解等众多方面发挥的巨大作用。同样它的相关研究及其成果能够帮助我们理解我们当前正在经历的交流革命，正如图书从传统印刷到数字阅读一样。

爱丁堡大学的书业史硕士学位是一个理学硕士学位（Master of Science），起初的设计目的主要是针对两类人群。一是准备继续深造的本领域学生，二是为获得更高的学位帮助自己发展事业而重新选择接受高等教育的人。近年来，书业史专业吸引了来自海内外不同学术和专业背景的优秀学子。有些是出于攻读博士学位和继续进行学术研究的目的，而另外一些则是有志在出版领域和图书馆、档案馆、博物馆以及其他文化机构开创事业的人。

书业史专业旨在通过相关课程的学习，让学生接触和了解当前书业史领域在历史方面和理论研究方面的最新动态。充分认识到媒体形式和技术的广泛范围，从手稿到电子文本的不断变革过程。了解并掌握有关印刷的先进档案研究方法论，理解并有效运用书业史专业围绕保存、编目、数字化、陈列和收集管理等相关问题的理论知识，同时不断锻炼和提高自身实践能力。总而言之，它的教学目标紧紧围绕着那些想继续深造以及为发展事业而谋取更高学位的人这一最初的设计目的。

二、学制

书业史研究生教育为一年学制。整个教学分为两个阶段，第一阶段是课程内容学习阶段，第二个阶段是毕业论文写作阶段。第一阶段的课程内容学习分两个学期进行，从 9 月到次年 3 月，第二阶段的毕业论文写作的时间是从次年 3 月到 8 月，而论文的准备阶段在第二学期的课程学习中就已经开始了。

三、课程设置

在课程设置方面,爱丁堡大学的书业史硕士专业包括两门核心课程,两门选修课程以及一门贯穿两个学期的研究技巧和方法课程,除此之外还有学生需要完成学分要求的实习工作。

两门核心课程分别是"书业文化"(Cultures of the Book)和"古本整理"(Working with collections)。其中前者的主要目的是通过研究从手稿文化到电子文本的发展向学生讲授书业历史,而后者则将围绕古文献这一主题向学生讲授保存、管理、陈列和特殊收藏等一系列问题。两门核心课程的教学时间都是 200 小时,其中研讨课 20 小时,内容学习课 4 小时,指导学习和独立学习时间 176 小时。课程结束时,授课老师会给学生提供一系列研究课题,学生从中择一提交一份 4000 个单词的论文。

而在选修课程方面,书史硕士专业要求选修两门课程,每学期一门即可。可供选择的课程有 13 门,比如"批评理论:问题与辨析"(Critical Theory: Issues and Debates)、"启蒙运动和浪漫主义 1688—1815"(Enlightenment and Romanticism 1688—1815)、"小说探究"(Exploring the Novel)、"审查制度"(Censorship),等等。

研究技巧和方法课程共有两个学期,第一个学期的研究技巧与方法课程几乎覆盖爱丁堡大学文学、语言和文化学院的所有研究生。在第一学期的课程学习当中,学生将了解进行艺术和人文研究时所需的一般技能,旨在为学生介绍进行学术研究的途径,尤其是在资料收集、评价标准制定以及计划有效实施和结果核查方面的研究方法。在第一学期课程内容学习的基础上,第二学期该课程将开始由英国文学系的教师团队进行为期 6 周的授课。这一学期的授课内容主要是关于理学硕士毕业论文写作的相关具体要求，目的在于让学生熟悉一系列具体学科理论和概念上的问题。这将有助于论文大纲准备和最终论文的写作。该课程结束后要求学生有一个完整的论文大纲计划上交，这也为接下来的论文写作做好了准备工作。第二学期的研究技巧和方法课程安排在每周五下午上课。第一周和第二周，学生们会分为两组，上课时间为一小时。第三周学生会参加一个关于介绍方法论的讲座。在第四周到第六周，学生将会按六到七人为单位分组外出参观。

"工作实习"是教学方案中的规定环节，有学分要求。学生的工作实习一般安排在内部，例如大学图书馆的研究中心和外部的几个合作伙伴机构。而且每年提供实习机会的机构都会有变化，这样让学生能够有更多的选择机会，接触到不同的机构，有不同的收获。除此之外，学校还在积极与众多有潜在合作机会的机构磋商，希望进一步增加学生的实习基地。在实习过程中，学生将会受到实习机构管理人员的训练，而且有机会参与实施具体的工作项目，例如编目、保存、校对、数字化和其他类型的工作。

四、教学方式

在英国，出版向来被视为应用型学科，各大高校在教学过程中都十分注重理论与实践的结合，爱丁堡大学的书史专业同样如此。理论知识部分都采取教授直接授课式教学。以两门核心课程为主的理论课让学生能够对书史专业有一个全面的了解和认识，知晓书业的发展历史和该领域当下的研究状况，同时对领域内一系列问题有充分的认知，夯实学生的理论基础。除此之外，老师会辅以必要的实践，让学生将理论课程中学习的知识运用于实践当中，在实际操作过程中深入了解学科领域，加深对专业理论知识的理解，在实践中检验自身的学习状况和操作能力，在实践—检验—反思—实践的过程中不断提高自身水平。

除此之外，爱丁堡大学书史专业有这样一个传统。每一年5月书史专业的研究生都会和他们的导师在大学校园内举办一个小型会议（Mini-conference）。通过在会议上准备15分钟演讲的方式，在读的研究生向研究生学生和学院的老师们展示他们的工作进程。

这个小型会议由和书史中心相关联的一位博士生或硕士生作一个小型的面对全体的演讲。参加小型会议的学生既是组织者，也是发言人。他们上交论文大纲，然后他们组织自己的会议委员会对这些上交的论文大纲进行同业评审，提出建设性的反馈意见。他们合作完成会议的日程和宣传材料，向大学里的潜在群体进行宣传。

在学生从完成课程到准备论文写作这些时间里，小型会议有六个目标：第一，它鼓励学生在早期清楚表达他们的论文想法；第二，它允许同学和同学或者和学术人员之间研讨这些想法，提供给他们有用的反馈信息，这些信息会帮助他们进行论文研究；第三，它帮助学生获得团队合作去组织活动的经验；第四，它帮助学生发展他们的技能和培养他们的自信心去口头表达自己的观点；第五，它帮助在同学之间建立相互支持的网络，同时他们接受正规的监督，这将支持他们的整个研究和论文写作过程。最后，全体小型会议演讲会变成学生们开始进行智力工作的一个模式。

五、师资力量

在爱丁堡大学，书史专业由书史研究中心直接管理。该中心建立于1995年，作为国际化的学科中心，它主要从事关于印刷材料文化所有方面的先进研究，涉及出版物的生产、流通等。作为这一领域首先建立的研究中心之一，它被公认为是国际上关于书史和相关课题研究的领头羊。目前该中心共有45位成员，其中教授有20名，拥有博士学位的成员超过一半以上，在职教师有10位。由此我们可以看出在师资上，爱丁堡大学书史专业拥有着丰富的教师资源，而且大多数教师除了拥有丰富的教学经验，还有从事编辑出版第一线的工作经验，他们能够及时了解业界动态，洞察业内最新发展趋势，让学生与业界联系紧密。下面就以其中的两位为例。

汤姆·摩尔（Tom Mole）：博士，书史研究中心主任。他主要研究英国浪漫主义文学，同时也对书史和印刷文化、名人文化史（Cultural History of Celebrity）、期刊写作（Periodical Writing）和接受理论（Reception History）颇有研究。他曾在英国布里斯托尔大学（University of Bristol）求学。现在英国格拉斯哥大学（University of Glasgow）、布里斯托尔大学兼职讲学。同时还以副教授和威廉·道森学者（William Dawson Scholar）的身份供职于加拿大蒙特利尔麦吉尔大学（McGill University in Montreal, Canada）。他曾是该大学交互印刷研究小组（Interacting with Print Research Group）的主要负责人。

摩尔和米歇尔·利维曾在2014年一起编辑过一本名为《书史领域大视角读本》（The Broadview Reader in Book History）的书。他是《美国现代语言学协会会刊》咨询委员会（PMLA Advisory Committee）的成员之一，也是《拜伦杂志》（Byron Journal）的主编之一，还是布里斯托尔大学浪漫主义研究中心（Centre for Romantic Studies at the University of Bristol）的理事。他还曾在2013年成为英国杜伦大学高等研究所（Institute of Advanced Study at Durham University）的资深会员。他公开发表的专业学术论文和著作高达40篇，而且具有丰富的编辑出版经验，是一位理论水平高深和教学经验丰富的专家学者。

理查德·加莫森（Richard Gameson）：书史专业教授，专门从事从古代到文艺复兴时期的书史研究以及中世纪书艺的研究。他在中世纪手稿、书籍以及艺术和文化史方面公开发表的研究成果超过 90 项。他独立创作了 8 本专业著作，参与了 59 本专业书籍的创作、6 本书籍的编辑工作，还曾参与一个研究数据库的构建。他的教学课程包括"书的考古：从古代到文艺复兴时期的手稿学和文化"（Codicology and Culture from Antiquity to the Renaissance）、"古文书学：从古代到文艺复兴时期的抄写员及其抄本"（Paleography：Scribes and Script from Antiquity to the Renaissance）、"从纸莎草到印刷：书史的不同篇章"（From Papyrus to Print：Chapters in the History of the Book）、"中世纪生活和艺术中的书史"（The Book of Hours in Medieval Life and Art）和"彩饰手抄本的世界"（The World of Illuminated Manuscripts）等。

六、结语

出版学科包括出版理论、出版实务、出版史等方面的研究，目前国内人多注重的是实务研究，对出版的理论和历史尤其是历史关注不多，这也反映了业界的强烈需求和导向，以及出版研究界在取舍上的回应。但如果把当下的传播技术演变对出版业的影响放在历史长河中来看，我们就会以史为鉴，正确对待技术和行业的辩证关系。而包括出版史、书史、印刷史在内的研究方向则显得十分必要。国内的出版史研究如果能了解国外的书史相关研究和教育的概况，并能和爱丁堡大学的书史研究中心乃至全球的著名高校书史研究网络相互沟通、同气相求，则必然加强广大书史研究者的信心，吸引更多的学子报考书史、出版史、出版文化等专业，以培养本专业方向的后备力量。

（刊于《北京印刷学院学报》2017 年第 3 期，合作作者：杨霄、后宗瑶）

《古今图书集成》入藏大英博物馆研究

中国古代最大的综合性类书《古今图书集成》的编纂起于 1701 年，成于 1726 年，又被称为《钦定古今图书集成》《图书集成》《康熙百科全书》《中国百科全书》等。它的印量极其有限，又历经数次书厄，现存不多，全本就更为珍稀。但是，英国的大英博物馆却有幸拥有一套全本，可以说是其中文部的"镇馆之宝"。本文拟在尽量搜集相关文献的基础上，考证 140 年前大英博物馆购藏这套大书巨制的全过程，论述其经济意义、社会意义和实用价值所在。

一、郭嵩焘日记的有关记载

郭嵩焘的《伦敦与巴黎日记》中有两条《古今图书集成》有关的记载，报道了它被购买和归藏大英博物馆的大致过程。1877 年 3 月 26 日（光绪三年二月十二日）的日记记载："德罗巴来见，始询知妙西阿姆掌管汉文书籍，以居中国久，能通汉文故也。现在京师购买《图书集成》，已出价五千金。据梅辉立信，须银八千。" 1878 年 10 月 1 日（光绪四年九月初六日）的日记又记载："姚彦嘉诣铿心登妙西因，观所新购之《图书集成》。司事德吉利士相为庆幸，以为周地球内第一部大书也。书凡八［六］编：曰天文，曰地理，曰人伦，曰理学，曰经济，曰博物。八［六］编内析为三十二品，又析分为六千部，通一万卷。此书存琉璃厂积古斋已历数岁，乃为英人购之。"两条记载之间差了一年半之多。

"德罗巴"和"德吉利士"系同一人，即大英博物馆掌管包括中文书籍在内的东方馆藏的负责人道格斯，全名罗伯特·肯纳威·道格拉斯（Robert Kennaway Douglas，1838—1913），曾在中国待了六年，最终做到英国驻天津副领事。著作有《中国的语言与文学》（The Language and Literature of China，1875）、《大英博物馆中国藏书、文稿、绘画目录》（Catalogue of Chinese Printed Books，Manuscripts and Drawing in the Library of the British Museum，1877）、《成吉思汗传》（The Life of Jenghiz Khan，1877）、《中国》（China，1882）、《华语鉴》（A Chinese Manual，1889）、《中国传奇》（Chinese Stories，1893）、《李鸿章传》（Li Hung Chang，1895）、《1506年至1912年的欧洲与远东》（Europe and the Far East，1506—1912，1903）等。当时还是伦敦国王学院的汉文教授。坐镇英国伦敦的他是购买武英殿铜活字版《古今图书集成》的策划者。梅辉立，即威廉·弗雷德里克·迈耶斯（William Frederick Mayers，1831—1878），字映堂，号映堂居士。著作有《中国棉花引进》（Introduction of Cotton into China，1868）、《汉文读者手册》（The Chinese Reader's Manual，1874）、《中华帝国与列强诸国条约集》（Treaties between the Empire of China and Foreign Powers，1877）、《中国政府手册》（The Chinese Government，1878）、《中华帝国文献述略》（Bibliography of Chinese Imperial Collections of Literature，1878）等。时任英国驻中国公使馆汉文正使，待在中国北京的他是购买此书的执行者。两人曾在英国驻中国公使馆共过事，都是英国的汉学先驱，他们的紧密合作是《古今图书集成》入藏大英博物馆的根本保障。

上述第一条日记记载说的是道格斯告诉郭嵩焘，梅辉立在北京购买

《古今图书集成》,出价5000两银子,卖主开价8000两银子。第二条日记记载说的是郭嵩焘的属下姚彦嘉到大英博物馆观看新购得的《古今图书集成》,卖家或者卖家中介是琉璃厂的积古斋,几年之内无人购买,最终为英国人所得。道格斯为之庆幸,认为这是全球范围内的第一部大书。

当然这两条日记记载并不能概括这件事的全过程,本文拟从当时中英两国的中英文报道及相关文献史料出发,尽量理清这次购买事宜的来龙去脉。

二、《古今图书集成》的成书与流布

1.《古今图书集成》的成书

1726年(雍正四年),武英殿铜活字版《古今图书集成》(以下简称"铜版"或"殿本")印成问世,因为秉承的是康熙和雍正两位皇帝的旨意,因此也被称为《钦定古今图书集成》。共计印刷64部(一说是100部),另有稿本一部。它共计10040卷,其中正书10000卷,目录40卷,装订5020册、520函,是中国古代类书的集大成者和巅峰之作。关于它的篇幅字数,万国鼎在《古今图书集成考略》(《图书馆学季刊》1928年第2期)一文中计算为1亿字,他引用了大英博物馆馆员、汉学家翟林奈(Lionel Giles, 1875—1958)的提法,说"十一版之《大英百科全书》为字约四千万,译中国文言百字约需英文一百五十字。故《图书集成》一书,可谓大于最巨之英文百科全书三四倍。"

乾隆皇帝对于这套大书予以高度赞扬,称其"文宗今古,空前绝后","兼收并录,极方策之大观"。

从技术层面来看,《古今图书集成》在中国历史上第一次大规模采用铜活字印刷,意义极其重大。为之浇铸的大小铜活字总计达100多万个（有不同说法），除了用于《古今图书集成》《律吕正义》《数理精蕴》等少量内府书籍的印刷之外，这批珍贵的铜活字被贮存在内府武英殿"铜字馆"内。但在乾隆年间，它们中的大部分被熔铸为铜钱，也有说是用以铸造雍和宫大殿的三世佛。乾隆帝大为惋惜地说："且使铜字尚存，则今印之书，不为事半功倍乎？"

因为封建体制、官修机制的限制，这次造字、印刷技术的极大突破并没有对近代出版业的诞生产生什么积极的影响。从编纂目的上说，它是为了炫耀皇帝的无上权威，凸显其好大喜功的一面；从传播效果上说，它也是"养在深闺人未识"，只能做陈设、收藏之用，传播力有限。1888年美查兄弟推出的图书集成局"扁体字版"校勘不精，1902年清政府委托印刷的上海同文书局版数量有限，到1934年中华书局的胶板缩印本的出现，才是真正意义上的近代出版，它也成为现当代出版的各版本的渊源。

值得一提的是，有资料表明，一些传教士也参与到《古今图书集成》的编纂工作中来，但是主要体现在技术环节。1877年11月23日上海发行的《字林西报》(*The N.-C. Daily News*)的一条新闻曾提到铜活字的铸造得到了伦敦耶稣会传教士的指导。而1878年8月13日《伦敦环球报》(*London Globe*)发表了一篇题为"中国百科全书"(*The Chinese Encyclopedia*)的报道，进一步指出了这些传教士在《古今图书集成》出版过程中的作用。它指出：

> 雍正是康熙皇位的继承人，他即位之初最引人注目的事就是遣散了参与该书编纂工作的外国传教士，他认为这些传教士是危险和不忠诚的一伙人。但他并没有遣散所有传教士，而是留下了几位在继续编纂工作中必不可少的人，诸如印刷等工作就必须由他们来完成。

它在康熙时期的总裁为陈梦雷，雍正上台之后，他被流放，代之以蒋廷锡。古今图书集成馆的大部分人被遣散，当然也包括一些传教士。不过这从另一个侧面看，或者说按英国人的说法，外国传教士对《古今图书集成》的编纂和印刷也是做出了必要的贡献。这一点被国内学者的研究有意无意地忽视了，或者说英国人着重强调了这一点。

2.《古今图书集成》的流布

《古今图书集成》的印数极其有限，出版的目的也不是为了向市场发行，但是个人也有收藏，主要是皇帝所颁赐。比如雍正皇帝的宠臣张廷玉一人就拥有两部，归藏于桐城老家。大规模的赏赐发生在乾隆年间，乾隆九年翰林院宝善亭获赠一部。修《四库全书》时，民间藏书家鲍士恭（杭州知不足斋）、范懋柱（宁波天一阁）、汪启淑（徽州开万楼）、马裕（扬州丛书楼）四家，因各自献书多至五六百种，各受赏一部。任职四库馆臣的舒赫德、于敏中、刘墉三人，也各赐一部。以此计算，个人所藏也就10部左右，这也成为流入市场的主要来源。

《古今图书集成》本来印数极其有限，又加上晚清民国时期战乱频仍，到如今又能剩下几部呢？据张崟在《古今图书集成再考》（《新中华》1936年第4期）中说，当时全球范围内"公私所藏统共似亦不逮二十部矣"，这样算来，也就剩下30%左右。到此时，个人手中几乎绝无仅有了。就民国时期两大出版社而言，商务印书馆的东方图书馆原藏有图书集成局"扁字本"1部，可惜毁于1932年"一·二八事变"。1936年初，它又在北平富晋书店购得一部更珍贵的殿本，但是内缺300余册。1933年，上海中华书局因为影印的需要，从广东南海的孔氏岳雪楼（一说是从康有为手中）购得一部殿本，不过略有佚失。

就国外的流布而言，万国鼎在《古今图书集成考略》一文中提到"国外如伦敦、巴黎、柏林三处亦有此种板本，仅伦敦所存者系全帙而无补配"。这个说法来自于翟林奈。1911年，他编制了《古今图书集成索引》(An Alphabetical Index to the Chinese Encyclopedia)。在其引言中，他说，德国柏林的那套确实是殿本，但只有总卷数的五分之四，而法国巴黎国家图书馆拥有的那套接近全套，用上海同文书局版配齐。沈津在《美国所见善本书》(《图书馆杂志》1989 年第 1 期) 中提到美国的哈佛大学和普林斯顿大学各有一部。由于翟林奈尚未提及，极有可能不是殿本。有人撰文称，耶鲁大学藏有 1878 年容闳赠送的一部殿本，但据笔者问询耶鲁大学图书馆中文部的孟振英馆员的结果，不确。

这么一检点，大英博物馆藏有殿本《古今图书集成》一部，而且是全本，在国外绝无仅有，就弥足珍贵了。

三、英人购买《古今图书集成》的过程

1. 英国汉学先驱对《古今图书集成》的介绍

英国汉学先驱苏谋斯、道格斯、梅辉立等对《古今图书集成》早有介绍，为此后购买《古今图书集成》做了资料上的准备工作。1867 年，英国汉学家、传教士伟烈亚力 (Alexander Wylie, 1815—1887) 在上海出版了《中国文献纪略》(Notes on Chinese Literature)，著录约 2000 种中文著作，但是只提到了《永乐大典》，没有提到《古今图书集成》和《四库全书》，不知何故。

而在此之前，欧洲汉学界对《古今图书集成》也不是一无所知。1878 年初，梅辉立在《中国评论》杂志第六卷第 4、5 期上分两部分发表了一篇题为《中华帝国文献述略》(Bibliography of Chinese Imperial Collections of Literature) 的长文，当年由香港的德臣报社 (China Mail office) 印成单行本发行，不过说明作者"已故"。这篇长文应该是在梅辉立 1877 年底买到《古今图书集成》以后所写。其写作动机也正基于此。他把该书的名称拼写为 "K'in Ting Ku Kin T'u Tsih Ch'eng"，对应的英

文是"Compendium of Literature and Illustrations, Ancient and Modern"。他的写作目的主要是想让欧洲的学生对这套新购的中国大型官修文献有整体上的认识。因此,他不仅对该书编纂的原因、过程、内容做了详细的介绍,占了它的五分之一篇幅还多,而且对此书出版前后出现的各种官修大型文献加以介绍,其中《四库全书》占了约三分之一的篇幅。

该长文还介绍了欧洲汉学界19世纪对这套书的认识。梅辉立提到,德国学者克拉普罗特(H. J. Klaproth, 1783—1835)在法国亚洲学会主办的《亚洲学报》(Journal Asiatique)上提到了这套大书的名字。

到了1859年,美国医学博士、传教士玛高温(Deniel J. Macgowan, 1814—1893)在上海出版的《皇家亚洲学会北中国支会学报》(Journal of the North China Branch of the Royal Asiatic Society)第二卷发表了《中国书目》("Chinese Bibliography")一文,对这套书的规模做出了评价,并提到法国汉学大家儒莲认为"从版式的大气和外观的美感来看,它毫不逊色于欧洲出版的最好的书籍。"他还提到印刷这套书用到的铜活字多达23万个,但是后来被熔毁了。曾有一个徽州(Hwui-chau)的破败家族拿了一整套殿本的80%来宁波售卖,结果被一个贵州(Kwei-chau)的官员以4000美元的高价买走。他断言,要想买到一套全本,或许是根本不可能的事情。

1853年4月13日,伦敦国王学院汉学教授苏谋斯(James Summers, 1828—1893)作了一次题为"中国的语言和文学"的演讲,同年在伦敦的帕克出版社(John W. Parker & Son)出版发行。他提到:"最好的字典分32卷,1662年登基的康熙皇帝以自己的名义出版发行。"(The best dictionary is that in thirty-two volumes, published by the imperial authority of the emperor Kanghi, who reigned a. d. 1662.)从"32"来看,可指《古今图书集成》,因为它也被称为"康熙百科全书",从"字典"来看,似乎又指的是《康熙字典》,但"32"从何而来呢?以《康熙字典》的可能性更大，不足为据。

1873 年，道格斯继任苏谋斯成为伦敦国王学院汉学教授。1875 年 6 月，他在英国皇家学会做了一次有关"中国文学"（The Literature of China）的演讲。其中着重提到了《古今图书集成》，他音译为 "*Koo kin too shoo tseih ching*"，英文名称是 "*A Complete Collection of Ancient and Modern Books*"。该书有 6109 卷，分为 34 部。但是他把该书和《四库全书》的编纂混为一谈。他提到这书的编纂秉承的是乾隆皇帝而不是康熙或者雍正皇帝的旨意，并为此铸造了一套铜活字。当初的印数很少，不久清政府由于严重的财政危机，将用于印书的铜活字熔铸为铜钱，因此就绝版了。道格斯的介绍并不完全正确，但是比苏谋斯的要详细的多，反映了他的一种阶段性认识。

由上述所知，欧洲特别是英国汉学界对这套大书的具体情况和巨大价值越来越了解，为其后的购买决策奠定了良好的基础。

2. 英人购买《古今图书集成》的经过

在英人购得《古今图书集成》之前的几年中，有关新闻已经见诸报章。1874 年 10 月 22 日（同治十三年九月十三日）的《申报》记载了一条名为"西报妄言"的新闻：

英京日报名阿的尼恩者，传说中国京师现有一珍贵书籍出售，固世间所罕有者。计其本数，共有六千一百零九册，牙签玉轴，诚内府之珍函也。其书名为《古今图书集成》，内分三十二种。凡华人经史子集各学，尽在于斯。曾于康熙年间以铜模聚珍板排印，甫经印齐全部，而铜字便为监守人逐渐分窃，致遂零落不全。嗣即发交钱法堂鼓铸为钱币。此诚深可惜也。现闻此书欲售一萬二千银两，而尚无顾而问者。斯岂槁然而大无所容于世欤。

"阿的尼恩"不知为英国伦敦的何种报纸，"西报妄言"意味着这是一条来自该报的不确切消息。它提到《古今图书集成》是世间少有的珍稀书籍，报价1.2万两，暂时没有买主。《申报》本为英国商人美查等人在上海所办，经常转载英国报纸的消息，而如果是英国人在英国本土看到这条消息，会不会触发他们购买的动机呢？

这是完全有可能的。在上述1875年6月关于"中国文学"的演讲中，道格斯还说：此书由于印数过少，市场上难觅它的踪影。凑巧的是，现在北京刚好有一套待价而沽。虽然希望渺茫，但他还是满怀期待这套世界上规模最大、独一无二、无法重印的大书能够入藏英国的国家图书馆。这与郭嵩焘1877年3月26日的日记记载是完全吻合的。

道格斯在1882年出版了《中国》（China）一书，其中也提到了此次交易的概况。他说：由于只印了100套，这套书主要颁赐给了皇帝亲近的王公大臣们。过了很多年，他们的后代由于沉重的经济压力所致，才使得两三套殿本流入了北京的图书市场。

在《中华帝国文献述略》一文中，梅辉立则较为详细地提到了《古今图书集成》在市场上待售和购买的具体情形：大约8到10年前，京城的一个大书商被委托售卖一套殿本，出价14000两银子，或者说4000英镑。这个消息很快就传到了欧洲藏书家们的耳中，不止一个买家表示出了浓厚的兴趣。

伦敦出版商尼古拉斯·特鲁布纳（Nicholas Trübner，1817—1884）尽力促成一个英国富商购得此书，结果没有成功。特鲁布纳是特鲁布纳出版社（Trübner & Co）的创办者，恰巧也是梅辉立、道格斯、伟烈亚力等在英国伦敦的出版商，出版了英国不少早期汉学著作。接着，大英博物馆中文部购买此书的动议得到了该馆托管人的全力支持，但是此书的卖家继续涨价，无法成交。这时，市场上又出现了另外一部殿本，梅辉立在1877年底以少得多的报价购得了此书。他还预测，这套书会在

1878年的夏天最终出现在大英博物馆的中文部的书架上。万分可惜的是，梅辉立于 1878 年 3 月 23 日因为痢疾去世了，没能等到这辉煌的一刻。

在梅辉立购书期间，曾纪泽与他多有交往，但未见他的日记中谈到此事。梅辉立去上海之前，曾纪泽还为他送行。他在光绪四年二月二十八日的日记中写道："知梅辉立死于上海，惜其好学而不寿也。"梅辉立葬在上海，曾纪泽还特地为之撰写了《大英国汉文正使梅君碑铭》。

道格斯在《中国》一书中还大胆地预测：由于中国国内残存的版本会不断遭到火灾、疏于保管、偷盗、虫害，大英博物馆多年以后很有可能会成为这套珍稀大书的唯一拥有者。我们感到庆幸的是，他的这个预言在中国没有实现。

四、中外报纸的相关报道

从目前史料看来，1877 年 11 月 23 日的《字林西报》在其"本地报道"版块中最早报道了英国人购买殿本《古今图书集成》的消息，该项交易完成的时间显然在此日期之前。它一开头就说：

> 本报获悉，大英博物馆早在几个月前同意了《古今图书集成》的购买交易，现在这项交易终于由他们的代表、英国驻中国大使馆的汉文正使梅辉立完全敲定。

也许正是梅辉立向《字林西报》提供的消息来源。而英国本土 1878 年 1 月 23 日的《利兹信使报》(*The Leeds Mercury*)、同年 1 月 26 日的《曼彻斯特时报》(*Manchester Times*)、同年 2 月 9 日的 *The Academy* 也引用该报的消息作了报道。

就国内中文报刊而言，1877 年 11 月 27 日（光绪三年十月二十三日）的《申报》对此第一个做了报道。它刊登新闻说："北京递来消息，知英京伦敦之大博物院现托英使之参赞美而斯购康熙时□武英殿聚珍铜版所排印之《图书集成》一部。""美而斯"即梅辉立的名字"Mayers"的音译。他时任英国驻中国大使馆汉文正使，也可以说是中文参赞。消息虽短，但是指明了他是该书购买的操盘手。

1878 年 1 月 19 日（光绪三年十二月十七日）出版的《万国公报》第 473 号曾报道了一条名为"购买中国书籍"的消息，其中提到"兹英国知北京有人珍藏此书，欲沽待价。故备价购买，置诸博物院中，供有志中学者览焉。此书已为英人买去矣！"为英国人庆幸，为中国人惋惜。

对于《古今图书集成》的购买而言，梅辉立可以说是功成身死。闻知他的死讯，道格斯于 1878 年 4 月 6 日的《文艺论坛：文学、科学、艺术、音乐和戏剧杂志》(*The Athenaeum*: *Journal of Literature*, *Science*, *the Fine Arts*, *Music and the Drama*) 写了一篇长长的讣闻。其中还专门提到了梅辉立对购买《古今图书集成》的贡献。他说："梅辉立几个月前给予英国学生一项持久的恩泽，因为他确保极负盛名的、非常珍稀的、5020 卷之巨的《古今图书集成》成为大英博物馆保管人的囊中之物。"

五、《古今图书集成》对大英博物馆的价值

大英博物馆对《古今图书集成》的购买具有重要的经济意义、社会意义和实用价值。

1. 经济意义

对英国人来说，这是一项价廉物美的交易。1878 年 8 月 13 日的《伦敦环球报》(*London Globe*) 在其相关报道的一开头就说：

最近为大英博物馆图书馆购买的清国《古今图书集成》，理应是一项我们占便宜的交易。……不管怎样，用 1500 英镑换来包括 5020 卷的一部大百科全书，一听就是划算的事。

那么，1500 英镑等于中国的多少两白银呢？郭嵩焘《伦敦与巴黎日记》1877 年 1 月 21 日（十二月初八）日记记载"上海兑银三万，得八千九百三十九磅"，换算为一英镑（磅）英国金币值 3.35608 两白银。而刘锡鸿《英轺私记》则直接说一英镑"值中国银三两三钱五分六厘零八丝"，与郭嵩焘的说法吻合。但是同行的张德彝《随使英俄记》在同一天的记载中提到，中国驻英使馆坡兰坊，"租金每月百零五磅，合库平银三百六十七两五钱。"换算为一英镑（磅）英国金币值 3.5 两白银。而按梅辉立在《中华帝国文献述略》中的说法，14000 两银子等于 4000 英镑，则一英镑值 3.5 两白银，和张德彝的说法吻合。

如果按张德彝和刘锡鸿的说法换算，1500 英镑约值 5034 两白银；如果按张德彝和梅辉立的说法换算，1500 英镑值两 5250 白银，比 1.4 万两白银的报价少了很多。

1879 年 9 月 20 日（光绪五年八月初五日）的《申报》曾报道一条消息，提到有个叫杨玉科的人曾出价 1.2 万两银子，欲购买殿本一部。到了 1890 年（光绪十六年），光绪皇帝预备重印《古今图书集成》，两江总督命上海道与上海同文书局商洽，照殿本影印一百部，每部的定价为 3500 余两银子。为描润照印底本，政府先支付 1.3 万两白银，让同文书局购买殿本一部，书成之后缴回。这说明，《古今图书集成》殿本的售价看涨，或者说有价无市，越发显得大英博物馆购藏的"价廉物美"。

而值得一提的是，梅辉立的此次购买都是秘密进行的。《伦敦环球报》接着提到：

如果不是我们在购买这套书时的情况比较特殊,这件作品毫无疑问可要贵多了。看起来,我们住北京公使馆的秘书麦尔斯先生在同清国人谈判时,不但极其谨慎守密,同时,也决不能泄露这套百科全书是卖给外国人这个事实,甚至连卖主本人也不能让他知道。

上文中的"麦尔斯"即梅辉立。他这么做,一方面是可以尽量压价,避免卖主听说买主是外国人而漫天要价;另一方面,避免触发国人的民族自尊心,保证交易不受到阻碍或者遭到破坏。从结果来看,这两个目的都达到了。

2. 社会意义

这套大书的社会价值或者社会意义就更不用说了。1877年12月25日(光绪三年十一月二十一日)的《申报》刊登了一篇题为《论英人购买中国书籍》的评论文章,其中提到:

兹闻威公使所有之书较之天一阁所藏惟少《图书集成》一部,其余皆已齐备矣。威公使亦可謂贤矣。现又闻英国欲在中国京师购买《图书集成》,载回英国,送入书院,以备能通晓中国之书籍者阅览,此书果能买得,大约中国所有之书,英国亦均有矣,且中国未有之书英国亦有。

"威公使"即威妥玛(Thomas Francis Wade,1818—1895),1869年至1882年任英国驻华公使。1883年回国后,他将其收藏的4304册中国书籍赠予母校剑桥大学,1888年担任剑桥的首任汉学教授。上文说威妥玛的藏书比天一阁只少了一部《古今图书集成》,这固然是一种夸张的说法,但也可表明它对天一阁的重要性。而英国人要买这么一套大书送回英国大英博物馆,那么中国所有的书籍,英国也有了。但是,中国没有的书，英国也有。虽然这不免夸大其词，但其惋惜之情溢于言表。

《伦敦环球报》的报道还说，当时的人们对这套大书知之甚少，而为了抢时间，避免夜长梦多，梅辉立"看来也是在没有机会详细察看它们的情况下做出购买决定的"，"不管怎么说，这套百科全书肯定非常珍贵和新奇有趣，即使它不能与人们推测的完全相符，也肯定相差不远。"报道的最后还说："毫无疑问的是，这些印刷品中的大多数用不了多久就会腐蚀、损坏。如此看来，在我们大英博物馆的图书馆中能保存有这样的一套百科全书是多么令人庆贺。"而 1878 年 8 月 29 日《纽约时报》(*The New York times*) 对这篇报道的转载，让美国人对此也艳羡不已，也从另一个侧面证明了这套大书的价值所在。

3. 实用价值

最后再说到这套大书的实用价值。1877 年底大英博物馆买到此书之后，运回英国之事由于冬天的来临而耽搁。按《伦敦环球报》的说法，直到 1878 年 7 月，大英博物馆才迎来这笔宝贵的财富。按道格斯对姚彦嘉的说法，它是"周地球内第一部人书也"。

中国当时的公共图书馆极少，拥有者往往将这套大书束之高阁，用处绝少。而英国大英博物馆购买这套大书的目的主要在于藏，但也在于用。1877 年 11 月 23 日的《字林西报》在相关报道的最后说"这座巨大的信息宝库将会第一次对广大学者们开放，大英博物馆因此会成为人们研究博大精深的中国文献的绝佳去处。而中国人本身也会在短时期内发现，在伦敦研究他们自己的文献比在他们本国要方便得多。然而，如果要让它被欧洲的学者方便地使用，还要花多年的时间来重新编目。"

因此，为了方便西方学者和读者查阅的需要，大英博物馆对它进行了必要的包装和编目加工。清朝末代庆亲王载振的《英轺日记》记载，1902 年 6 月 22 日（光绪二十八年五月初九日），他参观大英博物馆时，"殿本如《图书集成》《西清古鉴》，皆以西式装成，储于簏。"这固然是道格斯的功劳。万国鼎援引翟林奈的说法，提到它"今改订为七百四十五本，洋装巨册"。1911 年，翟林奈又进一步编制出版了《钦定古今图书集成索引》(An Alphabetical Index to the Chinese Encyclopedia)，将条目英译（附中文），按英文字母为序编排。过了两年，道格斯就去世了，享年 75 岁。

早在 140 年前，道格斯和梅辉立这两位英国汉学先驱尽心尽力，前者在英国运筹帷幄、全力支援，后者在中国胆大心细、冲在一线，确保殿本《古今图书集成》能够成为大英博物馆图书馆的"镇馆之宝"。两位的丰功伟绩值得大书特书，两位的超前意识令人赞叹击节。我们也可以慨叹，当时我们的朝廷腐败，民间无人，无心无力，很遗憾未能为国人挽留这一瑰宝。

（刊于《文史知识》2019 年第 7 期）

参考文献

[1]《大英国事：购买中国书籍》，载《万国公报》，1878 年第 473 期。

[2] 郭嵩焘著，钟叔河主编：《伦敦与巴黎日记（走向世界丛书）》，长沙：岳麓书社 2008 年版。

[3] 凌姗姗：《梅辉立与中西文化交流》，上海：华东师范大学社 2013 年版。

[4]《论英人购买中国书籍》，载《申报》，1877 年 12 月 25 日。

[5] 裴芹：《古今图书集成》，北京：北京图书馆出版社 2001 年版。

[6] 沈津：《美国所见善本书》，载《图书馆杂志》，1989 年第 1 期。

[7] 万国鼎：《古今图书集成考略》，载《图书馆学季刊》，1928 年第 2 期。

[8]《西报妄言》，载《申报》，1874 年 10 月 22 日。

[9] 郑曦原编：《帝国的回忆（纽约时报晚清观察记 1854—1911 增订本）》，李方惠、胡书源、郑曦原译，北京：当代中国出版社 2011 年版。

[10] 张崟:《古今图书集成再考》,载《新中华》,1936年第4期。

[11] 载振:《走向世界丛书(续编):英轺日记》,长沙:岳麓书社2016年版。

[12] Alexander Wylie, *Notes on Chinese Literature*, Shanghai: American Presbyterian Mission Press, 1867.

[13] "A Chinese Encyclopedia", *The Academy*, 1878-2-9.

[14] James Summers, *Lecture on the Chinese Language and Literature*, London: John W. Parker & Son, 1853.

[15] "Local", *The N.-C. Daily News*, 1877-11-23.

[16] Lionel Giles, *An Alphabetical Index to the Chinese Encyclopedia*, London: British Museum, 1911.

[17] Robert Kennaway Douglas, *The Language and Literature of China*, London: Trübner & Co., 1875.

[18] Robert Kennaway Douglas, *China*, London: Society for Promoting Christian Knowledge, 1882.

[19] "The Chinese Encyclopedia", *London Globe*, 1878-8-13.

[20] William Frederick Mayers, *Bibliography of Chinese Imperial Collections of Literature*, Hong Kong: China Mail office, 1878.

漫谈约翰-戴出版社的史料馆藏

依笔者愚见,早期商务印书馆研究做得好,还是因为它的出版史料丰富的缘故。除了商务印书馆、中华书局这样的大出版社,民国时期也诞生了很多小出版社。比如看季羡林《清华园日记》,其中提到的《中国新文学的源流》(周作人著)、《近代散文抄》(沈启无著)都是北平人文书店出版,据说由季羡林的同班同学也是李健吾的小舅子尤炳圻创办,目前没什么像样的史料,当然几乎也没什么研究;再比如,这本日记提到季羡林和李长之想出版一本杂志,想找大学出版社印刷。这个"大学出版社"曾经出版过《傲慢与偏见》的首个中文版①,坐落在当时北平的大石作胡同,它是什么来历,也不得而知。这都说明了出版史料对出版社史研究的重要性。

美国这个国家,我们先不说他的出版史研究做得如何,但至少知道它的出版史料馆藏还是相当丰富,收藏路数相当正规。笔者曾经写过一篇《〈天才的编辑〉的创作与出版》②,其中提到:

---

① 《骄傲与偏见》,董仲篪译,1935年出版。
② 参见《中国出版》2010年第3期。

1967 年 3 月，冥冥中似有天意，恰巧也就是伯格进校的那一年，查尔斯·斯克里布纳四世将该书局 121 年的档案资料首次捐赠给普林斯顿大学，包括的文件有 25 万份之多。学校当局认为这是自 1755 年以来收到的最重要的一份礼物。

而海明威研究专家卡洛斯·贝克教授对这批资料给予了极高的评价。他说：“在这些马尼拉纸夹中包含了数十万份未公开的史料，它们涉及到的是我们这个时代一些最重要的文学作品的萌芽、成稿、出版和传播。”而如果这些资料能够很好地加以整理和研究，他相信"美国当代文学史将会变得更加丰富多彩"。

因此，斯克里布纳出版社赠送的这批史料保证了 A. 斯科特·伯格的本科毕业论文《天才的编辑》写作。而以后每隔十年，该出版社就捐赠新的出版史料。该社的社史资料隶属于普林斯顿大学燧石图书馆特藏部的"美国出版史"（American Publishing History）项目。

笔者在此要谈的是这个项目中的另一个馆藏"Archives of John Day Company（1926—1969）"。"John Day"可译为"约翰-戴"或者"庄台"，1926 年创办，1929 年由理查德·沃尔什（Richard Walsh）接盘，第二年即出版了赛珍珠的《东风·西风》。随着两人接触的不断增多，最终决定各自离婚，在 1935 年结婚，理查德·沃尔什的出版事业和赛珍珠的写作事业相得益彰、蒸蒸日上，也为中国文化"走出去"提供了一个绝佳的传播平台。1960 年理查德·沃尔什去世，20 世纪 70 年代初该出版社关门，完成了自己的历史使命。

据《赛珍珠与庄台出版公司关系钩沉》（张媛、李敏，江苏科技大学学报（社会科学版））的不完全统计，从 1930 年到 1973 年，该出版社出版了赛珍珠的 89 部作品，年均 2 部。而它不仅是赛珍珠，也是林语堂的"御用"出版社，从 1935 年的《吾国吾民》开始到 1953 年的《朱门》为止，该出版社一共出版了林语堂的 15 部作品。此外，它还出版了埃德加·斯诺的《活的中国》、谢冰莹的《一个女兵的自传》、阿瑟·韦利译的《西游记》等。

据普林斯顿大学燧石图书馆官网的介绍，"约翰-戴公司档案（1926—1969）"收藏的是该公司的编辑档案材料，主要包括该公司的编辑和作者之间的通信，还包括一些作者、代理人和出版商之间的通信，涉及所出书籍的摘编权和海外出版权许可。这批史料由约翰-戴有限公司捐赠，面对研究者开放。

其出版档案资料总计 570 盒，分为五个系列：

一、编辑往来通信（1926—1969），按时间段分为七个部分：

（一）1926—1931 年：58 盒；

（二）1932—1934 年：53 盒；

（三）1935—1941 年：55 盒；

（四）1942—1945 年：43 盒；

（五）1946—1953 年：112 盒；

（六）1954—1960 年：75 盒；

（七）1961—1969 年：160 盒；

二、摘编权许可（1954—1961）：3 盒；

三、摘编权许可：作者（1954—1961）：2 盒；

四、外国版权许可：作者（1951—1968）：4 盒；

五、外国版权许可：代理人和出版商（1943—1968）：5 盒。

20 世纪末，现任纽卡斯尔大学汉学讲座教授的钱锁桥博士还在哥伦比亚大学巴纳德学院做博士后期间，因为做的是从林语堂研究延展出去的"华美文学研究"，就深入接触和研究过这批史料。哈佛大学著名教授维尔纳·索勒斯（Werner Sollors）及其中国高徒尹晓煌（现任西北工业大学外国语学院院长）当时对钱锁桥博士多有支持，尹博士告诉他，普林斯顿大学有一批尘封的"庄台出版公司"档案。钱锁桥如获至宝，在两个月里，天天开车从曼哈顿赶到普林斯顿去查档案，"一盒一盒地从公司流水账式的文件中理出有用的资料，主要是林语堂和华尔西/赛珍珠的来往信件"。这里的"华尔西"即"沃尔什"。这成了他的林语堂研究的巨大转折点，2018 年他在广西师范大学出版社出版了《林语堂传：中国文化重生之道》。

  笔者以为，该档案可以进行多角度、多方面、多层次的研究。从约翰-戴这个出版社个案看来，中国文化"走出去"靠的主要是该出版社和赛珍珠的巨大拉力，而几乎没有来自中国方面的什么推力。而在当下，我们的推力足够大，但是需要的是国外相关出版社、友好人士相应的拉力。也许，国内的出版学子有朝一日可以从中国出发，去专门研究这批出版史料，去研究这种"拉力"，去体会当年钱锁桥博士所体会到的快乐，也应该会有意外和重要的发现。

（刊于 2020 年 5 月 14 日"出版六家"公众号）

试述郭嵩焘等对英国书业的认知

《走向世界丛书》主编钟叔河先生曾高度评价郭嵩焘（1818—1891）是中国"近代向西方寻找真理的代表人物"，也是"从中国到欧洲系统考察西方文化历史的第一人"，从郭嵩焘对英国书业的认知这么一个小小的侧面就可以充分证明这一点。印刷出版虽然在中国早已有之，雕版印刷也在19世纪以前大行其道，但是在古登堡发明铅活字印刷以来中国却大大落后于西方。虽然郭嵩焘在出国之前对我国出版印刷业并未有太多近距离、有意识的接触，但是从了解国外新知识的角度出发，他也在《伦敦与巴黎日记》中有意无意地记录了自己对英国印刷出版情形的认识。本文的写作主要参考这部日记，同时佐以张德彝的《随使英俄记》和刘锡鸿的《英轺私记》等。

一、在中国考察英国印刷出版

郭嵩焘对英国印刷出版的认知是从中国上海开始的。早在1856年3月15日（咸丰六年二月初九日），郭嵩焘就到访过上海的墨海书馆。他在日记中写道：

次至墨海书馆。有麦都事者,西洋传教人也,自号墨海老人。所居前为礼拜祠,后厅置书甚多。东西窗下各设一球,右为天球,左为地球。麦君著书甚勤,其间相与校定者,一为海盐李壬叔,一为苏州王兰卿。李君淹博,习勾股之学。王君语言豪迈,亦方雅士也。为觅《数学启蒙》一书,为伟烈亚力所撰。伟君状貌无他奇,而专工数学。又有艾君,学问尤粹然,麦都事所请管理书籍也。外赠《遐迩贯珍》数部,前格物理一二事,而后录中外各处钞报,即所谓新闻报也。刷书用牛车,范钟为轮,大小八九事。书板置车箱平处,而出入以机推动之。其车前外方小轮,则机之所从发也,以皮条套之。而屋后一柱转于旁设机架。牛拽之以行,则皮条自转,小轮随之以动,以激转大轮。纸片随轮递转,则全板刷印无遗矣。皮条从墙隙中拽出,安车处不见牛也。西人举动,务为巧妙如此。王君挈眷寓此,所居室联云:'短衣匹马随李广,纸阁芦帘对孟光'。亦有意致。询其所事,则每日出坐书厅一二时。彼所著书,不甚谙习义理,为之疏通句法而已。

墨海书馆是西方传教士在中国设立的印刷出版机构,主要出版《圣经》和其他宗教读物,这对中国而言完全是新生事物。它集编译、创作、编校、印刷、发行于一身,除了主事者麦都思(即文中的"麦都事",Walter Henry Medhurst,1786—1857)、伟烈亚力(Alexander Wylie,1815—1887)、艾约瑟(即文中的"艾君",Joseph Edkins,1823—1905)这样的英国传教士外,还有李善兰(即文中的"李壬叔",1811—1882)、王韬(即文中的"王兰卿",1828—1897)这样的中国知识分子加盟。时间匆匆,难以窥探编译过程之妙。郭嵩焘在参观了用牛车带动的印刷机的运转之后,大发感慨:"西人举动,务为巧妙如此。"这无疑为他日后在英国参观印刷出版机构埋下了深深的伏笔。

据台湾云岭科技大学苏精教授的考证，1864年时任广东巡抚的郭嵩焘曾派他的儿子到理雅各（James Legge）在香港打理的英华书院附设的印刷所考察了三四天，并购买了一批活字，表示将用于印刷巡抚衙门的告示。而巧合的是，王韬也在此任职，是否他在其中起了什么作用也未可知。

13年后，郭嵩焘来到了麦都思和理雅各的故乡。他光绪二年十二月初八（1877年1月21日）抵达英国伦敦，4月30日充任驻英公使，1879年1月31日离开，在英时间仅仅两年，与出版印刷有关的日记不到10条（不包含报刊有关史料），但也涉及英国的书业展览、图书印刷出版、书店购书、书籍缴送与审查等内容。

二、参加卡克斯顿400年纪念大会

光绪三年七月初三（阳历1877年8月11日），郭嵩焘在日记中提到"简多马约赴达克斯登塞尔里布来申会。""简多马"其同年十月廿六日（11月30日）的日记称"占拿（即简多马。简者，占拿之转音；多马，其名也）"，未知何人。简多马邀请他参加卡克斯顿纪念大会，"达克斯登"即英国第一个印刷商威廉·卡克斯顿（William Caxton）。"塞尔里布来申会"即"Celebration"，纪念会、庆典之意。为什么会有这么一个纪念大会呢？

这得从英国现代出版业的诞生说起，"达克斯登生于一千七百七十七年始以活字版印刷书籍，历四百年，国人创为此会。"对郭嵩焘的这段话，钟叔河先生做了个注解，标明"William Caxton生于1422年顷，郭记有误"，卡克斯顿的生卒年为1422—1491年。即使他引进印刷术的时间为1777年，到1877年此会的创立也才100年，不是400年。1476年，本为富商的他从德国印刷业中心科隆学成新式印刷术归来，在伦敦威斯敏斯特教堂地区建立了英国第一个印刷厂，第二年出版了英国第一部英文书籍《坎特伯雷故事集》（The Canterbury Tales），距离古登堡发明铅活字印书才过去了27年。由此他着重提到了德国古登堡的贡献，说"活字版创自日耳曼人古登伯尔克，英国用其法印书，则自达尔斯登始也。""古登伯尔克"即我们熟知的古登堡，"达尔斯登"即郭嵩焘对卡克斯顿的又一译名。

这次纪念大会也是一次重要的英国印刷术展览会，集中了英国和印刷出版有关的古董、古玩和设备。因此他在纪念会上看到："其会汇集印刷书籍种种机器，及以前所用诸法，及各国印书之法；又汇集三数百年书籍及古今所刻刷人物山水诸图书，及以前印书之著名者。"这是一次颇具历史性的纪念会。而对"以前印书之著名者"，他着重提到了威廉·斯博得斯武得（William Spottiswoode, 1825—1883）印工世家，"斯博得斯武得亦列置古书一柜，约数十钟。"但斯博得斯武得则成了英国著名的数学家、物理学家，后来更是担任了英国皇家学会会长。

这次纪念会在南肯辛顿博物馆（即维多利亚和阿尔伯特博物馆的前身）进行。参加的除了英国本土人士，还有来自欧洲、美国等地的图书馆员、编目专家、作者、音乐家和政府官员，而出使英国的郭嵩焘等人也躬逢盛典。

郭嵩焘的日记并未提到纪念会的地点，而同往观看的副使刘锡鸿则提到是"骚士坚星墩"，随从的张德彝则说是"南堪兴坦"，都是指南肯辛顿（South Kensington）。他们对古登堡的译名分别为"葛吞配儿阁""顾汀浦"，均指出古登堡发明铅活字印刷的时间是1450年。为了表明英国人不忘本，"今南堪兴坦印书处犹悬其画像，以志所始焉。"（张德彝语）

刘锡鸿还指出了展出书籍的来源，"其内多古图书，自其国主以及世臣、大家所蓄，毕陈于此。古图粗拙，古书则笔力厚重，若虫鸟篆，皆写以羊皮，有值金钱盈万者，有数千者。"英国多古书的原因是："英人最好古，零铜碎瓦，破履敝冠，无不珍之。"

而在作者方面，郭嵩焘提到了同一时期的莎士比亚和培根。前者名"舍色斯毕尔"，"为英国二百年前善谱出者"，与古希腊诗人荷马（"何满得"）齐名，荷马的著作为《伊利亚特》（"谛雅"）和《奥德赛》（"阿锡得"）。会场上还张挂着一份珍贵的纪念品，即莎士比亚签名的卖田契，后者为"毕尔庚"，"英国讲求实学自毕尔庚始。""实学"即自然科学，如郭嵩焘在日记中就提到了化学、电学、物理，等等。

20 年前郭嵩焘在墨海书馆所见最惊异的是用牛车带动的印刷机，世易时移，相形之下，当年所见的设备不免简陋。而在这个会场，他发现了用煤气、风力、水力带动的包括印书、叠纸、制造字模、排字在内的各种印刷设备，显得"出奇无穷"。张德彝则着重提到了排印环节，"印用铅字活板，英文二十六字母，每字数百，列于架上。另一小案为二十六消息，每按动一消息，则一字戳自落，有陷中小木片承之，字字相缀，满陷其中，则木片自出，而书板之一行以成。行既盈页，嵌而束焉，遂可付印。"

除此之外，刘锡鸿还提到了印刷机："印书之机器，与印造新闻纸者无殊。或又以黄蜡石为之，印字于石，刷墨于机，轴铺以纸，石过轴转则字现。有字处墨著之，无字处墨不著，颇足怪也（石甚平，字亦无凹凸）。"他对此表示很惊异。为了显示英国当时印书之快捷，刘锡鸿和张德彝两人还举了英国政治家、前首相威廉·尤尔特·格莱斯顿（William Ewart Gladstone）的例子，"尝造书数万言，一日而刷印俱毕，遍以赠人"。

在谈到英国印书快捷的原因时，刘锡鸿认为"英文只二十六字拼凑而成，故能若是速耳。若以中国字类之富，字画之多，虽有机器，岂易全造其字戳而编排之哉！"英文只有 26 个字母，可以自由组合成单词，只需要每个字母做足备份就够了，而中国字数达几万个，常用字也有几千个，每个字的笔画不同且多，没法同一个字备份那么多，这确实是雕版印刷长期在中国盛行原因之所在。

在这次难得一遇的纪念会上，郭嵩焘等人对英国的印刷出版业有了初次全面的认识，为他们以后在英国的类似行业考察奠定了良好的基础。

三、参观牛津大学出版社

中国人对参观英国图书馆的记述较早，但是对与西方印刷出版机构接触的记录则少之又少。比如曾先后供职于上海墨海书馆（麦都思主持）、香港英华书馆（理雅各主持）的王韬在《漫游随录》中就提到1867年参观大英博物馆图书馆的情形，"院中藏书最富，所有五大洲舆图、古今历代书籍，不下五十二万部"。但是却不见他参观英国印刷出版机构的任何记录。

1877年11月底，郭嵩焘等人参观了牛津大学，而且得到了时任该校汉学教授的理雅各的接引和招待。在光绪三年十月廿五日（11月29日）的日记中，郭嵩焘提到了牛津大学出版社。笔者认为这是中国人第一次参观西方出版社或者英国出版社。但是看日记中的有关记述，我们并不能很快地明白这一点。他在日记中提到：

> 遂至格拉伦敦卜来斯印书局。格拉伦敦辑查尔斯第一被弑事为一书，消行甚广，厚积资产。临卒尽所有，立意印书局，新旧印书机器凡数院。

这一段实际上是讲牛津大学出版社创立的历史。既然他在牛津大学,又说参观这个"印书局",也就是出版社之意,当然应该就是牛津大学出版社了,也就是"阿斯福卜来斯印书局"。为什么不做如是表示,理由何在?在此,我们首先得了解"格拉伦敦卜来斯印书局"的由来。

在"格拉伦敦卜来斯印书局"一语中,"卜来斯"即"press",即带印刷厂的出版社,"印书局"即出版社。难以理解的是"格拉伦敦"。实际上,它的英文是"Clarendon"(汉译为"克拉伦登")。克拉伦登出版社,牛津还有这么个出版社吗?有的,其实它就是指牛津大学出版社。"格拉伦敦辑查尔斯第一被弑事为一书",克拉伦登撰写的这本书是有关英国国王查尔斯一世被弑这件事情。查阅英国历史和牛津大学出版社社史,我们可以发现:克拉伦登是指英国十七世纪著名政治家、历史学家爱德华·海德—克拉伦登伯爵第一(Edward Hyde, 1st Earl of Clarendon, 1609—1674),系查理一世时期和查理二世时期的大臣。1661年,他被封为克拉伦登伯爵。在法国流亡期间,他最终完成了早在1846年就开始写作的《英国叛乱和内战史》(*The History of the Rebellion and Civil Wars in England*),一般称为《英国叛乱史》(*The History of the Rebellion*),即上文提到的"查尔斯第一被弑事"。"查尔斯第一"即英国国王查理一世,他被克伦威尔砍头。

克拉伦登伯爵第一生前并未看到该书的出版。他的后代将该书的版权赠送给牛津大学出版社,后者在1731年出版了六卷本的《英国叛乱和内战史》,获利甚多,为出版社赢得了宝贵的资金保障。而该出版社也搬进了新建的克拉伦登大厦,表现出前店后厂、印刷设备"凡数院"的格局。当二十世纪初期牛津大学出版社通过它的伦敦办公室出版图书时,克拉伦登出版社开始有了新的意义。为区别起见,在伦敦出版的图书用"牛津大学出版社"的名义,在牛津出版的图书用"克拉伦登出版社"的名义,直到七十年代牛津大学出版社停止它在伦敦的出版业务为止。现在,而牛津大学出版社还保留克拉伦登出版社这个社名,用以出版文理类学术图书和部分学术性工具书。

牛津大学出版社的负责人名曰"比格尔得何尔",是一名精通数学的学者。作为牛津大学学术立校的有机组成部分,该出版社的社长由该大学的第一副校长兼任。

郭嵩焘等人重点考察的是牛津大学出版社所属的印刷厂,见如下记述:

> 西洋印书皆用检字法,集各国文字印刷所有书籍,凡为剌丁,为希腊,为印度,为波斯,为日本,为阿剌伯,凡文字与欧罗巴所传字母异者皆备,中国检字法亦具焉。其书板分铜、铅二种,并用检字法,用厚纸浸水其上,熔铅灌之,而板立成。然铅板不受压,故不能经久。因用薄铜片压成版,浸强水中,引电气练之,傅以铅,厚薄惟所施,则成铜板。

上义提到该印刷厂能用拉丁文、希腊文、印度文、波斯文、口文、阿拉伯文以及中文检字排版。用于排印的书板有铜板和铅版两种,而且铜板较铅版为佳。

该印刷厂分为东厂和西厂。西厂专门印刷《圣经》,即"福音书",见下文:

> 左厂专印福音书。积纸数屋,先灌水浸之,压使干而微带潮湿,乃受印。连机器二三十座。印既成,分别整齐之,第其章数,又送入一院,次第合并之。妇女及童雏等所役亦数百人。

上文提到了《圣经》印刷的备纸、印刷、装订合成等一系列过程,并标明最后一个环节是由几百个女工和童工完成。至于《圣经》的印刷规模,毕格尔得何尔说:"每年所印福音书,纸宽六尺可铺英里三千,若宽八寸可绕地球一周。"牛津大学出版社印刷厂印刷的《圣经》从印张总量来看,如果是八寸宽的纸张,长可绕地球一周,而且发行全世界,可见其规模之大。

在前面提到的卡克斯顿纪念会上,格兰斯敦也展示了该印刷厂印刷的《圣经》,上面标了一段话,用郭嵩焘的话说,就是"昨夜尚是整张纸,裁成数百叶,刷印装潢成衣巨册,只用十二点钟工夫,今早已成书矣。"只花半天的时间就印成了一本厚达几百页的书,这样的印刷速度让郭嵩焘为之惊异不已。

四、对图书流通的认知

郭嵩焘在光绪三年九月初七(1877年10月13日)的日记中提到:"有布拉卜立斯者,云格林克洛斯旁有讷朴书馆,谈藏学者甚多。""格林克洛斯"即"Charing Cross"的音译,今译"查令十字街"。"藏学"即矿学。"布拉卜立斯"不知何人,郭嵩焘坐车偶遇此人,说他是"伦敦积学士也",也就是伦敦城里一个颇有学问的人。后者告诉郭嵩焘说,查令十字街有家叫"讷朴"的书店,里面有许多矿学书籍。查令十字街以书店众多而闻名于世,是英国人爱去的觅书之地。

郭嵩焘也就上了心。他在光绪三年九月廿四日(1877年10月30日)的日记中提到"托稷臣就格林壳罗斯书馆购觅罗阿得、茀来明金根两种《电学》,拍尔塞《藏学》。""稷臣"即罗丰禄(1850—1903),晚清著名外交官。当时在伦敦国王学院(London King's College)攻读化学,并充任驻英使馆的翻译。"格林壳罗斯"从译音考证,也即查令十字街。"格林壳罗斯书馆"不知是指查令十字街书店,还是指查令十字街上的某个书店,以后者更为可能,也许就是上文提到的"讷朴书馆"。

"罗阿得"即亨利·明钦·诺德（Henry Minchin Noad, 1815—1877），"莆来明金根"即弗莱明·詹金（Fleming Jenkin, 1833—1885），为什么郭嵩焘要买这两种《电学》书呢，可参见他同年九月十二日（10月18日）的日记"格里之子尤精于电学，询以电学书，云罗阿得、莆来明金根二种最佳。罗阿得专言其理，莆来明金根兼及用法。""格里之子"是一个郭嵩焘之前访问过的电气厂主的儿子，精通电学。郭嵩焘就此向他问询，后者向他推荐了诺德和詹金的两本电学专著。值得一提的是，诺德以《电学教科书》（The Students' Text-Book of Electricity, with Four Hundred Illustrations）最为有名，由傅兰雅和徐建寅翻译，1879年在江南机器制造总局翻译馆以《电学》为名出版，共10卷256节，其中有402幅插图。詹金以《电磁学》（Electricity and Magnetism）知名，或许就是傅兰雅翻译的1887年出版的《电学图说》。而说不定当初郭嵩焘要罗丰禄买的就是这两本书。但是日记中提到的"拍尔塞"暂不知为何人，留待以后考证。据笔者所见，这是中国人在查令十字街访书的最早记录。如果罗丰禄得以成行，他就是最早在查令十字街访书的中国人。

五、了解图书缴送及内容审查制度

郭嵩焘在日记中还提到了英国各出版社向大英图书馆、牛津大学图书馆和剑桥大学图书馆缴纳书籍样本之事。光绪三年十月廿四日（11月28日），他参观了牛津大学巴德利图书馆，日记中说"又游大学堂一，名曰波里安，藏书五十余万"，并提到有"圆屋一区"，"藏书亦数十数橱"。据该图书馆馆长葛克斯说"此所藏皆近人著述。凡书成必首纳献一部（伦敦妙西因亦然），故此数十橱无用价购者。"这个"圆屋"收藏的是出版不久的书籍，出版社只要出版了新书，就必须首先无偿缴纳样书给巴德利图书馆，当然还有大英博物院图书馆。

而张德彝在光绪三年十二月十九日（1878年1月21日）的日记中提到了样本缴送的目的：

> 记英例：凡人造成一书，必先呈伦敦博物院及敖克斯佛与堪卜立址二大学院各一本，以为存稿。经官查验，无违碍词句及引诱误人之处，始许刊售。凡书未经官验者，不得在本国出售。然其书苟有伤风败俗之处，虽在外国，被官查出，本国亦必监禁其人而惩治之。如是，则坏人心术之书安能遍行于市肆！

我们从中可以看出，图书样本是英国法律规定的。其缴送的目的不仅是为了典籍的保存和阅览，更是为了内容审查。按张德彝所说，英国出版社在每出版发行一本书籍之前，就要向大英博物馆、牛津大学（即文中的"敖克斯佛"）、剑桥大学（即文中的"堪卜立址"）的单个图书馆各呈送一册样本，作为存档。经有关部门审查，如果书中没有"违碍词句及引诱误人之处"，就可以正式付诸印行。如果出版社出版的书籍没有通过或者经过审查，就不能在英国本国出售。而且英国图书审查制度更为过分的是，如果书中有伤风败俗的内容，即使在外国被发现，英国也会将作者投入监狱，予以惩罚。这样，"坏人心术之书"就不能在市面上出现了。由此可见，从中国官员的角度出发，张德彝是很欣赏这样的图书审查制度的。

六、初次接触版权保护制度

郭嵩焘在光绪四年八月初八日（1878年9月4日）的日记中写道"屠威斯约娄依狄伦街会议法兰克弗尔公会各条"。"屠威斯"即英国国家法学家特威斯（Travers Twiss），时任国际公法会副会长。"法兰克弗尔公会"即法兰克福国际公法讨论会。据郭嵩焘的描述，这是一次在巴黎召开的一次相当正式的会议，他和日本驻英公使上野景范应邀旁听。讨论的内容是"凡论审讯他国词讼，及各国互交人犯，及苏［尔］士河，及著书家保护章程，各有论辩。"但是郭嵩焘只是详细记述了关于苏伊士运河中立问题的讨论，对于其中提到的"著书家保护章程"等三个议题没有提及。而在今天看来，这就是关于创作作品的作家的权益，也就是著作权如何得到保护的问题。

到了9月12日（光绪四年八月十六日），还在巴黎的郭嵩焘又被邀请参加另一个相关会议。他在日记中写道：

> 弗里兰得邀往保护制造会。西洋以营造为本业，出一新式机器，得一营造方法，及所著书立说，则使独享其利，他人不得仿效窃取之。然各国律法各别，英国保至三十年，法国保至五十年，其他情形互有参差。而此国所保者不能保之彼国。是以近年来各国文学及讲求制造者相与立公会议之，万国公法［会］亦议及此。弗里兰得所邀又专议此事也。吾以不能通知语言文字，乃令马眉叔、联春秋［卿］二人偕往。会名恭克乃巴当得。

"弗里兰得"，即与郭嵩焘交往甚多的英国诗人傅澧兰（Humphrey William Freeland，1814—1892）。他邀请郭嵩焘参加的是"保护制造会"，即保护创造的专门会议。他说，西方各国以制造业为发展的根本，发明了一个新式机器，得到一个新的制造方法，以及创作了新的作品，则创造者享有其专有权利，他人未经许可，不得加以模仿、擅自使用。这里不仅提到了发明专利权，而且提到了"著书立说者"即作家的权利，也就是著作权。总而言之，这次会议就是专门讨论知识产权的。

至于说到保护的期限，各国不一，英国是三十年，法国是五十年。

这样的年限似乎说的并不是专利权，而专指的是著作权了。因为专利权的保护期限比著作权的要短。而《伯尔尼公约》刚颁布时，其倡导的保护期限就是五十年。

遗憾的是，郭嵩焘因为不懂法语，就让马建忠、联春卿去了，让我们失去了一个了解会议更多内容的机会。

结　语

由于在郭嵩焘、刘锡鸿、张德彝的有关日记中，只有张德彝的《航海述奇》《四述奇》及刘锡鸿的《英轺私记》在当时得以小范围的出版，而郭嵩焘的日记以稿本方式存了很长时期，因此他们关于英国书业的考察结果并不会广为流传。无论是在观念还是在行为上，他们都不能影响和改变中国出版业向近代化的转型。如果说，中国近代出版业能够得以开始，无疑是作为先行者的外国传教士和后来的洋务派创办印刷出版机构影响的结果。郭嵩焘曾将他对从中国到英国的行程日记作为《使西纪程》在国内出版，但却遭受了该书被毁版、本人遭弹劾的不幸结局，更遑论以后出使英国和法国日记的问世了。只有过了一百年后，钟叔河先生将这几本书纳入《走向世界丛书》的出版，才使得这一切得以实现，而且在很大程度上促进了国人对外开放观念的传播及其付诸行动。从书籍传播的社会意义上讲，这一点怎么说都不为过。

（刊于2020年9月17日"出版六家"公众号）

《申报》"读书俱乐部"副刊研究

一、《申报》"读书俱乐部"概况

  《申报》作为中国现代报纸开端的标志，从 1872 年到 1949 年记录了晚清至民国时期的发展历程，是中国发行时间最久、影响最广的报纸。1912 年史良才接手《申报》后对其进行了一系列的改革。首先，重视广告业务，将其打造成商业报纸。1915 年《申报》所刊登广告的面积已超过所刊载新闻的面积，更有计算显示，当时广告面积比新闻面积大 38.5%。同样，广告所获得的利润也是其收入的主要来源。其次，为了扩大版面，且适应社会需求，提高《申报》影响力，1921 年《申报》开始增出各种专刊，并不定期地将这些增刊随报附送，此次改革不仅丰富了报刊的内容，为读者提供了各种专业性的需求，也有利于报纸的销售，从而增加广告商的数量。1935 年《申报》在全国各地（除东北辽宁、黑龙江、吉林、热河失陷外）销数总达 15.59 万份，20 世纪 30 年代初，国民党官方报纸《中央日报》发行量才 3 万多。由此可见，《申报》的销量之多及影响力之广。

  在《申报》的增刊中，有介绍科学、法律等常识的《常识增刊》；

介绍汽车相关信息的《汽车增刊》；精选国内外文艺图片、实时照片的《图画增刊》等。

而《申报·读书俱乐部》也是《申报》众多增刊中的一种，它由开明书店主编，附在《申报》上，随报赠送。由于当时大众阅读的形成，图书、期刊等出版物成为了新阅读文化的社会枢纽，出版业迅速发展，众多出版商为了促进销售，争夺市场，提高书局效益，选择在当时名声大噪的《申报》上刊登书业广告。因此，《申报》中的书业广告随处可见，但是《读书俱乐部》以读者书评、作者序、跋、书业广告等整版来宣传出版物的增刊却是独特且富有创新性的。

《申报·读书俱乐部》作为开明书店所编译的半广告半文艺性刊物。从其1947年复刊词中可知，本刊最初在1928年创办，刊名为《开明》，定为月刊，1929年改为周刊，1931年因"九一八事变"停刊。1936年改刊名为《申报·读书俱乐部》，由章锡琛主编，1月1日起复刊（如图一），每月1日、16日出版，随申报附送（如图二）。《申报·读书俱乐部》共24期，第15期恰值开明书店创业十周年纪念，合编为纪念特刊。《申报·读书俱乐部》以刊登作者的序、跋、读者书评文章为主，推介的书刊都是开明书店自家出版的读物。1937年起，移刊在《月报》上进行发行（图三中所指杂志即为《月报》）。《月报》于1937年1月15日创刊，由胡愈之主编，以宣传"抗日民族统一战线"为宗旨，分为政治栏、经济栏、社会栏、文艺栏、学术栏以及申报·读书俱乐部。

本文专门选取了开明书店1936年在《申报》开设的《申报·读书俱乐部》为研究对象，从栏目内容、广告特色、版面设计等多个角度对其进行剖析，深入挖掘其历史意义。

图一①

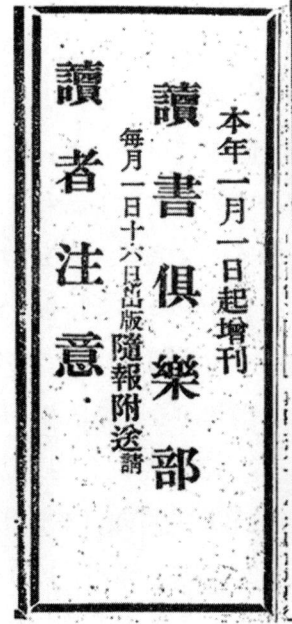

图二②

图三③

---

① 引自《开明》,新1号,第1页。
② 引自《申报》,1936年1月1日,广告插页。
③ 引自《申报》,1936年8月1日,开明书店开业十周年纪念特刊。

二、刊物基本内容分析

1936年《申报·读书俱乐部》共发行了24期,其中1936年1月1日版仅在《申报》上说明了"本年一月一日起增刊《申报·读书俱乐部》,每月一日十六日出版随报附送,请读者注意"。此外并没有刊登《申报·读书俱乐部》的其他内容。因此,下文将以其余23期为统计样本进行分析,将所载内容分为广告与非广告两大类。

通过统计可知,广告类数量更多,共刊登234则,笔者在此将《申报·读书俱乐部》中的书刊广告分为"软广告"与"硬广告"两大类,"软广告"是出版发行企业利用隐蔽的手段(非直接广告)向读者群众推介出版物、传递出版信息的广告形式,如序、跋、书评等。"硬广告"即出版发行企业通过传播媒介直接向广大受众推介出版物、传递出版信息的广告形式,如出版物预约广告、丛书目录广告及促销广告等。根据表1所示数据可以看出,在广告内容中,软广告数量占总广告数量的46.2%。其中,评述性广告占总广告数量的35.1%,而序文、凡例广告占总广告数量的11.1%。硬广告数量占总广告数量的53.8%,其中丛书目录广告占总广告数量的22.2%,出版物预约广告及促销广告分别占总广告数的17.1%和14.5%(见表2)。此外,非广告内容共有12条,主

表1

类型	广告					非广告		
	软广告		硬广告			政府文件	读者意见及征稿	敬告启事
数量	序文、凡例广告	评述性广告	丛书目录广告	出版物预约广告	促销广告			
	26	82	52	40	34	3	5	4
总计	234					12		

要为政府文件、读者意见征集等,占比较少。以上从整体上说明了《申报·读书俱乐部》的栏目内容,下文将进行具体阐述。

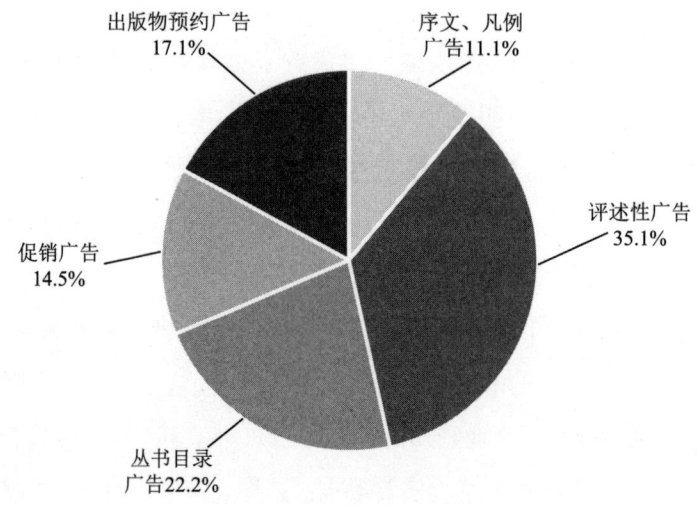

表2 各类广告占比分析

(一) 广告分类

1. 软广告

(1) 序文、凡例广告

《申报·读书俱乐部》中经常刊登由作者撰写的自序、跋、编后记等文章,叶圣陶发表在《申报·读书俱乐部》1936年1月16日版的《写作点什么》就是介绍作者创作书刊的历程和心理活动,这类文章通常集文学性和广告性为一体,能在帮助读者增强对出版物认识的同时取得较好的宣传效果。

圣陶《未厌居习作》的自序,他在文中表示"能把自己的经验和意想畅畅快快地写出来,在日常生活中就有不少地便利,我是存着这种想头写这些散文的,所以给这一本集子取了个'习作'的名字",表达自己在创作时的想法和习惯。除此之外，夏丏尊先生也在自己的《平屋杂文》自序中透露了书名为《平屋杂文》的原因，并自称自己在文学上"不大努力"，并说明了这本书问世的原因是"全出于几个朋友的怂恿，朋友之中怂恿最力的要算郑振铎先生，他在这一年来，几乎每次见到就谈起出集子的事"。夏丏尊先生还在文章最后提到了爱女吉子病亡，"不及从她父亲的文集里再读她父亲的文字了"的遗憾。令读者更加理解到作者的生活，同时也心生感慨，对此书产生阅读的兴趣。

（2）评述性广告

《申报·读书俱乐部》中的评述性广告是指评论家对出版物的内容、观点、特色等给予一定评价，这类广告性质的书评往往有意突出此出版物的特色所在，而尽量避免谈及其缺陷，从而激起读者们的购买欲望，促进图书的销售。这类评述性广告在知识分子掌握话语权的民国时期，是相对有效的一种方式。

在《申报·读书俱乐部》1936年9月1日版中萧叔讷发表了一篇关于《范氏〈文心雕龙注〉评》的文章，此书评在对图书内容作具体介绍的同时，赞扬了此书的社会价值，对其出现的问题也是先抑后扬。文章写到："范注非但给我们不惮烦费的将全书令人烦费的每个处所，解释得机悉无遗，而其取材的谨严，编次的精当，更昭示了读者以治学的路径，书注称引他书，除了标出书名及其著书人姓氏之外，很少能举出篇名，范氏却一一给我们标识清楚了。"而且萧叔讷还给予了此书高度的评价，"提到这书的注释方面，我惭愧找不出更好的话来形容他的详审"。这些言语对于浏览此刊的读者来说是有直接吸引力的。虽然文末也指出，"范氏此书的许多附录，有一部分是不必要的"，但随即又解释说，"但正因其如此，恰好供给青年们以触类旁通的机遇。"并总结道，"我以为是高中和大学生最适合的读物。"由此可见，这类评述性广告不仅写作手法巧妙,也毫不掩饰其文章的"广告色彩",起到了推广实效。

2. 硬广告

(1) 出版物预约广告

为了促进新书与连载书刊的销售,《申报·读书俱乐部》会提前刊登一系列出版物的预约广告,这类广告不仅可以帮助出版物宣传,还可以提前收拢资金,了解读者的反馈意见。在预售《清名家词》新书时(如图四),《申报·读书俱乐部》将1936年6月16日版设置为《清名家词》的专刊,在"编者的话"中写道:"本刊第四号曾为《新少年》半月刊出过一个特辑,这一期发刊时,适为《清名家词》开始发售预约的时候,因搜集关于清名家词的题词、序文、样张等,为第二次特辑。"此后至1936年9月16日版连续刊登多次。并在此书发售预约处写明此书特别之处为"海宁陈乃乾先生历年搜集,郁成伟观,兹出其珍藏,辑为清名家词",同时还标明了此书的预约期、定价、预约方法、预约价和邮费等。

此外,除了即将发行的新书之外,《申报·读书俱乐部》还多次刊登《新少年》和《中学生》杂志的全年预定广告(如图五),以全年预定的优惠价格和赠书券来吸引读者,还曾在1936年4月1日版中写道:"定一份《新少年》杂志作为儿童节礼物,是开明父兄的恩惠。"为了进一步促进《新少年》半月刊的销售,《申报·读书俱乐部》还将《新少年读本》专门赠送《新少年》的定户。由此可见,开明书店在进行广告推广时,多倚重一些知名出版物,有意识地将更多的广告资源放在双效益俱佳的出版物上,以达到有限的图书推广资源投入获取更强的图书推广效果。

图四①

图五②

（2）丛书目录广告

开明书店根据社会需求，从 20 世纪 30 年代到 40 年代期间陆续出版了一系列"供中等青年课外自修及失学青年自学之用"的丛书，获得了读者们的认可。因此《申报·读书俱乐部》也重点采用丛书目录的形式来宣传系列丛书。据统计，24 期中共罗列了《开明青年丛书》《世界少年文学丛刊》《开明英语丛书》《开明中学教本》《开明小学课本》《开明师范教本》《开明文学新刊》《开明英文详注丛书》等 22 种丛书目录。这些丛书目录的版面布局基本一致，主要是将开明书店的丛书书名、作者、定价和发行方式等信息，直观、简洁地罗列在刊物上。大多数采用横版排面，如图六所示，1936 年 1 月 16 日版将《开明师范教本》《开明小学课本》《开明中学教本》放在一起展示，不仅标明了学科分

---

① 引自《申报》，1936 年 6 月 16 日。
② 引自《申报》，1936 年 1 月 16 日。

类、著作者、册数、定价,还将相关书籍按照知识范围划分为初、高两级,并在旁注明是"教育部审定新课程标准适用"。由此可见,这些丛书目录广告不仅能充分利用报纸广告的版面,便于读者迅速了解图书信息,还可以展现出开明书店雄厚的实力,增强品牌认同感。

图六①

(3) 促销广告

出版物价格是影响销售数量的重要因素,尤其是民国时期书业竞争激烈,多家书店都在举办打折促销活动,开明书店也不例外。在《申报·读书俱乐部》版面的左上角有一个固定栏目为"开明书店半月新书七折特惠",每期都会推出几本特价出版物,特价时间截止到此月月底。而且在许多连载刊物的广告中还采用赠送书券的方式来吸引读者。以《新少年》为例,曾在刊物上表示"年二月底以前预定全年一份者可得以下利益——赠送开明书店书券一元、小说洁本半价券一张",这对开明书店的固定读者来说,是很有吸引力的,并对新读者而言,也应当可以奏效。此外还有许多不定期版面,如"语文书与文学书 30 种发售特价""两大特价书""减价尊奉部令核减售价"(如图七)等,虽然每次特价广告的名称和类型都有所差别,但是所占版面都比较突出,打折力度也比较大。此外,在十一月的两期内容上还特设了"廉价部"的广告(如图八),将一些稍受风黄污损的出版物以低廉的价格出售,也吸引了不少读者的注意力。

---

① 引自《申报》,1936 年 2 月 1 日。

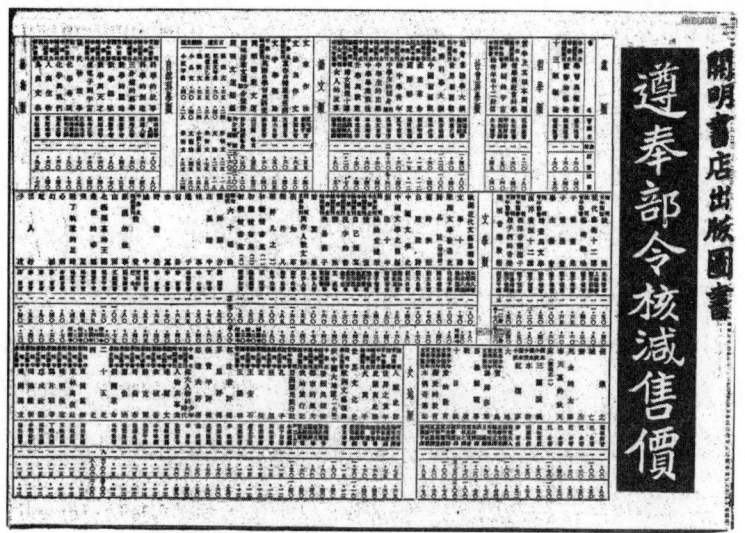

图七①

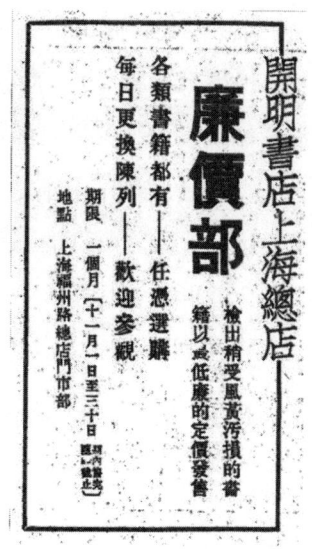

图八②

---

① 引自《申报》,1936 年 7 月 1 日。
② 引自《申报》,1936 年 11 月 1 日。

（二）非广告分类

除了上述广告内容以外，《申报·读书俱乐部》在每一版上专门设立了"编者的话"栏目，通过此栏目提醒读者关注本刊内容的要点，传达出版情况，从而加强与读者的沟通。其次，《申报·读书俱乐部》还发表了"征求《新少年》读者意见""征求关于半月新书的批评"的信息。如1936年1月16日版曾刊道："已出版的书，多数读者喜欢哪一种，以及读后的感想如何，我们很想知道。"并多次征求读者们的来信投稿，"倘蒙惠稿，不论长短，都极欢迎，并当陆续在本刊发表"，被刊登发表后的来稿，还会"酌筹现金或者开明书店书券"。可见，《申报·读书俱乐部》非常重视读者意见的反馈。

《申报·读书俱乐部》还在1936年1月16日版刊登过《开明书店复内政警司函》，阐述了谭天侵害《新元史》的事件详情，痛斥翻印行为"实为文化之蠹"，并于1936年5月16日版刊登了《司法院著作权法疑义解释》一文，向读者们展示了相关提要和法例，并在编者按中再次声称"足证《新元史》在法律上确有著作权，不容侵害"。上述内容不仅反映出开明书店对待出版事业认真负责的态度，还能在读者心中强化开明书店具有文化担当的企业形象。

三、《申报·读书俱乐部》的内容特色与评价

（一）主要推介图书类型

《申报·读书俱乐部》作为半广告半文艺性的宣传刊物，并不是简单刊登书目罗列式的宣传广告，其独特之处在于刊登了各界知识分子所作书评、文章。所刊登的书评文章具有文学性、艺术性、系统性和针对

性。根据统计分析,《申报·读书俱乐部》24 期中总共涉及 108 篇出版物推广文章,笔者已按照文章推介图书类型的数量进行了总结排序(如表3)。通过分析可知,主要推介的图书类型有少年文学类书刊、科学普及类书刊、中学教科书等。

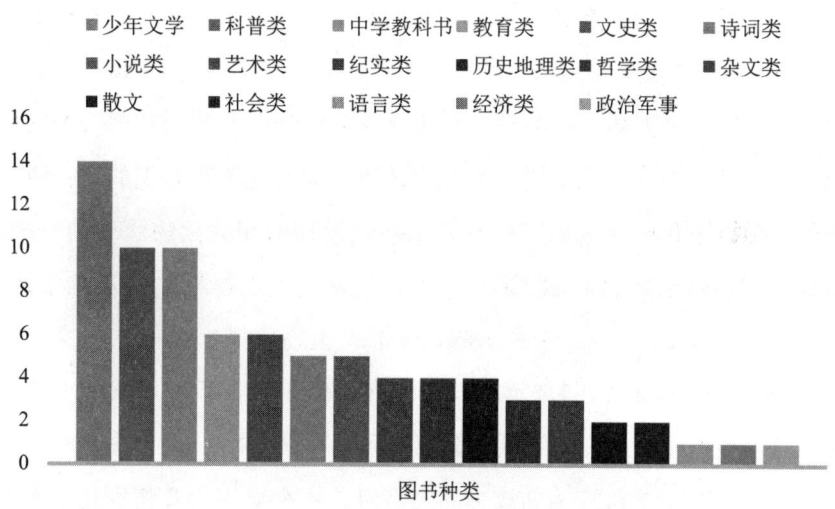

表3　文章推介图书类型数量柱状图

第一类是少年文学类书刊:共有 14 篇文章推介此类书刊,占总文章数的 13%。从中反映出开明书店非常重视少儿读物的出版。其中,以"使少年们欣赏文艺,了解自然,认识社会"为主旨的《新少年》是主要代表,《申报·读书俱乐部》24 期中共有 7 篇文章涉及《新少年》的宣传推介,第四期的整版都是《新少年》读者的应征书评文章。教育学家郑晓沧在第二期《申报·读书俱乐部》发表的文章《儿童年的新收获》中提到:"我国的出版界中适合少年男女们阅读的东西是贫乏的,国人对于少儿刊物存在轻视的态度,而《新少年》这本刊物内容新颖,补助中小学教课的不足,是儿童年的一种宝贵收获。"除此之外,5 月 16 日一期中,还刊登了俞惠仁所作的《介绍〈鲁滨逊漂流记〉》一文,不仅为读者们推荐了这本能给予儿童更深、更广见闻的旧本，还向读者们传递了"儿童是未来的母亲"的观念。综上可知，《申报·读书俱乐部》通过大量宣传少儿文学读物，加强社会对于少儿读物的关注，从而引导少儿读物正向发展。

第二类是科学普及类书刊：有10篇文章有关此类书刊，占总文章数的9.3%。主要反映出这一特殊时期内，国民对正确科学观的向往及理性看待世界的渴望。这些受推介的科普类书刊涉及范围甚广：有气象知识普及类，如《气象学讲话》是用故事体裁讲述气象知识的趣味科学之作，弥补了我国出版界因科学知识枯燥乏味而相关读物匮乏的空缺；还有《生物素描》《昆虫漫话》《鸣虫之话》等生物科学普及类书籍。1936年3月1日期，《〈科学〉杂志对于〈生物素描〉批评》一文中提到，"近年来坊肆间的科普读物日渐增多，但是裨益于一般学子青年的出版物实在有限。"并认为贾祖璋先生所著《生物素描》"以文艺笔墨书写科学理论"的方法应为新读书界之趋向，并希望"天文物理化学地理各科能邃理之上，以余暇工夫做同样贡献"。其次，还有医学常识类科普读物，如《救急病创常识》《大众医学急救篇》《细菌与人》，这些书籍使得读者们了解创伤急救方法，纠正人们错误的疾病观点。

第三类是中学教科书：共有10篇文章关于中学教科书的推介，占文章总数的9.3%。开明书店始终以中学教科书和中学生课外读物为出书重点，早期也出版过小学教科书，质量优良，但小学教科书市场长期被商务印书馆、中华书局所垄断，难以再从中分一杯羹，便专攻中学教科书与课外读物。其中，《国文八百课》曾多次出现在《申报·读书俱乐部》的推文中，它是夏丏尊和叶圣陶合编的一本富有特色的初中语文课本。叶圣陶在1936年9月版所作文章《关于〈国文百八课〉》中提到，"本书在编辑上自信是极度认真的，无论从选文还是文法修饰编辑人员都下了十足的功夫。"除此之外，中学英文教本《开明英文文法》

《开明英文读本》算得上是开明书店的"台柱子",都由林语堂汇编,《开明英文文法》打破历来旧式文法书之编排,用意象或者意念将表现法的一切语法工具分门别类,印刷排版清新活泼,在当时深受老师学生的喜爱。由此可见,教科书出版之于开明书店的重要性和必要性,因此《申报·读书俱乐部》以青少年读物为主的出版方针也为刊物的推广提供了更明确的方向。

(二) 文章内容特色

《申报·读书俱乐部》中邀请了众多优秀的作家和教育家撰写出版物的宣传文案,这些评述性文章善用巧妙的手法隐蔽地推介书刊,在给读者带来愉悦的阅读享受的同时,也使读者对书刊内容产生兴趣,起到了推广实效。因此,笔者将具体分析《申报·读书俱乐部》中评述性文章的内容特色。

1. 善举具体事例,增强可读性

这些列举事例的文章分为两类,一类是列举所推介书刊中故事内容。如1936年9月16日版中《安徒生童话的教育价值》一文中,面对世俗认为安徒生童话没有教育意义的质疑,作者列举了"一个母亲的故事"给予孩子爱的启发,让他们认识到母亲给孩子们的爱的观念多么深刻而伟大。此外,列举"那是的确的"一篇,告诉孩子们社会上许多道听途说的事是靠不住的;还列举了"坏国王"一篇,给予孩子"善"的启发。作者通过列举书中的几个故事向读者展现安徒生童话的教育价值,让读者明白"童话不只是一种看过就了的消闲品",成功推介了《安徒生童话》。

另一类是引用他人所述的故事来推介自己的书刊。作者宋云彬1936年1月16日版发表文章《历史小品》中,宋云杉认为写历史小品绝不是仅把某一桩历史故事重写一遍就行,必须要渗入一点新的意义,用郭

沫若在《质文》（第四期）上发表的"秦始皇将死"为具体例子进行点评分析历史小品，郭氏所写的这篇文章不同凡响，文章告诉读者"历史上说的秦皇为人蜂准、长目、鸷鸟膺、豺声，鸷鸟膺今称鸡胸，是软骨症的特征"，秦皇因其不健康，所以仇视别人的健康，嗜杀成性，并且迷信神仙，甘受方士欺骗。除此之外，文中还描写了秦始皇在死前忏悔过去"妈的，天下的书你哪里烧得完，天下的思想家你哪里活埋地完呢？就烧完了，活埋完了，你又有什么呢？"郭氏以前人所没有的角度去解释秦始皇的人格塑成的原因，以及在死前的内心活动，为读者提供了新的视角去回顾历史，并且重新审视历史。宋云杉利用具体的例子成功地向读者介绍了"历史小品"，并以历史小品的新意吸引读者阅读接下来所推介的《屈原》以及《开明历史讲义》等书。

2. 欲扬先抑，先批判后推介

《申报·读书俱乐部》中关于科学小品文的推荐，往往是先批判或讨论此类书籍现存的问题，从而引起读者的注意，再由作者提出自己的观点。这些观点都是围绕着所推介的书论述，顺势引出书刊，吸引读者阅读此书，自行验证观点对错。如在1936年1月16日版中《谈自然科学小品》一文中，开头先阐述了当下人们对于科学小品的批判，并且讲述了出版界因"科学小品"这一概念的提出，引发了两拨人探讨"自然科学小品"与"社会科学小品"两者哪个更重要的情形，让读者了解出版界中的热点问题，并愿从所推书刊中一探究竟。最后，作者以"理解科学小品不能只从抽象理论中获得，还要从作品中去作实际考察"的观点引出开明书店发行的"自然科学小品"的三本集子，来推荐大家购买学习。又如1936年3月1日版《〈科学〉杂志对于〈生物素描〉批评》一文，文章开头批判了当下是科学知识饥荒的时代，科学书籍太过专门，难读难懂，"不合于一般人口味"，转而介绍《生物素描》一书用文艺笔墨，深入浅出地描述科学理论，极具趣味，富有美感。这样先批判，后赞扬地宣传方式所营造出的鲜明对比自然引得读者想购买此书。

（三）版式设计分析

1936 年正处于民国广告业的黄金时期，同样《申报》的经理张竹平在其广告设计也用足了功夫，《申报》的广告逐渐进入发展的成熟期，广告种类繁多，文案清晰整洁，版面安排得当，恰能吸引读者注意。如"论前广告""后幅广告""中缝广告"，还有沿版面上下边辟出的特别广告等，都是《申报》中常见的富有创新性的广告类型。而《申报·读书俱乐部》作为《申报》中宣传性增刊，为了将商业性和文化性更好地结合，其在版式设计方面也具有自己独特的风格。

首先是主次分明：此刊以评述性文章为主，其他出版物信息为辅。评述性文章是宣传的重点。因此，在版面安排上，评述性文章安排在版面的中心位置，提高了整个版面的宣读性。相对而言，一些图书信息的罗列更多被放置在靠近版面边框的位置，相应的宣传版块也有固定的版位。如"开明书店半月新书，特价七折"是根据书评文章中所出现的书籍的广告推广，被固定安排在整个版面的左上角，而且版面广告内容在位置安排上呈现"就近原则"，即书评文章中所推介的书籍或同类书籍的信息版块就在其文章的附近。如巴金先生在 1936 年 10 月 16 日版中发表了文章《〈灭亡〉七版题记》，在文章结尾处将巴金先生所作书籍的相关信息进行了简单的罗列。

其次，《申报·读书俱乐部》在考虑经济性的基础上，采用线条和线框来划分文章及段落，使文章与文章之间有明显的界限，版面整洁清晰。如 1936 年 11 月 1 日版中，两篇文章都已闭合线框为界线，版面划分清晰美观。

《申报·读书俱乐部》也巧用图画设计元素，增添阅读趣味性。《申报·读书俱乐部》中的图画元素可分两种：一种是漫画（如图九），镶嵌在正文中，漫画内容与文章内容其实并无直接关联，多为读书人相关的漫画，画风幽默有趣，可消除读者们的厌倦感和疲惫感。第二种是图标（如图十），《申报·读书俱乐部》的书评文章的题目前都会配有一个

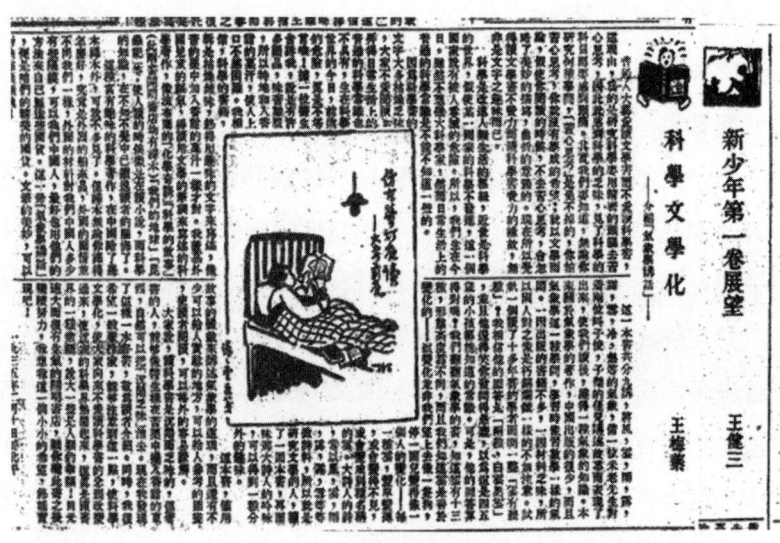

图九①

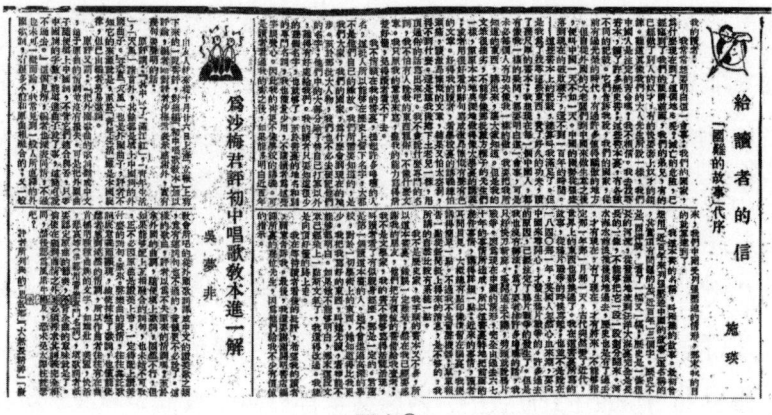

图十②

---

① 引自《申报》，1936 年 3 月 16 日，《申报·读书俱乐部》增刊。
② 引自《申报》，1936 年 11 月 1 日，《申报·读书俱乐部》增刊。

漫画小图标。这些图标大多是一些形态可掬的人物图画，或是合唱的少年，或是拉弓的儿童，或是在树下读书的少年。这些图标的添加使得整个版面更具有艺术性，版式设计更加丰富多彩。

四、结语

《申报·读书俱乐部》作为开明书店的宣传性刊物，运用了多种文体，刊登了许多评述性广告、丛书目录信息、新书预售广告等，为读者及时提供开明书店新近出版物的信息，让读者快速了解开明书店的出版动态。无论从文章质量还是排版设计，《申报·读书俱乐部》无一不围绕其办刊宗旨，呈现出鲜明的办刊特色，是开明书店进行出版物宣传并传播文化的一个重要渠道，并且从侧面反映出民国时期人们的阅读方式及阅读倾向。其次，也可从《申报·读书俱乐部》中看到，民国时期的宣传性刊物采取商业性与文艺性相结合的方式，对今天研究宣传性刊物提供些许有益的参考，具有重要的史料价值，值得深入挖掘、整理。

（刊于《北京印刷学院学报》2021年第9期，合作作者：潘俊辰、周雷雷）

参考文献

[1] 吴永贵：《民国出版史》，福州：福建人民出版社2011年版。

[2] 杨蕾磊：《民国时期开明书店图书推广策略研究》，陕西师范大学硕士论文，2019年。

[3] 刘晓燕：《开明书店的文化精神与出版策略》，载《名作欣赏》，2017年第15期，第158—160页。

[4] 雷振：《民国期刊的版式设计研究》，太原理工大学硕士论文，2017年。

[5] 陈培城：《民国时期开明书店出版营销策略研究》，中央民族大学硕士论文，2019年。

北平人文书店书目初编（1932—1937）

在 1932 年 8 月出版的《英雄》（王永棠译）的书后刊登了一则启示：

  本店已于八月十日开幕，除印行科学、文学各部门最有价值之著译外，并代售国内各书店出版书籍、刊物。本店欢迎读者参观批评。

落款是"北平人文书店"，有时该书店也自称为"人文书店"。发行所主要是佩文斋，各大书店也代销他们出版的书籍。从版权页来看，它开初的社址在北平宣内大街中间路东，后来搬到北平琉璃厂西头门牌第一七八号、金鱼胡同二十五号。

  实际上，该书店在 1932 年 7 月就已经出版了两本书：张我军的《人性医学（附恋爱学）》和李健吾的《委曲求全》。在前者的书后广告中说明后者正在"印刷中"，也即前者是该书店推出的第一种书。

  至于该书店的歇业时间，无明显的证据说明。1936 年 4 月初版的《国学大纲》（汪震、王正己著）标明"1937 年 7 月三版"，应该是"七七事变"的爆发导致了它的停办。

它总计了出版 40 种书（《近代散文抄》在 1932 年的 9 月、12 月分别出版了上卷和下卷，算 1 种），年均约 8 种。1932 年 7—12 月出版 19 种，1933 年 10 种，1934 年 7 种，1935 年有 5 种，1936 年只出了 1 种，呈逐年下降趋势。

关于该书店的出版人，著名剧作家李健吾（1906—1962）曾说是自己的妻弟尤炳圻（1911—1984），此外并无太多的资料。他 1930 年从清华大学外语系毕业后留校，做了系主任王文显教授的助教。他曾在《〈王文显剧作选〉后记》提到："王先生用英文写过两出发生在中国的大戏，一出即《委曲求全》，这是我出国前就译好了的一出三幕喜剧。出版的年月是一九三二年。出版者是内弟尤炳圻的人文书店。"不过，在 1935 年 11 月出版的《近五十年中国思想史》的版权页上，出版人标明是常恩波。

尤炳圻是季羡林在清华大学外语系第六级（1930—1934 年）的同班同学，不过学的是日语专业，1934 年毕业后即去日本留学，1937 年 7 月才回国，或许该书店关门与此有关。他曾因在 1936 年翻译出版《杨柳风》（肯尼斯·格雷厄姆著，开明书店 1936 年 1 月出版）、《一个日本人的中国观》（内山完造著、开明书店 1936 年 8 月出版）让周作人、鲁迅兄弟分别为之作序。1949 年后在西北师范大学任教。曾译有《日本民主主义文化运动》《破戒》《火柱》《我是猫》等。

季羡林在《清华园日记》1 月 12 日的日记提到："宏告送我了一本他著的《诺贝尔文学奖金》，我打算替他吹一吹。"《诺贝尔文学奖金》即 1932 年 9 月由北平人文书店出版的《诺贝尔文学奖金与历届获得者》，首印 1200 册。"宏告"即季羡林和尤炳圻的同班同学施闳诰，后改名施谷，书上的署名是"施宏告"。除了季羡林之外，他也送了尤炳圻 1 册签名本。

从该书店的已出书目来看，以文学类书籍居多，其中不乏畅销书。

比如周作人的《中国新文学源流》从 1932 年 9 月初版到 1934 年 10 月三版，总计印了 9000 册，在当时算销量可观的了。另外，沈启无编选的《近代散文抄》的上卷 1932 年 9 月出版后，到同年 12 月又出版了下卷，销量也不错。除了《诺贝尔文学奖金与历届获得者》，季羡林的《清华园日记》也提到了这两本书。正是这三本书让笔者起了研究人文书店的兴趣。

以下笔者以人文书店所出书籍的版权页为依据做出初期的书目，包括书名、作者、编者、译者、初版日期及册数、定价等。

1932 年（18 种）

1.《人性医学（附恋爱学)》：[日] 正木不如丘著，张我军译；1932 年 7 月出版，1—3000 册；定价大洋一元二角。

2.《委曲求全》（三幕喜剧）：王文显著，李健吾译；1932 年 7 月出版，1—1500 册；定价大洋三角。

3.《教育科学之源泉》：[美] 杜威著，张岱年、傅继良译；1932 年 8 月出版，1—1500 册；定价大洋三角。

4.《英雄》（希腊神话）：[英] 金斯莱著，王永棠译；1932 年 8 月出版，1—1500 册；每册实价大洋四角。

5.《现代中国政治教育》：杨汉辉著；1932 年 8 月出版，1—3000 册；定价大洋一元二角。

6.《被幽囚的普罗密修士》（希腊悲剧）：[希腊] Aeschylus 著，杨晦译；1932 年 8 月出版，1500 册；定价大洋四角。

7.《近代散文抄》（上卷）：沈启无编选；1932 年 9 月出版，1—2000 册；实售大洋一元。

8.《中国新文学源流》：周作人 讲校，邓恭三 记录；1932 年 9 月出版，1—3000 册，1934 年 3 月订正再版 3001—6000 册，1934 年 10 月订正三版 6001—9000 册；洋宣纸本定价实洋五角、新闻纸本定价实洋四角。

9.《诺贝尔文学奖金与历届获得者》（梅社丛书）：施宏告著；1932 年 9 月出版，1—1200 册；定价大洋二角五分。

10.《现代中国女作家》：草野著；1932 年 9 月出版，1—1500 册；实价大洋四角五分。

11.《日本语法十二讲》（北平日文学会丛书）：张我军编著；1932 年 9 月出版，1—2000 册；定价大洋一元二角。

12.《英汉双注嘉德桥市长》（梅社丛书）：[英] Thomas Hardy 著，赵德先、刘泗注释，Dr. C. E. Marie Bok 校；1932 年 9 月出版，1—1500 册；定价大洋一元二角。

13.《黄昏》（小说）：丁文著；1932 年 9 月出版，印数不详；定价大洋七角。

14.《近代文艺思潮》：孙席珍编选；1932 年 10 月出版，1—2000 册；实价大洋五角。

15.《没有仇恨和虚伪的国度》（小说）：高素著；1932 年 10 月出版，1—2000 册；定价大洋七角。

16.《初日楼诗驻梦词合刊》：严既澄著；1932 年 11 月出版，1—2000 册；线装本实价大洋五角。

17.《近代散文钞》（下卷）：沈启无编选；1932 年 12 月初版，1—2000 册；实售大洋一元二角。

18.《白里安》（传记）：[法] 瓦林廷·汤姆逊著，周久安译；1932 年 12 月初版，无印数记录；道林纸本定价二元六角、新闻纸本定价二元。

1933 年（10 种）

19.《法西斯主义运动论》（独裁政治论丛书）：［日］今中次麿著，张我军译；1933 年 2 月初版，无印数记录；实洋五角五分。

20.《文学的艺术》：［德］叔本华著，桑德司 英译；陈介白、刘共之译；1933 年 7 月初版，无印数记录；实价六角。

21.《国学大纲》：汪震、王正已著；1933 年 10 月初版，无印数记录；宣纸本实洋八角、报纸本实洋六角。

22.《汉译舒塞斯（平面）几何学问题解答》：Schultze, Sevenoak & Schuyler 著，霍宏基译述；1933 年 9 月再版，无印数记录；定价大洋一元二角。

23.《汉译舒塞斯（立体）几何学问题解答》：Schultze, Sevenoak & Schuyler 著，霍宏基译述；1933 年 9 月再版，无印数记录；定价大洋七角。

24.《无机物定性化学分析》：［美］Arthur A. Noyes 著，徐宗稼译；1933 年 9 月初版，无印数记录；精装本定价一元九角、平装本定价一元三角。

25.《新文艺批评谈话》：黎君亮著；1933 年 11 月初版，无印数记录；平装本定价五角五分。

26.《生活的路》（苏俄小说）：［俄］道列林可著，熊绍钧译；1933 年 12 月初版，无印数记录；平装定价六角。

27.《人间词及人间词话》（文艺小丛书之一）：王国维 遗著，沈启无编校；1933 年 12 月初版，无印数记录；洋宣纸本定价八角、报纸本定价六角。

28.《中国古代文艺思潮论》：［日］青木正儿著，王俊瑜译述，周作

人 校阅；1933 年 12 月初版，无印数记录；定价大洋六角。

1934 年（7 种）

29.《史前期中国社会研究》：吕振羽著；1934 年 6 月出版，无印数记录；定价大洋一元三角。

30.《中国文学批评史（一）》：罗根泽编著；1934 年 8 月初版，1—3000 册；定价大洋一元一角。

31.《英诗概论》(Notes on Poetry)：张振先著；1934 年 8 月初版，无印数记录；定价大洋五角。

32.《施蓋倪高中解析几何学》：[美] Smith Galy Neelley 著，霍宏基编译；1934 年 8 月出版，无印数记录；定价宣纸本大洋一元三角、报纸本大洋一元。

33.《读诗札记》（文艺小丛书之二）：俞平伯著；1934 年 8 月出版，无印数记录；定价大洋六角。

34.《英文动词》(The Verb)：赵德先著，Dr. C. E. Marie Bok 校；1934 年 10 月出版，无印数记录；定价大洋七角。

35.《佩文新韵》（一名《国音分韵常用字表》）：黎锦熙、白涤洲编纂；1934 年 10 月初版，无印数记录；定价大洋九角。

1935 年（5 种）

36.《现代中国散文选》（二册）：孙席珍选；1935 年 1 月出版，无印数记录；定价大洋二元。

37.《怎样研究文学》：华北文艺社编；1935 年 3 月初版，1—3000 册；定价大洋六角五分。

38.《文字音韵学论丛》：刘盼遂编撰；1935年4月初版，1—3000册；定价大洋一元。

39.《文学辨体式》：程鉴编，王正己 校点；1935年4月初版，1—3000册；定价大洋三角五分。

40.《近五十年中国思想史》：郭湛波著；1935年11月初版，无印数记录；实价大洋一元二角。

1936年（1种）

41.《论理学》：汪震著；1936年4月初版，1—3000册；实价大洋五角五分。

（刊于2021年《出版史料》，合作作者：吴雅婷）